중국 역사교과서의 서사구조와 이데올로기

중국 역사교과서의 서사구조와 이데올로기

윤 세 병

景仁文化社

책머리에

이 글은 나의 박사학위 논문 『현대 중국의 역사교육』을 근간으로 수정과 보완 작업을 거친 것이다. 박사 논문 작업을 하던 시기에 중국의 역사교육에 관한 글을 쓴다고 말하면 대개의 반응은 동북공정에 관해 글을 쓰냐는 되물음이었다. 그만큼 고구려를 둘러싼 한국과 중국의 역사 갈등이 준 충격이 컸다는 생각이 든다. 중국의 역사 교과서에 한국 관련 서술이 어떻게 이루어지고 있는지 궁금하다는 질문을 내게 던지곤 했지만 중국의 교과서에 한국 관련 서술이 빈약한 상황에서 들려줄 이야기는 많지 않았다. 그리고 한국사 관련 이야기를 벗어난 중국의 역사교육에 관해 궁금해하는 사람은 별로 없었다. 마치 일본에서 역사교과서 왜곡이 일어나면 왜곡된 내용에만 관해서 관심을 두지만 일본의 역사교육 자체를 이해하려는 노력은 매우 적은 것과 같다. 그래도 일본의 역사교육에 관해서는 중국에 비해서 다양한 방식으로 소개되어 왔다. 동북공정이 중국의 역사교육에 대한 국내의 연구를 자극한 것도 사실이지만 중국의 역사교육을 전체적으로 이해하려는 시도는 많지 않았다. 그래서 박사 논문을 쓰면서 중국에서 행해지는 역사교육을 여러 측면에서 분석하고 그것을 통해 전체적인 모습을 이해하고 싶었다. 1949년 중화인민공화국 수립 이후 중국 역사교육의 면모를 충실히 이해하는 것이 글을 쓰는 1차적인 목표였다.

중국의 역사교육 그 자체를 이해하는 것도 중요하지만, 중국의 역사교육은 현재의 중국 사회를 이해하는 한 방편이라 생각하면서 접근하였다. 교육에 대한 국가적 차원의 통제가 강한 중국에서 특히 역사교육은 국가가 지향하는 가치가 어느 교과보다 잘 드러날 수 있기 때문이다. 그래서 중국 역사교과서가 취하고 있는 서사 구조에 주목하여, 헤이든 화이트의 서사 이론을 적용해 보았다. 헤이든 화이트는 내용(contents)을 담아내는 형식(form), 즉 서사 구조에 따라 취하는 이데올로기가 다르다고 지적하였는데, 중국 교과서의 서사 구조를 분석하고 그 안에 내재된 이데올로기를 찾아내고자 하였다. 그 이데올로기가 바로 중국 정부가 지향하는 가치이자, 자신의 미래 세대에게 전해주고자 하는 내용이며 국민적 역사인식의 형성과도 연결된다. 중국 정부가 취하고 있는 역사 인식의 좌표 및 정책적 지향성을 읽어낼 수 있는 열쇠로서 역사 교과서에 대한 분석 작업을 진행하였다. 중국의 역사교과서가 어떠한 서사구조를 취하고 있으며 그러한 서사 구조를 이끌고 가는 내면의 이데올로기가 무엇인지 추적해 보았다. 교과서 분석을 통해 중국 사회의 이데올로기를 읽어내는 것이 이 글의 2차적 목표였다.

중국 역사교육의 내용을 이해하고 그 내면을 지배하는 국가 이데올로기를 파악하는 것과 더불어 이 글의 마지막 목표는 우리의 역사교육을 성찰하기 위함이었다. 중국의 역사교육에 대한 이해가 타자에 대한 이해의 차원으로 끝나는 것이 아니라 주체의 문제를 반추할 수 있는 계기가 되었으면 하는 바램이 있었다. 외국의 역사교육에 대한 사례는 우리의 역사교육을 성찰하는 것으로 이어질 때 의미있는 작업이라 보았기 때문이다. 그래서 중국의 역사교육을 이야기하지만 시선은 한국의 역사교육을 염두에 두고 있었다.

중국의 역사교과서를 초등 역사, 역사지도, 향토사, 근현대사, 세계사 등의 구체적인 영역으로 나누어 분석해 보았다. 화이트의 이론을 통해 볼 때, 중국의 역사교과서는 로망스와 희극 구조를 갖추고 있으며, 그러한 서사 구조에는 민족과 전통을 앞세운 국가 정체성을 강조하고 현대화(근대화)의 이데올로기가 적용되고 있음을 확인할 수 있었다. 결국 중국 역사교과서의 서사는 국가주의로 수렴되는 민족 성장의 이야기이다. 그렇다면 우리는 이러한 서사로부터 얼마나 자유로울 수 있을까? 그리고 동아시아 차원에서 볼 때 한국, 중국, 일본의 역사교과서는 모두 이러한 틀 안에서 학생들이 역사를 이해하도록 하려고 하는 것은 아닐까하는 의문을 가져본다. 그리고 민족(국가)의 위대함과 성장이라는 서사는 어느 지점에서 주변국과의 긴장을 유발할 수 있다. 더구나 중국은 전근대 시기에 중국을 중심으로 한 중화주의적 국제질서를 구축하려 하였고 일본은 근현대 시기에 대동아의 공영이라는 명목으로 일본 중심의 세계 질서를 만들려 하지 않았던가?

국가주의적 역사교육의 한 극단은 최근 한국의 박근혜 정부에서 시도한 국정화 시도였다. 대통령 탄핵과 함께 국정 교과서도 사라졌으나, 엉뚱하게도 역사교과서의 국정화는 중국에서 이루어졌다. 나의 박사 논문 작업은 후진타오에서 시진핑으로 권력이 이동하는 시기에 진행되었다. 2013년 3월 14일 시진핑은 국가 주석직에 선출되었고 시진핑 정부는 2017년 여름에 어문, 품덕과 함께 역사를 국정화한다는 방침을 공식화하였다. 과거 한국에서 국어, 국민윤리, 국사를 국정 교과서로 발행하던 것을 떠올리게 하는 장면이다. 그리고 한국 정부의 국정화 도입 시도가 중국에서 국정화를 추진하는 지렛대로 작용하지 않았나 하는 추측을 하게 한다. 중국의 역사교과서 국정화 방침으로 중국 역사교육의 지형이 재편될 것을 생각하니 서둘러 한 시기의 역사교육을 정리해서 책으로 내는 것이 필요하다는 생각을 하였다. 물론 이 글은 1949년부터 근래까지 중국 역사교육의 추이를 다루고 있지만 경우에 따라서는 청말 시기부터의 변화를 되짚어 보고 있어, 근현대 시기의 정치적 흐름에 조응하여 역사교육의 변화상을 이해할 수 있다. 거꾸로 역사교육의 흐름을 통해 근현대사의 이해에도 도움을 줄 수 있으리라 본다. 국정화 이후 변화될 역사교육의 모습은 별도의 작업에서 다루고자 한다.

박사 학위를 받고 나서 몇 년의 시간이 흘러 그 논문을 책으로 내려고 하니 고치고 메꾸어야 할 부분이 적지 않았다. 가령 중국 역사교육의 방

향을 압축적으로 보여주는 것이 초등 역사임에도 박사 논문을 쓸 당시에
는 넣지 못했다. 향토사 교육에서는 분리·독립의 문제가 있는 신장 지역
의 향토사 내용을 새로 보강하여 넣었다.

　이 글을 쓰는 데는 주변으로부터 많은 도움을 받았다. 지도 교수인 정
하현 선생님은 학부 시절부터 박사 학위 마칠 때까지 답답한 제자임에도
인내력을 가지고 음과 양으로 많은 도움을 주셨다. 학부 시절에 인상적인
동양사 강의를 해 주신 김성찬, 이근명, 故 정병철 선생님도 지적 토양을
만들어 주신 고마운 분들이다. 역사교육과의 윤용혁, 지수걸, 김창성, 이
명희 선생님도 다양한 영역에서 도움을 주셨다. 유용태, 김세호 선생님은
박사 학위의 최대 관문인 논문 심사를 위해 먼 거리를 마다하지 않고 오
셔서 많은 고통을 안겨 주셨다. 논문 심사 과정은 내 공부의 부족함이 여
실히 드러나는 자리였고 부족함을 얼마나 해결했는지 장담할 수는 없으나
그것을 만회하려는 과정에서 많은 공부를 할 수 있었다. 고맙게도 오병수
선생님은 동북아역사재단에서 박사 논문을 발표할 수 있는 기회를 주셨
다. 민주주의 역사교육을 함께 모색하는 역사교육연구소 선생님들, 국가
의 경계를 넘어 동아시아 3국의 역사대화에 참여하는 아시아평화와역사
교육연대의 선생님들께도 많은 빚을 졌음을 밝힌다. 책의 출간을 주선해
주신 삼귀문화사의 김수철 사장과 좀처럼 냉기가 풀리지 않는 얼어붙은
도서 시장의 상황에도 선뜻 책을 출간하기로 하고 행정적 도움을 아끼지
않은 경인문화사의 김환기 이사께도 특별한 감사의 뜻을 전하고 싶다. 이
자그마한 열매를 맺는 데는 아내 이은주의 도움이 절대적이었다. 호중이
와 덕중이를 포함해 세 남자를 키우느라 그가 감내한 희생은 나의 글쓰는
고생에 비길 바 못된다.

　책의 머리글을 쓰고 있는 이곳은 프랑스의 마르세유다. 유로클리오(유
럽역사교육자연합)의 연례대회에 참석 중이다. 몇 차례의 연례 대회에 참
석하면서 느끼는 것은 유럽과 비교할 때 중국을 포함한 한국, 일본의 근

현대 역사교육의 궤적을 살펴보면 국가주의적 전통이 무척 강하다는 점이다. 국가주의 전통이 형성되는 맥락을 살펴보고 이를 극복하기 위해 어떤 노력이 필요한지 함께 머리를 맞대고 고민해 보았으면 한다.

2018년 4월 지중해가 내려다 보이는 마르세유에서

목 차

Ⅰ. 머리말

1. 문제의 제기

2010년 이후 중국은 일본을 추월하여 세계 2위의 경제대국으로 올라섰다. 현재 중국은 '세계의 공장'으로서 막강한 영향을 미치고 있으며 인접 국가인 한국도 중국과 긴밀한 관계를 맺고 있다. 한국과 중국의 관계는 단지 경제 분야에 국한되지 않는다. 냉전 체제가 해체되면서 1992년 한중 수교가 맺어진 이래 한국과 중국은 다방면에서 교류를 진행하고 있다. 여러 측면에서 상호 밀접한 관계를 맺고 있는 만큼 중국에 대한 이해가 폭넓게 이루어져야 함에도 불구하고 현실적으로는 그렇지 못하다.

중국에 대한 한국의 인식은 참으로 복잡하다. 교류가 다각적으로 활발하게 이루어지면서 상호 이해의 폭이 넓어지는 측면도 있으나, 대립 혹은 몰이해의 양상도 여전히 존재한다. 대립의 양상은 한국과 중국 간의 민족 감정을 자극하여 극단적인 형태로 표출되기도 하는데 이러한 갈등이 역사 문제와 관련되어 있는 경우 민감성은 더욱 증폭된다. 한국과 중국이 모두 오랜 역사적 전통을 가진 만큼, 자기주장의 근거를 역사에서 찾으려고 하는 과정에서 일어나는 역사 인식의 충돌이 상호 간의 민족적 자긍심에 상처를 주는 것으로 받아들이곤 하기 때문이다. 많은 사람들의 이목을 집중시켰던 동북공정(東北工程) 문제가 대표적이다. 역사가 국가 정책의 정당성과 논리적 근거를 제공한다는 점에서 역사라는 것이 국가주의의 강화에 활용될 수 있음을 다시금 확인하게 된다.

한편 한·중 간의 역사 갈등은 중국 내에서 진행되고 있는 중국의 역사와 전통에 대한 재평가와 밀접한 연관 관계를 가지고 있다. 1980년대만 해도 중국의 지식인들 사이에서는 『하상(河殤(황허는 죽었다))』으로 대표되는 과거의 전통 문화를 청산하고 서양의 문화를 수용하자는 견해가 주류를 이루었다. 이러한 인식의 바탕에는 중국이 낙후 상태에 머물러 있다는 인식이 자리하고 있었다. 그러다가 1990년대 이후 중국의 역사와 전통을 긍정적으로 바라보는 문화보수주의가 담론의 중심을 이루었다.[1] 오랜 역사를 통해 형성된 자신들의 문화와 전통을 파괴하기보다는 이를 발전적으로 재구성하자는 흐름이 강하게 형성되었다. 나아가 전통에 대한 재해석을 바탕으로 문화대국으로서의 이미지를 구축하려는 노력을 기울이고 있다. 중국 정부가 2008년부터 중추절이나 청명절 같은 전통 명절을 법정 공휴일로 지정한 것처럼 전통의 부활을 중국 사회 곳곳에서 다양한 형태로 진행하면서, 국가의 권력 엘리트들은 중화 민족주의와 현대화를 내세워 대국으로의 굴기(崛起)를 지향하고 있는 것이다. 세계인을 대상으로 치른 2008년 베이징 올림픽과 2010년 상하이 국제박람회는 중국의 오랜 문화적 전통을 과시하는 기회였다. 특히 장이머우(張藝謀) 감독이 연출한 베이징 올림픽의 개막식은 중국이 종이, 인쇄술, 화약, 나침반 등을 발명한 오랜 문명대국이며, 세계의 여러 문화가 융합하는 문화의 용광로가 중국이었음을 보여주려는 장이었다.

이처럼 1990년대 이후 전통과 문화를 중시하면서 '중화'의 부활을 노래하는 현상은 경제 성장과 정치 안정 그리고 군사력의 강화가 함께 맞물려 이루어진 국제적 지위의 격상이 가져온 결과이다. 중국의 부상은 자연스레 '성세(盛世)'의식을 불러 일으켰다. 그 영향으로 새로 들어선 왕조가 이전 왕조의 역사를 편찬한다는 '역대수사(易代修史)'의 전통에 따른 청사(淸史)의 편찬 작업인 국가청사찬수공정(國家淸史纂修工程)이 진행되었다.[2] 그리고 하상주단대공정(夏商周斷代工程), 중화문명탐원공정(中華文明探源工程), 동북공정, 서북공정(西北工程), 신장항목(新疆項目), 서장항목(西藏項目), 남해항목(南海項目) 등의 프로젝트를 통해 역사를 정

---

1) 전인갑, 「현대 중국의 지식 구조 변동과 '역사공정'」 『역사비평』 82호(봄), 2008, 277~280쪽.
2) 김형종 외, 『중국의 청사 편찬과 청사 연구』, 동북아역사재단, 2010 참조.

리하는 작업이 추진되었다.3) 이러한 프로젝트에는 막대한 국가예산이 투입되었으며, 일부는 주변국과의 갈등 요소를 안고 있던 사업들로 동북공정은 한국과 갈등을 빚은 바가 있다.

중국에서 '중화'의 진흥을 이야기하는 사정은 복잡해 보인다. 무엇보다 개혁·개방 이후 고도로 경제가 성장하고 그에 따라 생활수준이 향상되면서 사회주의 이데올로기 외에 새로운 통치이념이 필요하다는 상황이 반영된 것이다.4) 소비문화와 개인주의 풍조의 만연, 계층 간의 갈등에 덧붙여 민족 간의 갈등이라는 현안 문제가 소수민족의 분리·독립 움직임으로까지 발전하면서 종래의 민족 개념으로는 수용이 되지 않는 '중화민족'이라는 개념을 강조하고 그 틀 위에서 '중화민족 대가정(大家庭) 만들기'의 역사 이론인 '통일적 다민족 국가론'을 부각시키고 있다. 이 이론은 1960년대 초반 변강의 소수민족이 분리·독립하려는 움직임을 제어하려는 목적에서 등장한 이데올로기였으나 차츰 중국 내에 존재하는 여러 민족 간의 관계를 이해하는 틀로서 자리잡기 시작하였다.5) 1980년대 말 페이샤오통(費孝通)이 주장한 '중화민족다원일체격국론(中華民族多元一體格局論)' 즉 중국의 각 민족이 상호 이주와 융합 등의 과정을 거치면서 중화민족이 형성되었다고 하는 견해가 뿌리를 내리게 되었다. 덧붙여 사회주의권의 몰락 이후 세계화가 빠르게 진전되면서 사회주의 이념이 퇴조하는 가운데 '중화'의 부활을 강조하는 중국의 민족주의는 사회주의 이념의 공백을 메우고 현대화 노선과 결합해 '중국굴기(中國崛起)'를 실현하자는 주장으로 이어졌다.

---

3) 동북공정, 신장항목 등 각종 변경 프로젝트에 대해서는 박장배 외, 『중국의 변경 연구』, 동북아역사재단, 2014 참조.
4) 西村成雄, 『20世紀中國の政治空間 – 中華民族的國民國家の凝集力』, 靑木書店, 2004, 43쪽.
5) 윤휘탁, 「민족사의 남용 – 현대 중국에서의 역사해석」 『21세기 역사학의 길잡이』, 경인문화사, 2008, 281~282쪽.

이렇게 중화 민족주의를 강조하고 대국을 지향하는 움직임은 중국의 역사교육에 적극적으로 투영되었다. 중국 정부가 지향하는 가치를 역사교육이란 공간에 반영함으로써 대내적으로 중국이라는 사회를 통합하고 유지하는 역할을 역사교육에 부여하며, 대외적으로 구성원들로 하여금 세계 속의 대국으로 성장하려는 욕망을 역사교육을 통해 공유하게 만들 수 있기 때문이다. 이러한 점에서 인접 국가인 우리의 입장에서는 중국의 역사교육에 대한 심도 있는 이해가 필요하다.

중국의 역사교육을 이해하기 위해서는 교육과정, 교과서, 교수-학습, 평가 등을 종합적으로 고려해야 한다. 그런데 이중에서도 핵심적인 요소 한 가지를 꼽는다면 교과서가 될 것이다. 교과서는 교육과정의 이념과 목표를 반영함과 동시에 교수-학습 및 평가를 위한 근거가 되기 때문이다. 중국의 경우 역사교육의 기본 설계도인 교육과정이 국가의 강한 통제 아래에 놓여 있다. 그리고 교과서의 발행 형태가 1985년 이전의 국정제 방식일 때는 물론이려니와 그 이후의 검정 체제에서도 교과서는 교육과정이 제시하는 사항을 준수하도록 함으로써 교육과정의 반영 여부가 검정의 중요한 기준이 되었다.[6] 그래서 큰 틀에서 보면 중국의 역사 교과서는 중국이 지향하는 역사교육의 방향과 그에 따른 구체적 내용을 살펴 볼 수 있는 중요한 자료이다. 본 연구에서는 중국 사회의 공식적 역사 인식이 역사교육에 어떻게 반영되고 있는가를, 달리 표현하자면 중국이라는 사회가 자국의 학생들에게 이야기하고자 하는 것을 역사교과서를 중심으로 확인해 보려 한다.

---

6) 中華人民共和國教育部,「中共中央關于教育體制改革的決定」, 1985년 5월 27일.

2. 한국에서의 접근

중국의 역사교육이 본격적으로 소개되기 시작한 것은 한국과 중국이 수교를 맺은 해인 1992년 즈음이었다. 그 이전에는 남북분단이라는 이데 올로기 대립의 상황 속에서 중국이라는 사회주의 국가의 자료를 구하는 것 자체가 쉽지 않아 중국의 역사교육이 어떠한 모습인지 알 수 없었다.[7] 그럼에도 불구하고 한국에서 중국 역사교육에 대한 접근의 궤적은 그 이 전 시기로 거슬러 올라갈 수 있다. '죽의 장막'이 있던 시절 중국 사회에 대한 관심은 중국 역사학계의 역사 인식에 대한 이해로 연결되었다. 이는 중국의 역사교육에 대한 이해의 단초를 제공할 수 있기 때문이다. 중국에 대한 인식의 변화와 함께 중국의 역사학과 역사교육을 어떻게 접근해 왔 는지 잠시 살펴보자.

한국전쟁 시기 북한과의 동맹 관계에서 중국이 전쟁에 참여한 만큼, 전 쟁이 끝난 1950년대에 중국은 '죽의 장막'에 가려진 반문명적, 비이성적, 호전적 국가로 묘사되었다.[8] 이 시기에는 중국에 대한 적대적인 인식이 주류를 이루었다. 반공과 냉전 이념에 입각한 논리를 폈던 대표적인 인물 과 잡지로는 김준엽과 『사상계』를 들 수 있다.[9] 이러한 인식에 대한 변화 의 바람은 미국에서 시작되었다. 1966년 미국 상원 외교위원회 청문회에 참석한 바네트(A. Doak Barnett), 페어뱅크(John K. Fairbank), 스칼라피

---

7) 중국 자료를 수입하는 과정에서 당국의 우편물에 대한 검열을 피하고자 각종 편법 을 사용할 수밖에 없을 정도로, 수교 이전에는 자료를 구하는 것이 녹록치 않은 상 황이었다. 민두기, 「중국사 연구의 '제고'와 '보급'」 『東洋史學硏究』 제50집, 1995, 1~2쪽.

8) 정문상, 「근현대 한국인의 중국 인식의 궤적」 『한국근대문학연구』 제25호, 2012, 220쪽.

9) 정문상, 「'중공'과 '중국' 사이에서 — 1950~1970년대 대중매체 상의 중국 관계 논설 을 통해 보는 한국인의 중국 인식」 『동북아역사논총』 제33호, 2011, 61~63쪽.

노(Robert A. Scalapino) 등 중국 전문가들이 기존에 미국이 취했던 중국에 대한 봉쇄정책을 비판하면서 온건하고 타협적인 대중국 정책을 모색할 필요가 있다는 주장을 제기하였다.[10] 이러한 주장은 적대적 중국 인식이 지배하고 있던 한국 사회에 큰 충격을 주었다. 여전히 냉전적 사고가 강한 흐름을 형성하고 있던 가운데 1970년대에 들어 리영희는 중국의 사회주의 실험, 즉 문화대혁명(1966~1976)을 높이 평가하고 이를 거울삼아 남한의 독재 체제를 비판하기도 하였다.[11] 그러나 그의 시도는 반공의 입장에서 벗어나 새로운 시각으로 중국을 보려하였다는 점에서 긍정적인 측면도 있었으나, 중국을 이상형으로 설정함으로써 중국의 현실을 냉철하게 파악하지 못하는 한계를 드러냈다.[12]

한편 미국에서 대중 정책의 전환을 요구하는 주장이 등장한 1966년에 한국에서는 역사학자의 입장에서 중국을 좀 더 객관적으로 이해하려는 시도가 나타났다. 민두기는 '공산 중국'에 대한 이해가 단순한 정치학적 또는 정치사적 관찰에 치우쳐 있다는 문제점을 지적하고, 중국의 공산화를 일종의 근대화로 평가하였다.[13] 역사적 관점에서 긴 호흡으로 중국의 공산화 과정을 이해하려는 그에게 중국 공산화는 또 다른 근대화의 길이었으며, 중화인민공화국의 수립은 '중국적 근대화'를 추구해 가는 과정이었다. 그는 근대화를 전통과의 유기적인 관련성 속에서 파악하고 공산화를 중국인들의 100여년에 걸친 지난한 근대화 추구의 결과물로 이해하였다.

이와 함께 사회주의 중국의 역사학을 이해하려는 시도가 이루어졌다. 중국 역사학에 대한 이해는 곧 그 자체로 중국 역사교육의 방향성을 가늠

---

10) 정문상, 앞의 글, 2011, 68~69쪽.
11) 백영서, 「'편의적인 오해'의 역사―한중 상호인식의 궤적」『동북아 공동체를 향하여』, 동아일보사, 2004, 430쪽.
12) 리영희·임헌영, 『대화―한 지식인이 삶과 사상』, 한길사, 2005, 446~448쪽.
13) 민두기, 「특집 중공 연구의 신전개: 亞 植民地와 近代化―共産中國에의 노선 소묘를 중심으로」『세대』 4-7, 1966.

할 수 있는 데 도움을 주었다. 첫 번째 글은 고병익이 1974년에 발표한 「중공의 역사학」이다.[14] 일단 글의 제목이 냉전이라는 당시의 시대적 상황을 반영하고 있으며 자료 접근의 제약성에도 불구하고 사회주의 중국의 역사학을 국내에 처음으로 소개하는 것이었다. 중국의 역사교육이 역사학 연구 그리고 더 본질적으로 정치의 강한 영향력 아래 놓여 있다는 것을 감안할 때, 문혁 시기까지 중국 역사교육의 주요 내용이 무엇인지 유추하는데 도움을 주었다. 여기에서는 1949년 사회주의 정권이 수립된 이후부터 글이 발표되던 당시인 문혁 시기까지 중국 역사학계의 역사 인식, 즉 계급투쟁을 위주로 역사를 해석하던 경향성을 조명하고 있다. 마르크스주의 역사학이 주류를 형성하는 가운데 당시 중국 역사학계를 주도하던 꿔모러(郭沫若), 젠보짠(翦伯贊), 판원란(范文瀾), 호와이루(侯外廬), 뤼쩐위(呂振羽), 리우따니엔(劉大年) 등의 연구를 소개하고 있다.[15] 이른바 '다섯 송이의 붉은 꽃(五朶紅花 또는 五朶金花)', 즉 고대사의 분기 문제, 근대사의 분기 문제, 농민전쟁의 혁명성 문제, 자본주의 맹아의 문제, 한족(漢族)의 형성 문제이다. 특히 이 주제들은 역사교과서 집필과 깊은 관련을 맺고 있다. 1980년대 말까지 전국 차원의 교재를 독점적으로 개발하고 보급하던 인민교육출판사(人民教育出版社)는 1956년 역사교과서의 집필과 관련된 종합적인 문제 인식을 아홉 가지의 '초보 의견'이란 이름으로 정리한 「중등 역사교과서 집필 작업의 몇 가지 원칙 문제」를 발표하였다.[16] 이 문건은 이후 역사교과서 작업의 지침서 및 참고 자료로 활용되

---

14) 원래 글은 동서문제연구소의 연구총서로 『中共體制』(1974)에 실렸으나, 『東亞史의 傳統』(고병익, 일조각, 1976)에 다시 수록되었다.

15) 국내에 소개된 역사서로 젠보짠 저, 심규호 역, 『중국사강요 1·2』, 중앙북스, 2015 가 있다.

16) 蘇壽桐 等編, 『初中歷史教材分析和研究』, 人民教育出版社, 1989, 8~10쪽(蘇壽桐, 『史編拾遺』人民教育出版社, 1995, 153~155쪽에 재수록)에서 '초보 의견'에 대해 자세히 다루고 있다. 김유리, 「중국 교육과정의 변천과 역사교육」 『近代中國研究』 제2집, 2001, 109~110쪽에도 소개되어 있다.

었다. 위의 연구 주제들이 교과서 서술에서 중요한 문제로 언급되었다. 당시 교과서 집필진들이 학계의 주요 논쟁 사항을 염두에 두고 있었음을 시사하고 있다.

문혁이 종료된 이후 변화된 중국학계의 모습을 민두기는 1980년에 발표한 「중공에 있어서의 역사동력논쟁(歷史動力論爭) - 계급투쟁인가 생산력인가」를 통해 소개하였다.[17] 앞선 고병익의 글과 6년의 시차가 있는데, 그 사이 중국에서는 문혁이 종료되고 덩샤오핑이 집권하면서 개혁·개방 노선을 천명하였다. 민두기의 글은 개혁·개방 이후 중국 학계에 나타난 역사 인식의 변화, 즉 역사 발전의 원동력을 '계급투쟁'이 아닌 '생산력 발전'에서 찾으려는 시각이 등장하는 상황을 감지하고 있다. 그런데 민두기의 글이 발표될 당시는 문혁이 끝난 지 얼마 안 되어 문혁 시기의 경직된 역사 인식이 여전히 강하게 남아 있던 시기이고 논쟁의 초기 상황임을 감안한다면, 이후 중국 역사학의 방향을 잘 예견한 통찰력이 있는 글이라 할 수 있다. 전술한 바와 같이 공산화를 근대화의 연장선상에서 이해하고자 했던 그의 연구 시각에서 보면, 문혁 이후 중국이 마르크스주의라는 틀을 유지하면서도 '생산력 발전'이라는 당면한 시대적 과제를 강조할 것이라는 논문의 암시는 당연한 논리적 귀결인지도 모른다.

민두기의 이 논문은 중국사의 전개 과정에서 계급투쟁과 농민전쟁이 역사의 유일한 동력이 아니고, 생산력 발전이 역사 발전을 이끄는 주된 동력이며 이와 더불어 과학 기술 역시 역사 발전에서 주요한 역할을 한다는 견해가 제기되던 상황을 전하고 있다. 아울러 그는 덩샤오핑이 현대화 노선을 천명함에 따라 학술상의 생산력 동력론이 전개됨으로써 역사 연구가 정치 노선과 긴밀히 연관되어 있었다는 점은 4인방 시대의 문제점이었던 영사사학(影射史學)의 굴레로부터 중국 역사학이 벗어나지 못한 것임

---

17) 민두기, 「中共에 있어서의 歷史動力論爭 - 階級鬪爭인가 生產力인가」, 『東洋史學研究』 제15집, 1980.

을 지적하고 있다.

그는 2년 후인 1982년 「중공에 있어서의 중국 근대사 연구 동향(1977~1981)」을 발표해, 개혁·개방을 전후로 중국 근대사의 주요 사건들인 태평천국운동, 양무운동, 변법운동, 신해혁명에 대한 연구 경향이 어떻게 변화하고 있는가를 소개하였다.[18] 역사 인식의 변화라는 측면에서 보면 역사동력 논쟁을 소개한 글과 같은 맥락의 글이라 할 수 있다.[19] 개혁·개방이후 중국의 역사 교과서에서 현대화를 강조하는 경향은 생산력을 강조하는 학계의 변화된 인식을 반영하는 것이라 할 수 있다. 고병익과 민두기의 글은 비록 직접적으로 역사교육을 언급한 것은 아니었으나 1949년 이후 현재에 이르는 중국 역사교과서에 담긴 역사 인식의 변화를 이해하는데 도움을 주고 있다.

중국학계의 동향만으로 간접적으로 이해할 수 있던 중국의 역사교육을 직접 접할 수 있게된 것은 1990년이다. 비교사·비교역사교육연구회의 이름으로 일본에서 한·중·일 학자들은 각국의 역사교육과 역사교과서를 비교하면서 논의하는 자리를 가졌다. 이 자리에 참석한 한국의 이원순, 이광주 등은 중국과 일본의 학자들과 의견을 나누었다. 그러나 그 논의 내용은 일본에서만 소개되었다.[20]

공개적인 지면상에 중국의 역사교육이 처음 소개된 것은 1992년이다.[21]

---

18) 민두기, 「중공에 있어서의 중국 근대사 연구 동향(1977~1981)」 『東아시아硏究動向調査叢刊 』 제12집, 서울대학교東亞文化硏究所, 1982.
19) 조병한, 「중국에서 양무운동과 변법운동에 대한 재평가」 『역사비평』 제28호(봄호), 1995 역시 같은 문제 인식을 담고 있는 글이라 볼 수 있다.
20) 比較史·比較歷史敎育硏究會 編, 『アジアの「近代」と歷史敎育』, 未來社, 1991.
21) 방영춘·백주현, 「중국의 역사교육」 『역사와 현실』 제8권, 1992. 유럽, 미국, 일본 등 세계 각국 역사교육의 동향을 조망하는 기획 속에서 중국의 역사교육이 소개되었다. 초등에서 대학에 이르기까지 중국에서 실시되는 역사교육의 개략적인 소개, 즉 개설 과목 및 시수, 중국사와 세계사의 내용 구성, 역사교육의 개혁 방향 등이 소개되었다.

한중 수교로 중국과의 직접적인 교류가 활발하게 전개되고 중국에 대한
관심이 높아져 가는 가운데, 중국의 역사 교육과정과 역사 교과서에 대한
소개와 분석이 본격적으로 이루어지기 시작하였다. 특히 근래에는 동북공
정의 영향으로 중국의 역사 교과서에 드러난 한국사 인식의 문제가 크게
다뤄지기도 하였다. 동북공정 문제는 한국의 민족 감정을 자극하면서 중
국의 역사교육에 대한 관심을 불러일으켰고, 한편으로는 일본의 역사 왜
곡과 함께 다뤄지면서 동아시아라는 틀에서 역사교육이 나아갈 방향을 모
색할 수 있는 계기를 제공하기도 하였다. 이와 관련하여 동북공정을 통한
중국의 고구려사 왜곡 문제에 대응하기 위해 2004년에 교육부 산하에 설
립된 고구려연구재단(2006년에 현재의 동북아역사재단으로 개편)도 중국
역사교육에 대한 연구를 활성화시키는 데 이바지하였다.[22]

1990년대 이후 한국학자들의 중국 역사교육에 대한 접근은 크게 네 가
지 방향에서 이루어졌다. 첫째, 중국의 역사교육과정에 대한 분석이다.
김유리, 오병수, 전소연 등이 중국의 역사교육과정에 대한 연구를 진행하
였다.[23] 역사교육에 대한 이론적 논의가 진전되면서 교육과정에 대한 이
해가 깊어지고, 다른 나라의 교육과정을 비교 연구하려는 역사교육학계의

22) 동북아역사재단에서 펴낸 중국의 역사교육에 관한 연구서로는 권소연 외, 『중국의
    역사교육과 교과서』(2006) ; 임상선 외, 『중국 역사 교과서의 한국 고대사 서술 문제』
    (2006) ; 동북아역사재단 편, 『중국 역사 교과서의 민족·국가·영토 문제』(2006) ; 연민
    수 외, 『동아시아 역사교과서의 주변국 인식』(2008) ; 임상선 외, 『중국과 타이완·홍
    콩 역사교과서 비교』(2008) ; 김지훈 외, 『중국 고등학교 역사교과서의 현황과 특징』
    (2010) ; 정유선 외, 『중국 역사교과서의 통일적다민족국가론』(2011) 등이 있다.
23) 김유리, 「中國 敎育課程의 變遷과 歷史敎育」, 『近代中國硏究』 제2집, 2001 ; 오병
    수, 「中國 中等學校 歷史敎科書의 敍述樣式과 歷史認識」, 『歷史敎育』 제80집,
    2001 ; 오병수, 「中國 中等學校 歷史敎育課程의 推移와 最近 動向」, 『歷史敎育』
    제84집, 2002 ; 오병수, 「中·日 歷史敎科書 發行制度와 運用 實態」, 『歷史敎育』 제
    91집 2004 ; 김유리, 「역사교학대강에서 역사과정표준으로」, 『歷史敎育』 제96집,
    2005 ; 권소연, 「중국 역사교육과정의 변화와 추이 - "사상중심 역사학"에서 "실용
    주의 역사학"으로 - 」 『中國近現代史硏究』 제31집, 2006.

경향도 중국의 역사교육과정 연구의 자극제로 작용했을 것으로 보인다. 김유리와 오병수가 발표한 일련의 논문은 중국 역사교육과정의 공식 문건인 역대 역사교학대강(歷史敎學大綱) 및 2000년대 이후 등장한 새로운 교육과정인 역사과정표준(歷史課程標準)의 분석을 통하여 중국 역사교육의 변천 과정을 구체적으로 소개하였다. 김유리는 중국 역사교육과정의 변천과 그에 따른 교과서의 편찬과 발행이 어떻게 변해 왔는가를 밝혔다. 즉 우리의 국정제와 같이 하나의 교육과정(綱)에 한 종의 교과서(本)를 발행하던 국정제 방식의 '일강일본(一綱一本)' 체제에서 교육개혁의 추진과 함께 검정제 방식으로 전환하면서 '일강다본(一綱多本)'으로, 나아가 복수의 교육과정과 여러 종의 교과서가 발행되는 '다강다본(多綱多本)'으로 변화하는 과정을 추적하였다. 또한 전국적 차원의 교육과정과 달리 상하이시가 자체적으로 개발하여 운영하는 교육과정과 다양화하는 교과서 구성 방식에 대해서도 소개하였다. 오병수 역시 중국 역사교육과정의 변화에 주목하면서 전체적인 교과서 서술 방식의 변화에서 나타나는 특징, 즉 중화민족 형성사로서 민족주의 내지 애국주의를 강조하는 경향성, 풍부한 서사 구조의 채택 등을 지적하였다.

둘째, 중국 역사교과서의 역사 인식과 관련된 연구이다. 주로 중국 중심적 역사 인식이 교과서에 어떻게 나타나고 있는지 그리고 중국 역사학계의 연구가 역사 교과서에 어떻게 반영되고 있는지를 밝히는 작업이었다.[24] 중국 중심적 역사인식에 대해서 윤휘탁은 일련의 글에서 국민 통합

---

24) 鄭夏賢, 「中國의 역사교육에 있어서 少數民族 이해」『윤세철교수정년기념역사학논총2 - 역사교육의 방향과 국사교육』, 솔, 2001 ; 윤휘탁, 「중국의 애국주의와 역사교육」『中國史硏究』제18집, 2002 ; 이은자, 「아편전쟁과 중국의 '문호 개방'에 대한 역사 교육과 역사 인식」『中國近現代史硏究』제19집, 2003 ; 박장배, 「근현대 중국의 역사교육과 중화민족 정체성2 - 중화인민공화국 시대의 민족 통합문제를 중심으로」『中國近現代史硏究』제20집, 2004 ; 박정현, 「청일전쟁에 대한 중국의 역사인식과 역사교육의 방향」『中國近現代史硏究』제20집, 2004 ; 김종건, 「중국 역사교과서상의 明淸史 내용과 변화 검토 - 최근 초급중학 교과서를 중심으로 -」『慶

의 이데올로기인 통일적 다민족 국가론이 '중화민족 대가정 만들기' 프로
젝트로 나타나고 그것이 교과서에 어떻게 투영되고 있는 지 분석하면서
'신중화주의(新中華主義)'의 문제점을 진단하고 있다. 이 문제와 관련하
여 정하현은 사회주의 이념이 퇴조하는 가운데, 소수민족에 대한 통합 문
제가 역사교육에서 중요한 문제로 부각되고 있음을 지적하고 있다. 이은
자와 김종건은 중국의 근대사 연구 시각의 변화에 따른 교과서 서술의 변
화 양상을 분석하고 있다.

　셋째, 한국사와 관련된 내용이 중국의 역사교과서에 어떻게 기술되고
있는지 분석하는 연구이다.[25] 이는 동북공정 문제가 불거지면서 고대사
를 중심으로 언론과 국민적 차원에서도 매우 관심이 높았던 부분이다. 상
당수의 글들이 중국 역사교과서에서 나타나는 한국사의 왜곡 문제에 초점

　　北史學』제27집, 2004 ; 김종건, 「중국 역사교과서상의 중국 근대사 내용과 변화 검
　　토 - 최근 초급중학교과서를 중심으로」『中國近現代史硏究』제23집, 2004 ; 이은자,
　　「중국의 '近代'(1840~1919)史觀과 역사교육」『中國學論叢』제18집, 2004 ; 윤휘탁,
　　「중국 중·고교 역사교과서에 반영된 '중화의식'」『中國史硏究』제45집, 2006 ; 동북
　　아역사재단 편, 『중국 역사교과서의 민족, 국가, 영토 문제』, 동북아역사재단, 2006 ;
　　동북아역사재단 편, 『중국의 역사교육과 교과서』, 동북아역사재단, 2006.
25) 박금해, 「중국 교과서에 나타난 한국사 서술」『歷史敎育』제54집, 1993 ; 류재택,
　　「중국의 한국사 이해와 역사 해석의 준거」『史學志』제31집, 1998 ; 박영철, 「중국
　　역사교과서의 한국사 서술」『歷史敎育』제80집, 2001 ; 유용태, 「중국 역사교과서
　　의 현대사 인식과 국가주의 - 한국 현대사를 중심으로」『歷史敎育』제84집 2002 ;
　　전인영, 「중국 근대사 교육의 관점과 한국사 인식」『歷史敎育』제84집, 2002 ; 김
　　지훈·정영순, 「최근 중국 중고등학교 역사교과서 속의 한국과 한국사」『中國近現
　　代史硏究』제23집 2004 ; 구난희, 「중국의 '민족문제' 인식과 고구려·발해사의 취
　　급 변화 - 역사 교육과정 서술변화를 중심으로 - 」『사회과교육연구』제13권 2호,
　　2006 ; 김지훈, 「중국의 역사과정표준 고등학교 실험역사교과서의 한국 관련 서술」
　　『한국근현대사연구』제36집, 2006 ; 동북아역사재단 편, 『중국 역사교과서의 한국
　　고대사 서술 문제』, 동북아역사재단, 2006 ; 윤휘탁, 「한, 중 역사논쟁과 역사화해」
　　『中國史硏究』제51집, 2007 ; 김지훈, 「중화인민공화국 역사교과서에 나타난 고구
　　려·발해사 서술」『고구려발해연구』제29집, 2007 ; 우성민, 「한·중간 '상호이해와
　　역사화해'의 인식제고를 위한 역사교과서의 과제 - 한·중 중고교 역사교과서의 서
　　술 사례를 중심으로」『中國史硏究』제75집, 2011.

이 맞추어져 있었다. 한편 윤휘탁과 우성민은 하나의 역사적 사건에 대해 양국의 교과서가 어떻게 서술하고 있는지 비교 분석하면서 역사 화해를 모색하고 있다. 교과서 분석의 발전된 사례로 보인다.

넷째, 중국의 세계사 교육에 대한 연구도 이루어졌다. 오병수는 초급중학(初級中學)『세계역사』의 목차 분석을 통해 중국의 세계사 인식을 소개하였고[26], 정하현은 상하이시가 자체적으로 마련한 교육과정에 의거하여 개발된 교과서가 중국사와 세계사의 통합 형태를 취하고 있음에 주목하였다.[27] 송상헌은 『세계역사』와 『세계근대현대사』의 서술 속에 중화주의적 인식이 자리잡고 있음을 지적하였다.[28] 중국의 세계사 교과서에 관한 본격적인 분석은 박장배에 의해 시도되었다. 그는 문혁이 끝난 이후 중국의 세계사 교과서가 개혁·개방의 추세 속에서 계급투쟁사를 위주로 한 서술에서 탈피해 생산력 발전, 세 차례의 기술 혁명, 문화사 등을 강조하는 경향이 있음을 지적하였다.[29] 그러나 중국의 역사교육에 대한 연구 영역 중에서 세계사 교육에 대한 우리 학계의 연구는 상대적으로 빈약한 편이다. 최근 중국은 서양 학자들과 활발히 교류하면서 그들의 연구 성과

---

26) 중국의 학제는 6(초등학교) - 3(중학교) - 3(고등학교) - 4(대학)로 우리와 동일하다. 초등학교, 중학교, 고등학교에 해당하는 명칭은 각각 소학(小學), 초급중학(初級中學, 이하 초중), 고급중학(高級中學, 이하 고중)이다. 1학기는 8월 중·하순에 시작하여 다음 해 1월말 경에 끝난다. 2학기는 2월 중순에 시작하여 7월 초·중순에 끝남으로써 한 학년이 마무리된다.

27) 오병수, 「中國 中等學校 歷史敎科書의 敍述樣式과 歷史認識」『歷史敎育』제80호, 2001. 鄭夏賢, 「中國의 역사교육에 있어서 少數民族 이해」, 尹世哲 敎授 停年紀念 歷史學論叢 刊行委員會, 『歷史敎育의 方向과 國史敎育』솔, 2001. 348~352쪽. 상하이시의 교육과정에 대해서는 김유리, 「역사교학대강에서 역사과정표준으로」『歷史敎育』제96집, 2005, 67~70쪽 참조.

28) 宋相憲, 「世界史 敎科書 敍述에서 東아시아史 談論의 問題 - 中國 世界史 敎科書의 境遇」『歷史敎育』제84집, 2002.

29) 박장배, 「개혁·개방 이후 중국의 중·고교용 역사교재 편제 분석 -『세계역사』·『세계근현대사』를 중심으로」『중국의 역사교육과 교과서』, 동북아역사재단, 2006.

를 수용해 세계사 연구뿐만 아니라 세계사 교과서에도 적용하려는 노력을
기울이고 있다.30) 세계사 교육 분야에서 보이는 다양한 시도들은 우리의
세계사 교육에도 참고가 될 수 있을 것으로 보인다.

이상의 글들을 통해 볼 때 중국 역사교육에 관한 적지 않은 연구들이
진행되었음을 알 수 있다. 그러나 아쉬운 점은 아직 중국 역사교육과정의
변화, 중국의 자국사 및 세계사를 아우르면서 중국의 역사교육을 종합적
으로 이해하는 데까지 나가지 못하고 있으며, 중국의 역사교육을 통해 우
리의 역사교육을 어떻게 정립해 나갈 것인가라는 하는 문제의식도 빠져
있다. 중국의 역사교육에 대한 이해가 타자에 대한 이해로 머무는 것이
아니라, 주체의 문제에 대한 이해로 연결될 때 더욱 가치 있는 연구가 이
루어질 수 있을 것이다. 지금까지는 어쩌면 중국의 역사교육이 한국의 역
사교육과 분리된 하나의 '객체'로서 분석 대상이었지만, 이제는 한발 더
나가 중국의 역사교육을 통해 한국의 역사교육을 비판적으로 성찰하는 자
세가 필요한 시점이다.

---

30) 중국의 학계와 서양학자들과의 교류가 많아지면서 서양학자들의 중국의 학계 동향
에 관심이 많아졌다. 서양학자들의 시각에서 중국에서의 세계사 연구 경향을 정리
한 논문으로는 Ralph Croizier, World History in the People's Republic of China,
Journal of World History, Vol 1, No 2, 1990 ; Edward Wang, Encountering the
World: China and Its Other(s) in Historical Narratives, 1949-89, Journal of World
History Vol 14, No 3, 2003 ; Luo Xu, Reconstructing World History in the
People's Republic of China since the 1980's, Journal of World History Vol 18,
No 3, 2007 ; Edward Wang, 'Rise of the Great Powers'= Rise of China?
Challenges of the advancement of global history in the People's Republic of
China, Journal of Contemporary China, 2010 ; Huaiyin Li, From Revolution to
Modernization: the Paradigmatic Transition in Chinese Historiography in the
Reform Era, History and Theory 49, 2010 등이 있다. 중국의 역사교육에 관해서는
Alisa Jones, Politics and history curriculum reform in post-Mao China,
International Journal of Educational Research 37, 2002 ; Ying Hongcheng·Patrick
Manning, Revolution in Education: China and Cuba in Global Context, 1957-76,
Journal of World History, Vol. 14, No.3, 2003 등이 있다.

Ⅱ. 중국 역사교과서의 서사 구조 이해

1. 헤이든 화이트와 역사 서술

중국의 역사교과서는 역사학의 연구 성과와 국가 수준의 요구 사항을 학생의 수준을 고려하여 선정한 내용으로 이루어진 일종의 '구성물'이다. 중국의 역사교과서는 지역적 특성을 고려하여 내용을 편제하는 등 교과서의 다양화를 지향하고 있으나 전체적으로 보면 국가 수준의 요구 사항이 강하게 반영되고 있다. 가령 중국의 역사 교과서에 등장하는 중요한 용어인 '통일적 다민족 국가', '중국 특유의 사회주의 건설', '현대화' 등은 중국 정부의 정치 노선과 긴밀한 관계를 맺고 있는 용어들이며 국가가 지향하는 이데올로기이다.

역사교과서가 이데올로기를 호소력 있게 전달하기 위해서는 일정한 서사 구조와 결합할 가능성이 크다. 중국 역사교과서가 거시적인 차원에서 어떠한 틀(플롯)로 구성되어 있으며 그 안에 어떤 이데올로기적 맥락이 내포되어 있는지를 헤이든 화이트(Hayden White)의 이론을 통하여 분석해 보기로 한다.

화이트는 역사 서술이 갖는 문학성을 강조하였다. 모든 역사는 일정한 플롯과 서사(내러티브)를 취하고 있으며 그 내면에 이데올로기가 작동한다고 주장하였다. 그리고 그 서사가 특정 문화나 집단이 설정한 중요도에 따라 사건을 서열화하려는 욕구에서 비롯된 것으로 보았다.[1] 역사 서술이 플롯과 내러티브를 가진다는 점은 심지어 과학적 역사를 지향한다고 하는 아날학파조차도 예외일 수 없다고 폴 리쾨르(Paul Ricoeur)가 지적하였다.[2] 즉, 개개의 사건사를 바탕으로 한 내러티브를 지양하고 사회과

---

1) 양호환, 「내러티브와 역사인식」 『역사교육의 이론과 구상』, 책과함께, 2012, 197쪽.
2) 폴 리쾨르 저, 김한식·이경래 역, 『시간과 이야기 1』, 문학과지성사, 1999, 405~425쪽.

학적 구조를 중요하게 생각한 아날학파도 플롯이라는 서사 모델을 여전히 피할 수 없었다는 것이다. 그는 브로델의 『지중해: 필리페 2세 시대의 지중해 세계』를 분석한 후,[3] 다음과 같은 결론을 내렸다. 브로델은 필리페 2세 시대의 에스파냐와 오스만 제국을 '주인공'으로 설정하고 두 문명의 충돌을 통해 역사적 배경이었던 지중해의 쇠퇴라는 골격을 뚜렷이 드러냈다는 것이다. 한편 브로델 스스로도 플롯 구성 같은 것이 작동했음을 인정했다. 16세기 지중해의 역사는 두 괴물 즉, 에스파냐로 대표되는 기독교 유럽과 오스만 제국으로 대표되는 동쪽의 이슬람 세계의 '이야기'라는 것이다.[4]

　화이트는 역사 서술을 수사학에 관심을 두고 분석한 결과, 모든 역사는 일정한 플롯과 내러티브의 요소를 갖추고 있다고 보았다. 그에게 모든 역사 서술은 비유의 수사학, 구성적 상상력, 플롯을 동원한 이야기로서 '순수 역사'가 아니라 '메타역사'를 기술한 것이었다. 따라서 역사는 무질서한 형태로 존재하는 사건들에 대해 '서사적 질서'를 부여함으로써 만들어졌다는 입장이다. 그가 분석한 역사 서술의 과정은 다음과 같다. 우선 사건들을 발생한 시간 순서에 따라 배치함으로써 연대기가 만들어진다. 그 자체로는 아무런 의미를 갖지 않는 '형태 없는' 과거인 연대기를 역사가는 발단-전개-종결로 다시 배열함으로써 '이야기'로 조직한다. 여기서 역사가들은 부분들을 전체에 연결하거나 사건들을 정황 속에 자리 잡게 함으로써 독자들이 이해할 수 있도록 의미를 부여하는 일, 즉 플롯 구성을 통한 설명 방식을 채용한다는 것이다. 그 결과 연대기의 사건들이 특정한 플롯 구성을 취하게 되는데, 로망스(romance), 비극(tragedy), 희극(comedy), 풍자(satire) 등의 이야기로 만들어진다는 것이다.

---

3) 페르낭 브로델 저, 주경철 외 역, 『지중해: 필리페 2세 시대의 지중해 세계 1·2』(전 3권), 까치, 2017.

4) William C. Dowling, "Paul Ricoeur's Poetics of History," *Raritan*, Vol. 29, Issue 4, 2010, p.164.

화이트가 말하는 플롯의 특징을 살펴보자. 우선 로망스는 선이 악을, 미덕이 악덕을, 빛이 어둠을 이김으로써 영웅이 스스로 운명을 극복하고 승리하는 구원의 드라마이다.[5] 반면에 풍자는 주인공이 운명의 굴레를 벗어나지 못하고 체념과 절망에 빠지는 파탄의 드라마이다. 희극과 비극은 로망스와 달리 주인공의 승리를 가로막는 힘을 인정하고 갈등 상황을 크게 부각시키면서도 풍자와는 달리 운명으로부터 해방될 수 있는 가능성을 열어 놓는다. 희극은 인간과 세계의 혼돈과 대립을 극복하고 성장과 발전으로 나아가리라는 낙관적 기대를 보여줌에 비해, 비극은 주인공이나 영웅이 자신의 환경에 맞서 싸우지만 결말에서는 패배나 죽음 등으로 나타난다.[6] 후술하는 바와 같이『중국역사』는 로망스 구조를,『세계역사』는 희극 구조를 취하고 있는데, 이에 대한 이해를 돕기 위하여 화이트가 말하는 로망스와 희극의 플롯에 대해 좀 더 자세히 살펴보기로 하자.

화이트가 로망스 구조의 대표적인 예로 든 것이 미슐레의『프랑스혁명사』이다.[7] 미슐레에게 프랑스 혁명은 구체제(앙시앵 레짐)가 매장한 선하고 인간적인 모든 것에 대한 정치적·도덕적 '부활'을 의미하는 것이었

---

5) 원래 로망스란 난해한 라틴어와 상대되는 민중들이 사용하던 대중적 라틴어 또는 라틴어를 각 지방의 토착어로 옮긴 번역어를 가리키는 말이었다. 12세기 이후 로망스는 주로 영웅이나 기사의 전설, 모험, 무용(武勇), 연애 등을 소재로 한 문학 장르로서 중세 유럽에서 유행한 허구적 이야기를 의미하게 되었다. 화이트의 이론에 영향을 준 프라이(Northrop Frye)는 로망스를 특정 시대의 문학 장르가 아닌 인간 심리의 한 원형을 대변하는 양식으로서 욕구 충족의 꿈을 가장 잘 표현한 문학 형식으로 이해하였다. 그리고 로망스의 특징은 주인공인 영웅이 악당을 만나 목숨을 건 투쟁을 전개하다가 결국에는 주인공이 승리하는 것으로 마무리되는 플롯으로 구성된다고 보았다. 노스럽 프라이 저, 임철규 역,『批評의 解剖』, 한길사, 1982, 260~287쪽 내용 참조.

6) 안병직,「픽션으로서의 역사: 헤이든 화이트의 역사론」,『인문논총』제51집, 2004, 42~43쪽.

7) 헤이든 화이트 저, 천형균 역,『메타 역사: 19세기 유럽의 역사적 상상력』, 지식을 만드는지식, 2010, 36~40쪽.

다. 수감된 남편, 아들, 형제들을 구출하기 위해서 부인들과 아이들이 구체제의 상징인 바스티유 감옥으로 갔을 때, 미슐레는 글에서 "아아, 프랑스여 그대는 구제되었다! 아아, 세계여 그대도 구제되었다!"라고 환호하였다. 미슐레는 민중의 매몰되었던 삶이 부활하는 과정으로 혁명을 묘사하였다고 화이트는 분석하였다.

희극적 구성의 대표적인 사례로 화이트는 랑케의 저작들을 언급하였다. 그는 랑케의 『정치 문답』중 "얼마나 많은 분열되고 세속적인 정신을 지닌 사회들이, 도덕적 에너지에 고무되어 각기 독자적 방법으로 세계의 모든 혼란에도 불구하고 이상을 향해 성장·발전하고 있는가!"라는 구절을 사례로 들었다.8) 랑케는 프랑스 혁명 이후 이전보다 발전된 정치 형태인 국민국가가 만들어짐으로써 유럽 문명은 과거와는 질적으로 다른 새로운 역사 발전의 단계로 접어들었다고 보았다. 랑케는 헝클어진 실 뭉치가 일정한 질서에 의해 그물이나 직물로 만들어지듯이, 역사의 전개 역시 교회나 국가 혹은 민족에 의해 질서가 부여되고 통합이 이루어진다는 설명 방식을 취하였다.

본래 역사적 상황은 비극적이거나 희극적이지 않다. 하나의 사건은 사용하는 내러티브 방식에 따라 각기 다른 의미를 갖게 된다. 화이트는 특정한 플롯을 채택하는 것은 특정한 이데올로기적, 정치적 함의를 가진 선택의 결과로 보았다.9) 즉 서사성을 부여하여 역사로 만들고 싶은 이면에는 법과 제도를 유지하고 권력과 질서를 정당화하려는 의도, 즉 이데올로기가 작용하고 있다는 것이다.10) 그런 측면에서 본다면 교과서도 무언가에 대한 설명을 통해 어떠한 이데올로기를 전수하려는 특정한 사람들의 시도이며, 교과서의 기술 역시 객관적인 것처럼 보이는 편견의 한 사례일

---

8) 헤이든 화이트 저, 천형균 역, 앞의 책, 2010, 55쪽.
9) 안병직 외, 『오늘의 역사학』, 한겨레신문사, 1998, 237~238쪽.
10) 안병직, 앞의 글, 2004, 55쪽.

뿐이다. 따라서 교과서의 서술에 내재한 역사 인식을 판단하는 것이 중요
한 문제로 떠오른다.[11] 더구나 중국의 경우 경세적(經世的) 입장에서 역
사를 서술해온 오랜 전통이 존재하고, 문혁이 끝나고 영사사학의 폐해를
비판하는 작업이 진행되었으나 정치 현실을 반영하는 역사 연구의 경향성
이 여전히 존재하며, 마르크스주의의 공식에 맞춰 역사를 해석하는 '이론
대사(以論帶史)'의 관행이 여전히 존재한다는 점도 고려해야 할 것이다.

그런데 역사학의 문학적 성격을 강조하는 화이트의 이론은 객관적 역
사 지식에 대한 논쟁을 불러 일으켜 '역사학의 종말'이라는 극단적 표현이
등장하게 하는데 일조하기도 하였다.[12] 그러나 사학사(史學史) 연구자인
조지 이거스(Georg G. Iggers)는 다음과 같이 정리하였다. 역사는 항상
이야기체 형식을 취하고 따라서 문학적 텍스트의 특성을 공유한다는 화이
트의 주장을 학계에서 대체로 받아들여졌지만, 그렇다고 해서 모든 문학
과 마찬가지로 역사가 본질적으로 '허구 만들기 작업'이라는 화이트의 결
론은 받아들여지지 않았다는 것이다. 그리고 이거스는 "역사가가 '문학적
방식'으로 서술한다고 할지라도, 그는 문학을 생산하지 않는다"라는 로제
사르티에(Roger Chartier)의 말을 덧붙였다.[13] 또한 린 헌트(Lynn Hunt)
등은 서사가 인간에 의해 만들어졌다고 해서 그것들이 모두 똑같이 허구
적이거나 신화적인 것이 되지 않으며, 포스트모더니즘 역시 따지고 보면
메타 서사의 하나라는 것이다. 회의적이고 상대주의적인 포스트모더니즘
으로 나아가다 보면 막다른 골목으로 들어갈 수밖에 없음을 경고하며, 서
사는 여전히 세계를 다루고 미래를 준비하기 위한 쓸모 있는 도구란 점을
역설하였다. 그래서 메타 서사를 모조리 거부한다는 것은 이치에 맞지 않

---

11) 이영효, 「포스트모던 역사 인식과 역사 학습」, 김기봉 외, 『포스트모더니즘과 역사
학』, 푸른역사, 2002, 362~363쪽.
12) 자세한 내용은 김기봉 외, 앞의 책, 2002를 참조할 것.
13) 조지 이거스 저, 임상우·김기봉 역, 『20세기 사학사』, 푸른역사, 1999, 212쪽.

으며 새롭고 더 나은 사회 이론, 또는 새롭고 더 나은 메타 서사를 개발하도록 노력해야 한다는 점을 강조하였다.[14] 텍스트의 속성을 이해하고 그것을 분석하는 방법으로서 화이트의 이론은 역사교과서라는 텍스트를 이해하는 데에 유용한 측면이 있다. 다만 '역사 서술=허구'라는 그의 주장은 극단적인 것으로 보인다. 필자는 텍스트 분석의 방법론이라는 측면에서 화이트의 이론을 제한적으로 수용하고자 한다.

중국 역사교과서의 개략적인 서사 구조와 이데올로기를 파악하기 위해서 먼저 초중의 『중국역사』와 『세계역사』를 분석해 보고자 한다. 분석 대상은 중국에서 가장 오랜 교과서 출판의 역사를 지니고 있으며 현재에도 전국적으로 가장 높은 점유율을 확보하고 있는 인민교육출판사(이하 인교판)의 교과서이다. 그리고 개혁·개방을 전후로 교과서의 서술의 관점에 변화가 생긴 측면에 주목하여 논의를 진행하기로 한다. 우리의 고등학교에 해당하는 고중의 역사교과서들은 통사가 아닌 정치사, 경제사, 문화사를 비롯하여 여러 주제사의 형태를 취하고 있어 일목요연하게 분석하기에는 초중의 교과서가 적합하다. 고중의 교과서는 초중 교과서의 내용과 관점을 공유하면서 심화된 형태이기 때문에 고중과 초중 간의 본질적인 관점의 차이는 없다.

2. 역사교과서의 서사 구조

1) 중국사

사회주의 중국이 수립된 이래 문혁 시기까지 중국 역사학계는 마르크스주의의 사적 유물론에 입각한 역사 연구가 지배적인 시기였던 만큼, 초

---

14) 린 헌트·조이스 애플비·마거릿 제이컵 저, 김병화 역, 『역사가 사라져 갈 때 - 왜 우리에게 역사적 진실이 필요한가』, 산책자, 2013, 309~310쪽.

중 『중국역사』의 서술 역시 학계의 경향과 연동되어 사적 유물론의 관점
이 강하게 반영되었다. 또한 역사 교과서의 편찬 및 발행이 국정제로 운
영되고 있었기 때문에 사회주의 이데올로기를 강화하려는 국가의 영향력
이 직접적으로 작용하고 있었다. 그러다보니 교과서의 전체적인 서사 구
조는 중국사를 계급투쟁이라는 갈등과 대립의 구도로 설명하고 사회주의
혁명의 성공으로 마무리하는 희극 구조를 취하였다.

화이트는 역사학자들이 '과거에 일어났던 것'을 설명하기 위해 특정한
플롯을 이용하는데, 마르크스주의는 이데올로기적으로 급진주의이며 부
르조아지의 역사를 비극으로 구성한 반면, 프롤레타리아트의 역사는 희극
의 구조 속에 놓는 것으로 파악하였다.15) 즉 마르크스주의는 역사에서 부
르주아지가 몰락을 통해 비극의 주인공이 되지만, 프롤레타리아트는 희극
적 운명을 맞이함으로써 희극의 마지막 장면은 모든 계급이 소멸되고 인
류가 하나의 유기체적 전체로 변형되는 것이었다. 따라서 개혁·개방 이전
초중 『중국역사』의 서사 구조는 중국사를 기나긴 계급투쟁의 역사로 보
고 그 종착점을 사회주의 혁명에 의한 중화인민공화국의 수립으로 설정한
다는 점에서 전형적인 마르크스주의의 희극 구조를 취한다고 할 수 있다.
화이트가 희극 플롯의 사례로 든 랑케의 서술 방식, 즉 시민혁명 후 한층
더 통합성이 높아진 국민국가 단위로 진일보한 새로운 단계의 역사가 펼
쳐진다는 논리와 유사하다.

〈표 1〉의 대단원 목차에서 보듯이 1956년판 초중 『중국역사』는 1학년
의 전근대사, 2학년 1학기의 근대사, 2학년 2학기의 현대사로 구성되어
있다.16)

---

15) 헤이든 화이트 저, 천형균 역, 『메타 역사 II : 19세기 유럽의 역사적 상상력』, 지식
    을만드는지식, 2011, 669~673쪽.
16) 2학년 1학기는 신문화운동으로 끝나고 2학기 2학기는 5·4운동으로 시작하고 있다.
    1950년대 중국의 학계에서는 근대사와 현대사의 분기점을 5·4운동(1919)으로 보고
    1840(아편전쟁)~1919를 근대사로, 1919~1949(사회주의 중국의 성립)를 현대사로

<표 1> 1956년판 초중 『중국역사』 목차

	1학기	2학기
1 학 년	제1편 원시 사회 제2편 노예 사회 제3편 봉건 사회(상)	제4편 봉건 사회(하)
2 학 년	제1편 아편전쟁, 태평천국혁명운동 제2편 중국 자본주의 발생, 갑오중일전쟁 제3편 무술변법운동과 의화단운동 제4편 신해혁명	제1편 중국 공산당의 성립 제2편 제1차 국내 혁명전쟁 제3편 제2차 국내 혁명전쟁 제4편 항일전쟁 제5편 제3차 국내혁명 전쟁 제6편 사회주의 혁명과 사회주의 건설

전체적으로는 원시 사회로부터 시작하여 노예 사회, 봉건 사회, 근대의 반식민지(半植民地)·반봉건(半封建) 사회를 거쳐 중국 공산당에 의한 사회주의 혁명의 성공에 이르기까지 사적 유물론에 기초한 역사발전 단계설이 적용되고 있다.

<표 2> 1956년판 초중 『중국역사』의 상세 목차

	1학기	2학기
1 학 년	제1편 원시 사회 제1장 우리나라의 원시 사회 제2편 노예 사회 제2장 우리나라 고대의 노예제 국가 제3장 노예 사회의 와해 제3편 봉건 사회(상) 제4장 봉건 사회의 형성	제4편 봉건 사회(하) 제18장 수말(隋末) 농민전쟁 제19장 당조 전기의 경제발전 제20장 당과 아시아 각국의 경제 문화 교류 제21장 토번(吐藩), 위구르(回紇), 남조(南詔) 제22장 당말(唐末) 농민전쟁 제23장 수·당의 문화

설정하였다. 그리고 근대사를 자산계급을 중심으로 하는 구민주주의 혁명기로, 현대사를 무산계급과 중국 공산당을 중심으로 하는 신민주주의 혁명기로 구분하였다. 張海鵬,「20世紀中國近代史學科體系問題的探索」『近代史研究』 2005-1, 9~11쪽의 내용 참조.

제5장 전국시대의 사상가와 문학가	제24장 오대 시기의 남북 형세
제6장 중앙집권적 통일 봉건국가-진	제25장 북송의 경제발전과 계급모순
(秦)	제26장 요(遼)·송(宋)·서하(西夏)·금(金)
제7장 진말(秦末) 농민전쟁	의 관계
제8장 서한(西漢) 전기의 경제 발전	제27장 몽고의 흥기와 남송 군민(軍民)
제9장 양한(兩漢) 시대의 변강 각 민족	의 반원(反元) 투쟁
제10장 양한 시대의 농민전쟁	제28장 원말(元末) 농민전쟁
제11장 양한의 문화	제29장 송·원의 문화
제12장 위·촉·오 3국의 정립	제30장 명 초의 경제와 정치
제13장 분열 후의 단기적 통일	제31장 명의 대외 관계
제14장 중원 회복과 강남 보위의 투쟁	제32장 자본주의 맹아
제15장 남조 시대의 강남 개발	제33장 명말(明末) 농민전쟁
제16장 북위의 개혁과 인민 대기의(大	제34장 청군(淸軍)의 입관(入關)과 반
起義)	청(反淸) 투쟁
제17장 남북조 시대의 문화	제35장 확대되는 다민족의 봉건국가-청
	(淸)
	제36장 청조 전기의 경제
	제37장 명·청의 문화

구체적인 내용을 살펴보면 계급투쟁사가 중심이다 보니 〈표 2〉처럼 전근대사에서는 농민 봉기를 중심으로 한 민중 운동사가 거의 매 시기 큰 비중을 차지하고 있다. 특히 매 왕조의 말기에 발생한 농민 봉기를 중요하게 다루고 있다. 왕조 말기에 이르러 계급 모순이 임계점에 도달함으로써 농민 봉기로 표출되고 결국 왕조의 교체로 이어진다는 점을 강조하는 것이다. 왕조의 교체도 계급투쟁사의 입장에서 이해하려는 것이다. 근대사 영역에서는 태평천국운동이나 의화단운동에 많은 지면을 할애하고 있다. 현대사 영역에서는 중국 공산당의 역할을 도드라지게 서술하고 있는데, 중국의 민중을 이끄는 '선봉대'로서 중국 공산당을 강조함으로써 계급투쟁사의 관점을 일관되게 지속시키고 있다.

개혁·개방 이후 1980~90년대 교과서는 계급투쟁사를 주축으로 하는 희극 구조에서 2000년대 이후의 중화민족사를 축으로 하는 로망스 구조로 전환하는 과도기적인 성격을 갖는다.

〈표 3〉 1986년판 초중『중국역사』목차

	단원명
제 1 책	**제1편 원시 사회** **제2편 노예 사회** **제3편 봉건 사회** 봉건 사회의 형성과 초보적 발전 - 전국, 진, 한 봉건국가의 분열과 민족 대융합 - 삼국, 양진(兩晉), 남북조 봉건 사회의 번영 - 수, 당
제 2 책	**제3편 봉건 사회(續)** 민족 융합의 진일보와 봉건 경제의 지속 발전 - 오대, 요, 송, 하, 금, 원 통일적 다민족국가의 공고와 봉건제도의 점차적 쇠락 - 명, 청(아편전쟁 이전) **제4편 반식민지·반봉건 사회(상)** 아편전쟁, 태평천국운동 중국 자본주의의 발생, 갑오중일전쟁 무술변법, 의화단운동 신해혁명 중국 근대의 문화와 과학
제 3 책	**제5편 반식민지·반봉건 사회(하)** 중국공산당의 창립과 제1차 국내혁명전쟁 제2차 국내혁명전쟁 항일전쟁 제3차 국내혁명전쟁 **제6편 사회주의 사회**

〈표 3〉의 목차 구성에서 보이는 것처럼 전체적인 틀은 계급투쟁사에 의한 희극 구조를 유지한 채 중화민족의 형성과 발전이라는 측면에서 역사를 서술하려는 시도가 이루어지고 있다. 단원명에서 '민족 대융합', '민족 융합의 진보', '통일적 다민족 국가의 공고' 등의 표현이 등장하기 시작하였다. 상대적으로 농민 봉기의 비중은 줄어들고 있다.

2002년부터 2017년까지 사용된 초중『중국역사』교과서는 「2001 의무교육 역사과정표준(실험고)」에 근거하여 집필된 것이었다. 과정표준은 중국에서 교육과정을 지칭하는 용어이며 교과서에 기술해야 할 내용을 규정하고 있다. 이 과정표준에서 제시하고 있는 내용 구성을 보면 〈표 4〉와 같다.[17)

〈표 4〉「2001 의무교육 역사과정표준(실험고)」의 내용 구성

중국 고대사	(1)중화 문명의 기원, (2)국가의 발생과 사회변혁, (3)통일국가의 수립, (4)정권분립과 민족융합, (5)번영과 개방의 사회, (6)경제 중심의 남쪽 이동과 민족관계의 발전, (7)통일적 다민족국가의 공고와 사회 위기, (8)과학기술
중국 근대사	(1)열강의 침략과 중국 인민의 투쟁, (2)근대화의 시작, (3)신민주주의 혁명의 흥기, (4)중화민족의 항일전쟁, (5)인민해방전쟁의 승리, (6)경제와 사회생활, (7)과학기술과 사상문화
중국 현대사	(1)중화인민공화국의 성립과 공고, (2)사회주의 길의 탐색, (3)중국 특유의 사회주의 건설, (4)민족단결과 조국통일, (5)국방건설과 외교성과, (6)과학기술, 교육과 문화, (7)사회생활

〈표 5〉 2007년판 초중 『중국역사』 목차(인민교육출판사)

	1학년	2학년
1학기	제1단원 중화 문명의 기원 제2단원 국가의 발생과 사회의 변화 제3단원 통일 국가의 수립 제4단원 정권의 분립과 민족 융합	제1단원 침략과 저항 제2단원 근대화의 탐색 제3단원 신민주주의 혁명의 흥기 제4단원 중화민족의 항일전쟁 제5단원 인민해방전쟁의 승리 제6단원 경제와 사회생활 제7단원 과학기술과 사상문화
2학기	제1단원 번영과 개방의 사회 제2단원 경제중심의 강남 이동과 민족 관계의 발전 제3단원 통일 민족 국가의 공고와 사회의 위기	제1단원 중화인민공화국의 성립과 공고 제2단원 사회주의 노선의 탐색 제3단원 중국 특유의 사회주의 건설 제4단원 민족 단결과 조국 통일 제5단원 국방 건설과 외교 성취 제6단원 과학기술, 교육과 문화 제7단원 사회생활

검정 체제 하에서 여러 출판사의 교과서들이 과정표준에서 제시된 기준에 따라 편찬되었다. 교과서 편찬에 활용되는 자료, 학생 활동의 내용, 지면의 편집 방식 등은 각 출판사별로 개성이 있음에도 불구하고 단원명(대단원과 중단원)과 본문의 내용은 대동소이하다. 〈표 5〉와 같이 인교판

---

17) 「2001 義務敎育歷史課程標準(實驗稿)」, 北京師範大學出版社, 2001, 3~14쪽.

의 내용 구성 역시 과정표준의 내용과 다르지 않으며 다른 출판사에서 펴
낸 교과서 역시 상황은 비슷하다.18) 또한 중국사뿐만 아니라 세계사 교과
서 역시 교육과정의 내용 규정을 따르고 있다. 이러한 전국판 교과서들을
비롯하여 베이징이나 상하이 등 지방 차원에서 만든 교육과정에 의거해
발행하는 지방판 교과서들의 경우에도 전국판 교과서와 크게 다르지 않은
구성 방식을 취하고 있다.19)

2007년판 초중 『중국역사』의 서사 구조를 〈표 5〉의 목차를 통해서 보
자. 전근대사(선사~아편전쟁 이전)는 유구한 역사성을 바탕으로 청대에

---

18) 가령 쓰촨교육출판사(四川敎育出版社)의 초중 『중국역사』(2011)의 목차구성 역시
약간의 차이가 있기는 하지만 전체적으로 과정표준에서 제시하는 기준을 충실하게
따르고 있음을 알 수 있다.

〈표 6〉 초중 『중국역사』(2011, 사천교육출판사)

	1학년	2학년
1학기	제1학습주제 중화문명의 기원 제2학습주제 국가의 탄생과 사회변혁 제3학습주제 통일국가의 건립 제4학습주제 정권분립과 민족융합 제5학습주제 중국고대문화(상)	제1학습주제 열강의 중국침략과 중국인 민의 항쟁 제2학습주제 근대화의 길 제3학습주제 신민주주의 혁명의 흥기 제4학습주제 중화민족의 항일전쟁 제5학습주제 인민해방전쟁의 승리 제6학습주제 경제와 사회생활 제7학습주제 과학기술과 사상문화
2학기	제6학습주제 번영과 개방의 사회 제7학습주제 민족관계의 발전과 경제 중심의 남쪽 이동 제8학습주제 통일적 다민족 국가의 공고와 발전 제9학습주제 중국고대문화(하)	제1학습주제 중화인민공화국의 성립과 공고 제2학습주제 사회주의 노선의 탐색 제3학습주제 중국 특유의 사회주의 건설 제4학습주제 민족단결과 조국통일 제5학습주제 국방건설과 외교성취 제6학습주제 과할기술, 교육과 문화 제7학습주제 사회생활

19) 상하이의 경우에는 후술하는 바와 같이 상하이가 자체적으로 만든 과정표준에 의
해 편찬된 교과서는 다른 교과서와 같이 국가수준에서 요구하는 기본적인 관점은
공유하지만 개성적인 측면이 있다.

이르는 통일적 다민족 국가이자 화려한 문명국가의 형성사이고, 근대사
(아편전쟁~1949)는 외부로부터의 시련을 맞아 이를 극복해 나가는 시기
이자 현대화를 모색하는 시기이며, 현대사(1949~현재)는 중국 공산당의
지도에 의한 사회주의 국가를 건설하고 중국적 특색을 가진 사회주의 현
대화를 추진하는 시기이다. 좀 더 단순화하면 전근대사는 중화민족이라는
'영웅'의 탄생과 성장기, 근대사는 시련과 모색기, 현대사는 부활과 도약
기로 설정되어 있다. 화이트의 이론으로 보면 중국을 '영웅'으로 설정한
로망스 구조로 볼 수 있다.

<표 7> 명·청대사의 내용 구성

중단원명	분 량	시기
제15과 명조 군권(君權)의 강화	5쪽	명대
제16과 대외 교류와 충돌	6쪽	
제17과 군주 집권의 강화	4쪽	청대
제18과 타이완 수복과 제정 러시아의 침략에 맞선 저항	6쪽	
제19과 통일적 다민족 국가의 공고	6쪽	
제20과 명·청 경제의 발전과 해금(海禁)	6쪽	명·청대
제21과 시대 특징이 선명한 명·청 문화(1)	6쪽	
제22과 시대 특징이 선명한 명·청 문화(2)	5쪽	
활동과 <역사 지식 경쟁> '신장, 티베트, 타이완은 자고이래(自古以來) 중국의 영토이다'	3쪽	한~청

　　교과서를 좀 더 구체적으로 살펴보자. 전근대사에서 영웅의 탄생 부분
을 보면 중국사의 시작을 신화의 세계로부터 이야기를 끌어낸다. "인류는
어떻게 출현하였을까?"라는 질문을 던지면서 시작한다. 인류의 기원에 관
해 세계에는 많은 신화와 전설이 있는데 서양에는 아담과 이브의 이야기
가 있듯이, 중국에는 여와(女媧)라는 신이 진흙을 흩뿌려 사람을 만들어
냈다는 신화가 있음을 언급한다.[20] 이는 중국사의 유구함과 함께 신성성

을 암묵적으로 강조하는 서사다.

원시 시대에서 청대에 이르는 과정의 대단원 목차 구성은 '중화민족의 기원(원시)→국가의 탄생과 사회의 변혁(하·상·주·춘추전국)→통일 국가의 수립(진·한)→정권의 분립과 민족 융합(삼국·진·남북조)→번영과 개방의 사회(수·당)→경제 중심의 강남 이동과 민족 관계의 발전(송·요·금·서하·원)→통일적 다민족 국가의 공고와 사회의 위기(명·청)'이다. 전체적으로 중국사의 민족적·공간적 지평이 지속적으로 확대되고 청대에 이르러 완성되었다는 설정이다. 명·청대의 정치사를 보면 〈표 7〉과 같이 대외 관계사의 내용이 많고 특히 청대는 민족 관계사와 국경선 획정과 관련된 내용이 많은 분량을 차지하고 있다.21)

청대의 대외 관계사를 좀 더 자세히 살펴보면 타이완 수복(2쪽), 러시아의 침입과 네르친스크 조약 체결(4쪽), 티베트의 달라이 라마와 판첸라마의 책봉과 주장대신(駐藏大臣)의 임명(장족, 2쪽), 신장의 부르한 웃딘(大和卓木)과 호자이 자한(小和卓木) 반란 진압(회족, 1쪽), 몽고족의 일파인 톨구트부족의 청조 귀부(몽골족, 0.5쪽) 그리고 청대 영토의 확정(2.5쪽)을 내용으로 하고 있다. 활동과(活動課)는 명·청대사에 이어서 나오는 별도의 독립된 단원이지만 내용상으로 보면 포함시킬 수 있다.22) 청대에 한(漢)·만(滿)·몽(蒙)·회(回)·장(藏)을 비롯한 50여개의 다민족으로 이루어진 국가의 형태가 만들어졌다는 점과 함께 청조의 강역을 강조하는 내용이다.

근대사는 '침략과 저항', '근대화의 모색', '신민주주의혁명의 흥기', '중화민족의 항일전쟁', '인민해방전쟁의 승리'라는 단원명에서 보듯이 상당한 격동의 시기임을 강조하고 있다. 침략과 저항, 전쟁 그리고 혁명이라

---

20) 初中『中國歷史』(7上), 人民敎育出版社, 2007, 2쪽.
21) 初中『中國歷史』(7上), 人民敎育出版社, 2007, 88~134쪽.
22) 初中『中國歷史』(7下), 人民敎育出版社, 2007, 103~114쪽·132~134쪽.

는 과정을 겪으면서 결국은 해방을 맞이함으로써 '영웅'은 부활한다. 특이한 점은 '중화민족의 항일전쟁'이라는 중단원이다. 기존에는 항일전쟁을 일본의 침략 전쟁에 맞선 중국 공산당의 활동을 중심으로 서술하면서 국민당에 관해서는 소극적 항일과 공산당에 대한 탄압을 강조하였다. 국민당을 비판하면서 내외의 악조건 속에서도 항일전쟁을 승리로 이끈 공산당의 주도적 역할을 강조함으로써 전후 정권 담당의 정당성을 부여하려는 서술이었다. 「1990년 중학역사교학대강(수정본)」만해도 '항일전쟁'이라는 단원 속에 항일 초기 국민당의 편면적(片面的) 항전, 본격적인 항일 시기 국민당의 반공 정책과 국민당군이 중국 공산당의 신4군(新四軍)을 공격한 완난사변(皖南事變), 국민당 통치 지역의 폭압적인 통치 행태 등 국민당의 활동에 대한 부정적 서술이 많았다.

「1992년 초급중학 역사교학대강(시용)」에서는 단원명이 '중화민족의 항일전쟁'으로 바뀌었고 국민당에 대한 부정적인 내용 요소는 항일 국면에서 '국민당의 소극적 항전과 적극적 반공' 뿐이다. 대신 일본이 중국 침략과정에서 자행한 범죄 행위를 이전보다 더 부각시키고 있다. 「2001년 역사과정표준」에 근거한 초중 『중국역사』에는 '중화민족의 항일전쟁'이라는 단원명 아래 우선 일본의 대륙침략과 관련된 내용인 9·18사변, 루거우차오(蘆溝橋) 사건 그리고 난징대학살을 선명하게 부각시키고 있다. 그리고 일본에 맞선 중국의 큰 승리였던 두 개의 전투, 즉 국민당군이 이끈 타이얼쫭(台兒庄) 전투와 공산당군이 이끈 바이투안(百團) 대전을 각각 한쪽 남짓의 분량으로 서술한 후 항일전쟁의 승리로 단원을 마무리하고 있다. 본문의 말미는 "8년 항일전쟁에서 중국 인민은 마침내 위대한 승리를 얻었으며, 타이완 역시 조국의 품 안으로 돌아왔다"고 서술하였다.[23] 본문 중에 국민당에 대한 부정적 서술이 없는 것은 아니나 국민당을 긍정

---

23) 初中『中國歷史』(8上), 人民教育出版社, 2007, 68~85쪽.

적으로 평가하려는 모습이 역력하다. 이는 항일전쟁을 중국공산당사 즉, 공산당이 이끄는 민족해방운동사가 아니라 중화민족의 항쟁사로 전환하려는 시도이며 그럼으로써 근현대사는 '민족사'라는 시각에서 전근대사와 자연스럽게 연결된다. 중화민족과 중국 영토의 불가분의 관계성을 강조하는 것은 본문 마지막의 타이완 수복의 서술에서도 확인되는데, 타이완이 포함된 청대 강역의 완성이라는 서술과 같은 맥락으로 읽힌다.

현대사는 총 7개 단원이다. ①중화인민공화국의 성립과 공고, ②사회주의 노선의 탐색, ③중국 특색의 사회주의 건설, ④민족단결과 조국통일, ⑤국방건설과 외교성취, ⑥기술, 교육과 문화, ⑦사회생활로 구성되어 있다. ①~③은 중화인민공화국 성립 이후 현대사의 개관이며, ④는 국가 통합의 과제인 민족과 통일 문제를 다루고 있다. ⑤~⑦은 중국이 이룩한 다양한 분야의 발전상을 보여주는 데 초점이 맞춰져 있다.

현대사의 전체적인 구도는 해방과 함께 '영웅'이 '부활'하여 미래로 그리고 세계로 나아간다는 설정이다. 그래서 ①의 시작이 마오쩌둥이 1949년 중화인민공화국을 선언하면서 사용한 표현인 "중국 인민이 일어섰다 (中國人民站起來了)"이다. 그리고 ②의 대약진운동, 인민공사 운동, 문혁 등과 같은 오류들이 있었으나 ③의 개혁·개방 이후 사회주의 현대화의 길로 발전해 가고 있다는 것이다. ②의 내용은 공산당 정책의 치부를 드러내는 부분이지만, 덩샤오핑 이후 현재에 이르는 개혁·개방 정책의 정당성과 지속성이라는 견지에서 볼 때 오히려 부각될 필요가 있었던 것으로 보인다. ④는 중국의 역사가 중화민족사라는 관점에서 총괄하는 자리다. 우선 소수민족의 문제를 정리하고 있는데 특히 티베트에 관한 서술이 눈에 띄게 많다. 티베트 분리·독립 문제를 상당히 크게 의식하고 서술한 것이다. 전근대사의 티베트 지역을 지배했던 송첸캄포(松贊干布)와 당 황실에서 화번공주로 보내져 송첸캄포와 결혼한 문성공주(文成公主) 그리고 청의 티베트 책봉뿐만 아니라, 현대사 영역에서는 ①에 다소 돌출되어 있다는 인상을 주는 '티베트의 평화적 해방'이라는 별도의 소단원을 배치하고 있다.[24) 그리고 ④에서는 본문에 "1960년대 초 티베트 지역은 민주개혁을 완성하여 봉건 농노제를 폐지함으로써 백만 농노가 땅의 주인으로 탈바꿈하고 사회주의 단계로 진입하였다. 오늘날 티베트는 우리나라의 중요한 지역이다"라고 서술하였다. 그리고 읽기 코너는 1995년 중국 정부가 인정한 11대 판첸라마의 임명에 관한 내용이다. 달라이 라마를 위시한 티베트인들이 판첸라마를 인정하지 않고 있는 상황에서 중국 정부의 공식 입장을 서술한 것이다.[25)

소수민족 문제가 중화민족의 통일성 차원에서 중요한 것처럼 영토의 통일성도 비중있게 서술하고 있다. 홍콩과 마카오의 반환과 함께 타이완 문제를 비중있게 다루고 있다. 동일한 언어, 문자, 전통 문화를 공유하는 '중화민족'으로서 통일의 당위성 및 상호 교류 상황에 대해 주로 서술하고 있다. 본문에 실린 이산가족의 상봉 사진이 교과서의 서술 의도를 상징적으로 잘 보여준다. 타이완에 사는 한 아들과 본토의 노모가 만나는 장면의 사진인데[26), 집 나간 아들(타이완)이 어머니(본토)의 품으로 돌아와야 한다는 메시지로 읽힌다.

⑤~⑦은 중국의 국방, 외교, 과학, 교육, 문화, 일상생활 영역의 발전상을 보여준다. 세계로 뻗어나가고 있는 중국이란 이미지를 구축하고 있으며 외교를 제외하면 나머지는 대부분 과학기술의 발전과 관련되어 있다. 국방에서는 과학기술의 발전에 따른 신형 무기 개발을 강조하고 있으며, 교육에서는 과학 교육을 중요하게 다루고 있다. 일상생활의 풍요로운 발전도 과학 기술의 발전에 힘입은 농업과 공업의 발전 결과와 연결된다. 결국 사회주의 현대화의 핵심 요소로서 '과학기술(생산력)' 발달의 중요성

---

24) 初中『中國歷史』(8下), 人民教育出版社, 2007, 4~5쪽.
25) 初中『中國歷史』(8下), 人民教育出版社, 2007, 57~59쪽.
26) 初中『中國歷史』(8下), 人民教育出版社, 2007, 67쪽.

을 강조하고 있는 것이다.

2) 세계사

마르크스주의의 사적 유물론을 바탕으로 한 역사의 발전에 대한 낙관적 입장은 사회주의 중국 수립 이후 초중 『세계역사』의 일관된 흐름이었다. 특히 개혁·개방 이전 세계사 교과서의 서사 구조는 같은 시기 초중 『중국역사』와 같이 계급투쟁사의 전개를 바탕으로 한 희극 구조였다. 원시 공산제 사회, 노예제 사회, 봉건제 사회, 자본주의 사회를 거쳐 사회주의로 이행한다는 설정을 반영하고 있다.

〈표 8〉 1956년판 초중 『세계역사』목차

	1학기	2학기
3 학 년	**제1편 원시 사회** **제2편 인간 착취의 첫 계급사회, 노예제 사회** 　제1장 고대 이집트 　제2장 고대 인도 　제3장 고대 그리스 　제4장 고대 로마 **제3편 암흑의 봉건 사회** 　제5장 서구 봉건제도의 형성과 확립 　제6장 아랍 국가 　제7장 5~10세기의 동아시아 　제8장 몽골제국 　제9장 14~15세기의 프랑스와 영국 　제10장 14~15세기의 러시아 　제11장 자산계급과 자산계급 문화의 맹아 　제12장 신항로의 발견과 식민지 약탈의 개시 　제13장 독일의 종교개혁과 농민전쟁	제20장 파리코뮨 제21장 제국주의는 독점적인, 부패한, 사멸하는 자본주의이다. 제22장 19세기 말~20세기 초 무산계급의 투쟁 제23장 아시아 민족해방운동의 고양 제24장 제1차 세계대전 **제5편 사회주의, 공산주의 승리의 시대** 제25장 위대한 사회주의의 승리, 소비에트 국가의 국내외 반혁명 세력에 대한 투쟁 제26장 소련 사회주의 건설의 성공 제27장 자본주의 위기의 심화 제28장 제2차 세계대전 제29장 전후 세계의 정세

| | 제14장 영국 자본주의 발전의 시작
제4편 피비린내 나는 자본주의 통치의 수
립과 쇠락의 시작
제15장 영국 자산계급 혁명
제16장 미국독립전쟁과 미국의 독립
제17장 18세기 프랑스의 자산계급혁명
제18장 과학적 사회주의의 탄생과 무
　산계급 투쟁의 발전
제19장 자본주의 침략 아래의 동아시
　아 국가 | |

　〈표 8〉의 목차를 보면 1956년판 초중『세계역사』는 '원시 사회→인간이 인간을 착취하는 첫 계급 사회, 노예제 사회→암흑의 봉건 사회→피비린내 나는 자본주의 통치의 수립과 쇠락의 시작→사회주의와 공산주의 승리의 시대'로 구성되어 있다. 다섯 개의 대단원이 그대로 역사 발전 5단계설의 사회구성체 명칭과 일치한다. 정치를 비롯하여 사회 전반적인 분야에 소련의 영향력이 강력했던 시기였으므로, 세계사 교육에도 스탈린이 정리한 역사발전 5단계설이 적용되었으며 제21장의 단원 명칭은 레닌의 제국주의 이론을 그대로 가져온 것이다.[27] 사적 유물론의 관점에서 계급투쟁사를 주 내용으로 사회주의 혁명의 필연성과 당위성을 강조하였다. 소련의 사회주의 혁명에 대해서는 비판적 안목 없이 일방적으로 긍정적 측면만을 부각시켰다. 화이트의 이론에 기초하여 보면 '평화로운 상태의 원시 사회→계급 간의 갈등이 존재하는 계급 사회(노예제 사회, 봉건 사회, 자본주의 사회)→평화로운 사회주의와 공산주의 사회의 도래'라는 희극 구조로 정리해 볼 수 있다.

---

27) 레닌은 제국주의가 자본주의의 마지막 발전 단계로서 독점자본주의이며, 기생성과 부패성을 가진 사멸하는 자본주의로 규정하였다. 레닌 저, 남상일 역,『제국주의론』, 백산서당, 1988, 121~166쪽.

〈표 9〉 초중 『세계역사』 목차(인민교육출판사, 2007)

	상책(전근대~근대)	하책(현대)
3 학 년	제1단원 인류 문명의 시작 제2단원 아시아와 유럽의 봉건 사회 제3단원 고대 문명의 전파와 발전 제4단원 근대로의 진입 제5단원 식민지 확장과 식민지 인민의 항쟁 제6단원 무산 계급의 투쟁과 자산계급 통치의 강화 제7단원 독점자본주의 시대의 세계 제8단원 찬란한 근대 문화	제1단원 소련의 사회주의 노선의 탐색 제2단원 베르사이유 - 워싱턴 체제 하의 세계 제3단원 제2차 세계대전 제4단원 전후 주요 자본주의 국가의 발전 제5단원 사회주의 국가의 변화와 발전 제6단원 아시아, 아프리카, 라틴 아메리카의 독립과 발전 제7단원 전후 세계 체제의 변화 제8단원 현대 과학기술과 문화

그러나 문혁 종결 이후 진보로서의 역사라는 큰 흐름과 희극으로서의 서사 구조는 유지하되 그 시각과 내용 구성에서는 많은 변화가 일어났다. 역사 발전 5단계설을 기계적으로 적용하려는 경향이 점차적으로 약화되다가 〈표 9〉처럼 2003년부터 발행되기 시작한 초중 『세계역사』의 목차를 보면 역사 발전 5단계설은 이전에 비해 선명하게 드러나지 않는다. 5단계설에 입각한 시대 구분이나 단원 설정은 이루어지고 있지 않다. 대신에 분산된 각 지역의 문명이 각기 존재하던 전근대사와 1500년을 기점으로 분산과 고립의 상황을 벗어나 하나의 통합된 세계가 형성되고 현대화로 나아가는 근현대사라는 관점이 들어가 있다. 분열로부터 통합 그리고 진보로 향한다는 구도는 문혁 이전의 사적 유물론에 기초한 희극 구조와는 다른 양상이지만 역시 희극 구조를 취하고 있다.

분량으로 보면 근현대사의 비중이 압도적으로 높다. 이전 시대보다는 우리가 살아가고 있는 시대를 보다 상세히 서술한다는 '박고후금(薄古厚今)'의 전통을 감안하더라도 16개의 단원 중 전근대사가 3개의 단원인데 비해 근현대사는 13개의 단원으로 상당히 비중이 높다. 『중국역사』의 경우 출판사별로 차이가 있지만 대개 전근대사와 근현대사가 1:1의 비율로 구성되는 경우와 비교해도 근현대사의 비중이 높은 것이다.[28] 전근대사는 소략하게 처리하고 근현대사를 강조함으로써 현대의 세계를 이해하는 것을 세계사 교육에서 중요한 과제로 설정하고 있음을 알 수 있다. 근대의 시작을 다루고 있는 제4단원의 목차를 살펴보자.

제4단원 근대로의 진입
제10과 자본주의 시대의 서광
제11과 영국 혁명
제12과 미국의 탄생
제13과 프랑스혁명과 나폴레옹 제국
제14과 증기 시대의 도래

제4단원은 르네상스와 신항로 개척(자본주의 시대의 서광)→시민혁명(영국혁명, 미국의 탄생, 프랑스혁명과 나폴레옹 제국)→산업혁명(증기시대의 도래)으로 구성되어 한국의 세계사 교과서와 큰 차이가 없다. 그리고 제5단원의 '피비린내 나는 자본의 축적'과 '식민지 인민들의 항쟁'으로 연결된다. 자본주의 탄생 과정의 폭력성을 드러내고 있는데 앞 단원의 '자본주의 시대의 서광(曙光)'과 상호 모순되어 보일 수 있다. 자본주의가 자국의 노동자와 식민지 민중을 착취하면서 탄생하였다는 내용은 역사발전 5단계설에 기초해 교과서가 구성되던 시기에도 강조되던 내용이었다. 당시만 해도 이 내용은 자본주의의 태생적 부도덕성과 자본주의 체제에 대

---

28) 중국에서 중국사의 근현대는 아편전쟁(1840) 이후로, 세계사의 근현대는 1500년 이후로 설정하고 있어 근현대의 비중을 단순 비교는 곤란한 점이 있다. 중국사에 비해 세계사에서 설정하는 근현대의 시간 범위가 넓기 때문이다. 그러나 세계사의 근현대를 19세기 중반 이후로 하더라도 세계사의 전근대와 근현대의 비율은 4개 단원대 12개 단원으로 근현대의 비중이 훨씬 높다.

한 변혁의 당위성을 설명하는 데 필요한 것이었다.

그러나 현재는 자본주의를 현대화의 맥락 속에 이해하는 측면이 존재하면서 이전과는 다른 방식으로 바라본다. 즉 자본주의의 '서광'이란 표현에서 보듯이 르네상스와 신항로의 개척을 현대화의 시발점으로서 자본주의 요소를 긍정적으로 평가하는 속에서 자본주의의 문제점도 함께 서술하고 있다. 자본주의가 다소 문제의 측면도 있지만 서양의 근대세계가 긍정적인 면도 있다고 묘사함으로써 이전 시기와 비교해보면 시각의 좌표가 많이 이동한 것이다. 그런데 여기서 유의할 점은 중국사나 세계사 모두 개혁·개방 이전과 비교해 볼 때 계급투쟁사 중심의 사적 유물론의 이데올로기가 전면에 부각되지 않는다고 해서, 사적 유물론의 관점이 폐기되었다고 볼 수는 없다. 오히려 사적 유물론의 관점이 기저에 바탕을 이루고 있는 가운데 교류사, 문화사, 현대화의 관점이 복잡하게 얽혀 있는 형국이라 보는 것이 적절할 것이다. 이러한 변화는 1994년판 초중 『세계역사』의 제1과 '우리는 왜 세계사를 공부하는가?'에 잘 나타나 있다. 세계사 학습의 필요성을 다음의 세 가지로 정리하였다.[29]

> 첫째, 세계적으로 어떠한 국가와 민족도 외부 세계와 동떨어져 존재할 수 없으며 인류 문명이 발달할수록 국제 교류는 더 밀접하게 이루어진다. 중국은 오랫동안 세계 각 지역과 다양한 관계를 맺어왔으며 근현대에 이르러서는 중국과 세계와의 관계가 더욱 밀접해졌기 때문에 우리는 응당 세계와 세계사를 이해해야 한다. 둘째, 중국의 사회주의 현대화 건설을 진행하는데 있어 세계 각국과 민족의 물질문명 및 정신문명을 흡수하고 참고하여 사회주의 건설에 속도를 내야 한다. 이러한 측면에서 세계사는 우리에게 필요한 역사 지식을 제공한다. 셋째, 사상교육 측면에서 중국사의 기초 위에 세계사를 학습함으로써 사적 유물론과 애국주의의 이해에 도움이 된다.

여기에 제시된 세계사 학습의 필요성은 중국의 세계사 교육이 지향하

---

29) 初中 『世界歷史』(第一册), 人民教育出版社, 1994, 1~3쪽.

는 지점이기도 하다. 개혁·개방 이후 사회주의 현대화를 위하여 중국 이외의 세계에 대한 이해의 현실적 필요성이 크게 작용한 것으로 보인다. 가령 르네상스에 관해 1956년판에서는 '이탈리아 자산계급 문화의 맹아'라는 소단원에서 2쪽 분량으로 간략하게 다루고 있으나 1994년판에서는 2차시의 14쪽 분량이다. 서양의 근대 문화에 대해서 1956년판에는 서술되어 있지 않으나 1994년판에는 3차시 분량으로 19쪽을 차지한다. 이러한 변화는 개혁·개방 시대를 맞아 서양에 대한 높아진 관심을 반영하는 것이다.

이와 동시에 세계사 속에서 중국의 존재를 의식적으로 부각시킴으로써 애국주의를 강화하기도 한다. 가령, 인류의 기원과 위엔모우인(元謀人)·베이징인(北京人), 문명의 발생과 중국 문명, 로마제국과 진한제국의 위상 비교와 상호 관계, 다이카 개신과 당의 제도와 문화, 중세 도시와 송대 도시의 비교, 동로마 제국과 후한의 관계 등을 통해 중국사를 세계사와 연관시키고 있다. 즉, 같은 시기 세계사(특히 유럽사)와 중국사의 대등한 비교 내지 우월성, 중국과 세계 여러 지역의 교류, 중국이 세계사의 전개에 미친 영향 등을 강조하는 것이다. 세계사 속에서 중국의 역할이 작지 않았으며, 중국이 고립적인 존재가 아닌 외부 세계와 소통해 왔음을 강조함으로써 중국의 위상이 고금을 초월하여 높았다는 점을 보여주려는 것이다. 미국과 더불어 G2로 인정받을 만큼 중국이 부상하는 상황 속에서 이러한 서술 방향은 더욱 강화될 것으로 보인다.

3. 서사구조의 이데올로기

중국 역사 교과서의 서사 구조를 지배하고 있는 이데올로기는 무엇인가? 사회주의 정권이 수립되면서 '계급투쟁사'의 시각이 강하게 반영되었다. 그렇지만 문혁의 종료를 기점으로 민족과 전통 그리고 현대화로 무게중심이 옮겨졌다. 즉, 역사의 주체로서 (중화)민족은 유구하면서도 찬란한 전통을 공유하면서 현대화를 지향한다는 것이다. 국민 통합의 이데올로기로서 중화민족이 강조되고, 개혁·개방의 실용주의 노선과 지구촌의 세계화를 배경으로 현대화 추진이라는 중국 정부의 지향성이 반영된 것이다.

이러한 점은 제자백가의 서술에서 잘 드러난다. 특히 묵자와 공자에 대한 서술에서 계급에서 전통으로의 변화 양상을 잘 읽을 수 있다. 1956년판 초중『중국역사』를 보면 제자백가의 시대적 배경을 계급적 견지에서 설명하고 있다.30)

> 전국 시기는 우리나라의 역사가 노예제 사회에서 봉건 사회로 이해하는 과도기로서 거대한 변화가 일어나고 있었다. 많은 사람들이 각각 자기의 계급적 입장에서 이러한 변화를 촉진하거나 억제하면서 사상 투쟁을 전개하고 많은 유명한 학파를 형성하였다.

그리고 제자백가 중 순자, 한비자, 묵자를 서술하고 있는데 묵자의 비중이 크다.

> 묵자는 전국 초기의 인물로서 노동자 출신이었다. 그의 기본 사상은 '겸애(兼愛)'였으며 [……] '비공(非攻)'을 주장하면서 침략 전쟁을 반대하였으나 침략에 맞선 방위 행동은 지지하였다. [……] 묵자의 겸애와 비공 사상은 노동 인민의 이익으로부터 출발한 것이었다. 한편 이러한 사상은 계급 대립과 계급 착취의 사실을 말살하기도 하였다. [……] 묵자는 인민의 심각한 고통은 배고픔, 추위, 피로라 여겼으며 왕공대인(王公大人)의 사치스런 생활을 반대하였다. 가장 부도덕한 것은 사람이 죽어서 많은 진귀한 물건을 무덤 속에 함께 매장하는 것이라 여겼다. 묵자는 사치와 낭비를 반대하고 스스로 절검하는 생활을 하였다. [……] 그의 사상이 집약된『묵자』에는 많은 자연과학 지식이 들어 있으며, 이러한 지식은 생산 노동으로부터 나온 것이었다.31)

---

30) 初中『中國歷史』(第一册), 人民敎育出版社, 1956, 26쪽.

순자와 한비자를 통치 계급의 이익을 대변하는 철학자로 규정하는 속에서 묵자가 노동자 출신의 철학자임을 부각시키고 있다. 양적인 면에 있어서도 순자와 한비자를 합한 서술 분량이 1쪽 정도에 그치지만 묵자는 1.5쪽 정도의 분량을 차지하고 있다. 한편 순자의 사상에서는 묵자와 함께 과학적 지식을 추구하였음을 강조하고 있다. 즉 전통적인 '신괴(神怪)' 사상에서 벗어나 유성이나 일식 등을 모두 자연 현상으로 설명하였다는 것이다. 이렇게 과학을 강조하는 것은 철학적으로 관념론에 맞서 유물론을 옹호하는 것이며 과학적 세계관 나아가 과학적 사회주의 등 마르크스주의의 확립과 연결되는 것이다. 또한 과학적 지식은 노동의 산물임을 강조하고 있다. 결국은 제자백가를 전체적으로 마르크스주의의 계급적 관점에서 서술하였음을 알 수 있다.

1992년판에서는 유가(공자, 맹자, 순자)·묵가(묵자)·법가(한비자)·도가(노자)를 등장시켜 다양한 사상가들을 소개하고 있다. 그리고 더 이상 제자백가의 사상가들을 계급적 시각에서 서술하지 않으며 묵가에 대한 서술도 4줄 정도의 분량으로 대폭 축소되었다. 이와 함께『손자병법』과『손빈병법』만을 별도 서술함으로써 중국이 상당히 이른 시기부터 군사 이론의 체계화에 관심을 가졌음을 보여주고 있다.[32]

한편 공자의 사상은 한동안 착취 계급의 사상으로서 봉건 통치를 옹호하던 반동사상이라는 시각이 주류를 이루고 있었다. 즉 '공자는 군주와 가장이 절대 권력을 가지며 신하 그리고 여자와 아이는 반드시 복종할 것을 주장하였고 육체노동과 노동 인민을 경시하였다'는 것이다.[33] 한편 2001

---

31) 初中『中國歷史』(第一册), 人民教育出版社, 1956, 26~27쪽.
32) 初中『中國歷史』(第一册), 人民教育出版社, 1992, 61~62쪽. 자료 접근의 한계로 확인하지 못하였으나「1986년 중학 역사교학대강」부터 손무와 손빈에 관한 내용이 등장하는 것을 보아 이들에 관한 서술이 1980년대 후반부터 교과서에 등장하는 것으로 생각된다.
33) 初中『中國歷史』(第一册), 人民教育出版社, 1956, 18쪽.

년판에서는 '대사상가, 대교육가 공자'로 바뀌어 서술되고 있다.[34)]

> 공자의 학설은 봉건 문화의 정통적인 사상으로서 중국의 전통 문화 가운데
> 중요한 위치를 차지하고, 후세에 매우 큰 영향을 미쳤다

공자의 사상이 계급적 관점의 반동 사상에서 전통 사상으로 재해석되고 있다. 예전의 경우 봉건 문화라고 하면 일률적으로 극복 대상을 의미하였지만, 이제는 공자의 사상을 훌륭한 민족 문화 유산으로 평가하고 있다.

민족과 전통을 강조하는 것은 흔히 국가 정체성(identity) 강화라는 맥락과 연결되며, 국가 수준에서 설정하는 역사교육의 목표로서 제시되곤 한다. 홉스봄(Eric Hobsbawm)과 레인저(Terence Ranger) 등은 유럽이나 인도, 아프리카 등 여러 지역에서 우리가 전통으로 알고 있는 많은 것들이 정치적으로 국민 통합을 위해 근대에 '창조(invention)'의 과정을 거쳐 탄생했음을 강조하였다.[35)] 또한 앤더슨(Benedict Anderson)은 민족을 국민 통합을 위한 일종의 '상상의 공동체(imagined community)'라 규정하였다.[36)] 앤더슨의 견해를 전적으로 수용할 수는 없다하더라도 민족이라는 이념이 국민 통합의 이데올로기로서 강조되는 측면은 중요한 지적이다. 민족과 전통이라는 이데올로기가 국가 정체성을 강화하는 기제로서 작동하고 있는데 결국 민족, 전통, 국가 정체성이라는 3자가 상호 간에 긴밀히 연관되어 있다.

국가 정체성의 형성과 관련하여 정치적 정신분석가인 볼칸(Vamik Volkan)은 '영광(chosen glory)'과 '수난(chosen trauma)'이라는 개념을 제시하였다.[37)] '영광'이라는 차원에서 '국가가 어떻게 태어났는가'라는 물

---

34) 初中『中國歷史』(7上), 人民敎育出版社, 2001, 46~47쪽.
35) 홉스봄·레인저 편, 박지향·장문석 역, 『만들어진 전통』, 휴머니스트, 2004 참조.
36) 베네딕트 앤더슨 저, 최석영 역, 『민족의식의 역사인류학』, 서경문화사, 1995 참조

음에 신화화된 이야기를 강조하며, 국민들이 자부심을 공유할 만한 사건이나 영웅을 회상할 수 있도록 하는 의식이나 기념물을 만들어 신화화시킨다. 이러한 '영광'을 접하면서 아이들은 스스로 국가에 대한 소속감과 자존감을 높이게 된다는 것이다.[38] 이러한 견지에서 초중 『중국역사』의 전체적인 맥락은 '영광'의 역사라는 측면에서 서술되었다. 한편 '수난' 역시 국가 정체성을 지탱하는 기제로서 활용된다. 오히려 '영광'보다 훨씬 더 강력하게 구성원들을 결속시키는 작용을 한다는 것이다.[39] '수난'은 그 집단이 경험한 거대한 상실과 굴욕에 대한 공유된 표상이다. 희생 집단의 구성원들은 상처받은 자신들의 모습을 그들의 후손에게 전해주는데 전수의 과정을 거듭하면서 세대를 초월한 '수난'의 전이(轉移)가 일어난다.[40] '수난'에 대한 인식의 공유는 1989년의 천안문 사건이라는 내상을 경험한 이후, 1991년 장쩌민(江澤民)이 국정(國情) 교육을 강조하면서 더욱 비중

---

37) 볼칸은 터키계 미국인으로 현재 버지니아대학의 정신의학과 명예교수이며 민족 분쟁과 지역 분쟁에 관한 정신분석의 세계적 권위자이다. 그는 정신역학 이론 (psycho-dynamic theory)으로 코소보 분쟁이나 팔레스타인 분쟁 등을 설명하였다. '영광(chosen glory)'과 '수난(chosen trauma)'은 그의 이론에서 중요한 개념이다. 그는 민족분쟁의 한쪽 당사자들이 상대방에 의한 '수난'을 강조하여 적대감을 부추김으로써 자기 집단을 결속시키는 한편 상대방에 대한 파괴적 행동으로 발전하는 측면을 분석하였다. 그의 저서로는 *The Need to Have Enemies & Allies: From Clinical Practice to International Relationships*(Jason Aronson Inc. 1988), *Bloodlines: From Ethnic Pride to Ethnic Terrorism*(Farrar, Straus, and Giroux, 1997), *Blind Trust: Large Groups and Their Leaders in Times of Crisis and Terror*(Pitchstone Publishing, 2004), *Killing in the Name of Identity: A Study of Bloody Conflicts*(Pitchstone Publishing, 2006) 등이 있다.

38) Vamik D. Volkan, *Blind Trust*, Pitchstone Publishing, 2004, pp.47~49.

39) Zheng Wang은 '수난'과 유사한 '굴욕(humilation)'이란 개념을 이용해 중국의 애국주의 교육을 설명하였다. Zheng Wang, National Humilation, History Education, and the Politics of Historical Memory: Patriotic Education Campaign in China, *International Studies Quarterly*(2008) 52 참조.

40) Vamik D. Volkan, Large-group identity, international relations and psychoanalysis, *International Forum of Psychoanalysis*(2009) 18, pp.211~212.

이 높아진 측면이 있다.[41] 가령 1993년판 초중 『중국역사』에서는 중국공산당의 성립에서 항일전쟁을 거쳐 중화인민공화국의 탄생에 이르는 과정을 무려 220쪽에 걸쳐 기술하고 있다. 외세의 침략으로 인한 굴절 및 중국 공산당을 중심으로 한 극복에서 '수난'이 국민 통합의 이데올로기로서 강조되는 것이다. 그런데 화동사범대학출판사(華東師範大學出版社)의 2003년판 초중 『중국역사』를 보면 동일한 시기의 기술이 57쪽으로 감소하고 있다. 그 사이 중국이 비약적으로 성장하는 상황 속에서 수난사의 비중을 줄이는 대신 중국이 현대화하는 모습을 보여주면서 '영광'의 역사를 부각시키고 있다.

그런데 여기서 '수난'이든 혹은 '영광'이든 간에 교과서 상의 역사적 사실들은 '선택'되어 교과서에 서술된 것이며 교과서 서술로부터 '배제'되는 사실에도 주목할 필요가 있다. 가령 중원의 왕조와 병존했던 많은 민족에 대해 서술할 때 중원 왕조와의 대립과 갈등, 중원 왕조가 탄압한 측면에 대해서는 언급하지 않는다. 토번으로 보내졌던 문성공주를 통해 토번이 이미 오래전부터 중원 지역과 교류 관계를 가지고 있었음을 강조하면서도 당과 토번의 전쟁에 대해서는 언급하지 않는다. 또한 청조의 '대일통(大一統)' 제국의 건설에 대해 자랑스럽게 서술하고 있지만, 준가르를 점령하는 과정에서 백만여 명에 이르는 인명을 학살한 사실에 대해서는 숨기고 있다.[42] 이러한 내용은 분리·독립 운동이 일어나고 있는 지역의 소수민족을 자극할 수 있는 것으로 국가 통합성 문제와 연결되기 때문이다. 현대사의 중대 사건이라 할 수 있는 천안문 사건에 대해서는 교과서 서술에서 철저히 배제하고 있다.

---

41) 국정(國情)은 국가의 정치, 경제, 사회, 문화를 비롯하여 자연 환경, 역사, 전통 등 국가의 총체적 상황을 가리킨다.
42) 피터 퍼듀 저, 공원국 역, 『중국의 西進 - 청의 중앙유라시아 정복사』, 길, 2012, 613~614쪽.

한편 현대화는 중국의 중국사와 세계사 교과서가 공통으로 설정하는 역사발전의 지향점이다. 현대화를 강조하는 것은 중국학자들의 '현대화사관(現代化史觀)'이 교과서에 반영된 것이다. 현대화사관은 역사를 현대화 실현의 과정으로 보는 것으로 일종의 근대화론과 같은 것이다.43) 중국에 현대화사관이 자리 잡게 된 계기는 문혁과 관계가 있다. 문혁이 끝나자 문혁을 비판하면서 사상해방 운동이 일어나고 중국 사회의 낙후성을 극복하자는 논의가 활발히 일어났다. 이른바 문화열(文化熱)이다. 1988년에 다큐멘터리인 「하상」이 방영되면서 문화열은 한층 더 고조되었다.44) 「하상」은 우선 중국 문명이 어떻게 시작되고 발전하였는지 살펴보면서 유구하고도 찬란했던 문명이 왜 정체되고 쇠퇴하였는지 질문을 던졌다. 그리고 농업 중심의 대륙 문명에서 벗어나 해양 문명을 향해 개방하고, 과학·민주·자본주의로 표상되는 서양 세계를 배우자고 하였다.45) 「하상」의 폭발적 반응과 함께 서양의 새로운 사상에 대한 관심이 증폭되었다. 그리고 '주향미래(走向未來, 미래를 향해 나아가다)' 총서를 시작으로 총서 붐이 일어났다. 총서들의 대부분은 인문학 분야의 외국 번역서였다. 이를 통해 서양의 사조가 물밀듯이 쏟아져 들어왔고 현대화와 관련된 서양의 이론이 본격적으로 중국 사회에 수용되었다.46) 이러한 배경에는 문혁 이후 역사발전의 동력을 계급투쟁보다는 생산력으로 이해하려는 지적 토양이 형성되어 있었다. 교육과정에서도 생산력의 강조는 지속적으로 드러나는데 최근의 2011년판 교육과정에서도 "중국사와 세계사 발전의 일반 과정을 고

---

43) 자세한 내용은 羅榮渠, 「論現代化的世界進程」『歷史研究』1990-5와 錢乘旦, 「世界近代史的主線是現代化」『歷史敎學』2001-2의 내용을 참조할 것.
44) 김교빈, 「문화열과 현대중국」, 한국철학사상연구회 논전사분과 엮음,『현대중국의 모색 - 문화전통과 현대화 그리고 문화열』, 동녘, 1992, 10쪽 ; 하세봉,『동아시아 역사학의 생산과 유통』, 아세아문화사, 2001, 132~134쪽.
45) 蘇曉康·王魯湘 저, 洪熹 역,『河殤』, 東文選, 1989, 19~24쪽, 152쪽.
46) 樊星 저, 유영하 역,『포스트 문화대혁명』, 지식산업사, 2008, 164~169쪽.

찰하고 사회 생산력의 발전이 사회 진보를 추동하는 근본 원인임을 명확히 인식한다"라고 명시하였다.[47]

그런데 여기서 유념할 부분은 교과서 속에 사적 유물론과 현대화사관이 공존하고 있다는 점이다. 이러한 교과서의 상황은 중국이 표방하는 사회주의적 시장 경제라는 논리와 일맥상통하는 것으로 보인다. 경제적으로 개혁·개방을 천명하면서 자본주의 요소를 수용하되, 정치적으로는 마르크스주의를 바탕으로 한 사회주의를 고수하는 모습이 현재의 교과서에도 나타나는 것이다. 두 입장은 긴장 관계를 형성하면서 충돌의 여지도 있다. 사적 유물론과 현대화사관의 불안한 동거는 『빙점(氷點)』사건과 상하이판 교과서 파동이 상징적으로 보여준다.

2006년 1월 24일 공산주의청년단(공청단)의 기관지 『중국청년보』의 부속 주간지 『빙점』이 공청단 중앙선전부에 의해 정간당하는 일이 벌어졌다. 2006년 1월 11일 위안웨이시(袁偉時)가 『빙점』에 발표한 「현대화와 중국 역사교과서의 문제」가 문제의 발단이었다.[48] 문제가 된 부분은 제2차 아편전쟁 당시 영·프 연합군의 원명원(圓明園) 방화와 의화단운동에 대한 내용이었다. 원명원 방화는 청이 기존에 맺은 조약에 의해 원칙적으로 중국은 외국인의 중국 내 활동을 보장해야 함에도 불구하고 이를 무시함으로써 발생한 것인데 중국의 교과서는 일방적으로 영국과 프랑스의 잘못만 서술하고 있다는 것이다. 의화단운동의 경우에는 근대 문명을 적대시하고 외국인과 외래문화를 맹목적으로 배척한 반(反) 현대화의 '우매한' 극단적 행동이었음에도 불구하고 교과서는 이를 서술하지 않았다는 것이다. 공청단 중앙선전부는 위안웨이시의 논문이 중국을 침략한 제국주의 열강의 죄를 은폐하려 하였으며, 현대화의 논리를 앞세워 의화단운동

---

47) 「2011義務教育歷史課程標準」, 北京師範大學出版社, 2011, 24쪽.
48) 袁偉時, 「現代化與歷史敎科書」『氷點(中國靑年報 特稿)』, 第574期, 2006년 1월 11일.

을 맹목적인 배외 운동으로 폄하함으로써 아편전쟁으로부터 중화인민공
화국의 수립까지 100여 년에 걸친 중국 인민의 반침략 투쟁을 부정하고
나아가 중국 공산당과 사회주의 제도를 부정하였다고 비판하였다.[49] 『빙
점』에 대한 정간 방침이 내려지자 지식인들과 독자들 사이에서 표현의 자
유를 억압하는 것이라며 강한 반발이 일어났다. 검열을 반대하는 여론이
거세지자 한달 여 만인 2월 16일 『중국청년보』당 위원회가 『빙점』의 복
간을 결정하면서 사태는 일단락되었다. 그리고 복간호에는 학계의 권위자
로 중국사회과학원 근대사연구소장을 역임한 짱하이펑(張海鵬)이 위안웨
이시의 글이 사실 관계, 방법론, 역사관 등에서 문제가 있음을 지적하고
중국 근대사의 중심 주제가 여전히 반제(反帝)·반봉건(反封建)임을 재확
인하는 글이 실렸다.[50]

　상하이 교과서 파동은 2006년 9월 1일 뉴욕 타임즈의 1면에 실린 「마
오(毛)는 어디로 갔는가? 중국의 개정 역사교과서(Where's Mao? Chinese
Revise History Books)」라는 글이 발단이 되었다. 이 기사는 상하이사범
대학 쑤지량(蘇智良)을 중심으로 개발한 상하이판 고중 『역사』를 거론하
면서, 마오쩌둥을 대신해서 빌 게이츠, J. P. 모건, 뉴욕 주식거래소 등이
등장하고 마르크스주의 관련 내용이 대폭 감소되었다고 보도하였다. 잠시
상하이의 상황을 설명하면 상하이는 중국에서 처음으로 지방 차원의 교육
과정을 시행한 지역이다. 제1기 교육과정은 1988년부터 준비하여 2008년
까지 운영되었다. 제2기 교육과정은 1998년부터 준비 작업에 들어갔다.
제2기의 고중 『역사』는 3차례의 내부 심사를 거친 후 2003년부터 2005년
까지 3년간 학교 현장에서 시범적으로 운영되었다. 시범 운영 과정에서

---

49) 新聞閱評小組, 「極力爲帝國主義列强侵略中國翻案 中靑報載文公然此歷史教科書」
　　『新聞閱評』第34期, 中宣部 新聞局, 2006년 1월 20일.
50) 張海鵬, 「反帝反封建是近代中國歷史的主題－評袁偉時教授「現代化與歷史教科書」『中
　　國靑年報』 2006년 3월 1일.

제기된 문제점을 보완한 교과서는 최종적으로 상하이시 교육과정위원회의 심사를 마친 후, 2006년 가을 학기부터 상하이 전역의 고중 1학년이 사용에 들어갔다. 따라서 순차적으로 개정 교과서를 사용하게 되면 2008년 상반기를 마지막으로 제1기가 마무리되고, 2008년 가을부터는 소학에서 고중까지 상하이 제2기 교육과정이 전면적으로 시행되고 그에 따른 새로운 교과서가 보급될 예정이었다. 쑤지량의 교과서는 여러 차례의 심사와 현장 적용 과정을 거쳐 발행된 것이어서 문제가 될 부분은 많지 않았다. 뉴욕 타임즈의 보도가 나오자 쑤지량이 베이징으로 소환된 자리에서 소명한 것처럼 빌 게이츠는 본문 중에 한번 밖에 등장하지 않고 마오쩌둥은 120회 이상 서술되어 있었다. 그러나 뉴욕 타임즈의 기사가 중국에 알려지면서 신문지상과 인터넷상에서 상하이판 역사 교과서에 대한 비난의 목소리가 커졌다.[51]

비난 여론에 맞서 교과서 집필진에 속해 있던 상하이대학의 쭈슈에친(朱學勤)이 '종래의 교조적 역사 교과서를 바꾸어야 한다'는 취지의 인터뷰 내용이 언론에 보도되면서 논란은 더욱 확산되었다.[52] 쭈슈에친은 문제의 뉴욕 타임즈 기사 중에 "기존의 역사 교과서는 이념과 국가 정체성에 주안점을 두고 있지만 새 교과서는 이념적 성격이 약하다"고 밝힌 바 있었고, 『빙점』 사태 당시에는 중국 공산당 중앙정치국에 정간을 비판하는 공개 서한을 보낸 인물이기도 하였다.[53] 리원하이(李文海), 샤찌엔쑨(沙健孫), 쨩하이펑 등 학계의 중심인물 7인이 상하이판 교과서에 대해 '이데올로기를 약화시키고 있다', '정치·이론·학술의 각 분야에서 큰 오류

---

51) 鄧艷玲, 「上海新版歷史敎科書淡化毛澤東等內容引發爭議」, 『新華网』, 2006년 9월 21일.
52) 「學者称新歷史敎科書是進步 吃人史觀扭曲歷史」, 『南都周刊』. 2016년 10월 15일.
53) 국내에 소개된 쭈슈에친의 사상과 활동에 대해서는 朱學勤, 「중국의 자유주의 학설」, 왕후이·첸리췬 외 저, 장영석·안치영 역, 『고뇌하는 중국 – 현대 중국 지식인의 담론과 중국 현실』, 길, 2006, 130~160쪽을 참조할 것.

가 있다'고 평하면서 사용 정지를 요구하였다. 결국 비판의 대상이었던 쑤지량의 교과서는 사용 정지되고 2007년 9월부터 급조된 새 교과서를 사용하였다. 새 교과서 작업에는 쑤지량, 쭈슈에친 등의 기존 집필진은 전원 배제되고 출판사도 상하이교육출판사(上海敎育出版社)에서 화동사범대학출판사로 바뀌었다. '현대화'가 중요하기는 하지만 사회주의 노선을 지향하는 정치적인 부분과 충돌이 일어날 경우 언제든지 정치권력이 개입할 수 있다는 것을 보여주고 있다.

이러한 일련의 문제와 관련하여 한 일본인 연구자의 지적은 눈여겨 볼 만하다.[54] 그는 교육 개혁을 속속 추진하고 있는 상하이(경제 성장의 상징)와 대담한 개혁 추진에 신중한 베이징(정치 중심지)을 대립 구도로 바라본다. 학습자 주도의 교육은 어떤 면에서는 교육에 있어서의 자유경쟁을 용인하는 것을 의미하는데, 이 자유 경쟁은 상하이가 선도하고 있는 경제 개발의 논리이기도 하다. 그러나 베이징의 정치적인 입장은 자유경쟁이 사회적 격차를 확대시킴으로써 국가의 안정성을 해칠 수 있어 자유경쟁의 과도함을 경계한다는 것이다. 그리고 교과서가 종래 베이징의 인민교육출판사 중심의 발행 체제가 아닌 다양한 지방 교과서가 출현하는 것 또한 중국이라는 국가의 일체성에도 영향을 줄 수 있다고 보았다. 중국과 같이 상당히 넓은 지역을 포괄하는 다민족 국가에서 국가 통합이 중요한 문제이고 교육은 국가 통합의 중요한 제도적 장치로서 작동한다. 그런데 지역의 경제적 여건 등을 고려한 다양한 교과서가 출현하는 것이 상하이의 경제 논리로는 대환영일지 모르지만 베이징의 정치의 논리로서는 불안한 요소를 안고 있다.

---

54) 諏訪哲郞, 「序章 沸騰する中國における沸騰する敎育と敎育改革」, 諏訪哲郞·王智新·齊藤利彦 편저, 『沸騰する中國の敎育改革』, 東方書店, 2008, 17~18쪽.

Ⅲ. 초등 역사교과서

1. 문제의 제기

중국의 역사교육에 관한 논의는 주로 중등의 교육과정이나 교과서를 중심으로 이루어져 왔으며, 상대적으로 초등 역사교육에 대해서는 큰 관심을 두지 않았다.[1) 그 이유는 한국에서의 역사교육 논의가 주로 중등 과정을 중심으로 펼쳐지다 보니 중국의 역사교육 역시 중등 과정을 살펴보는 것이 자연스러운 것일 수 있다. 그리고 한국에서와 마찬가지로 중국의 초등교육과정 역시 역사가 독립된 과목으로 존재하지 않아 역사 지식이 체계화되어 있지 않다는 점도 한 몫 했을 것이다. 자국사이든 세계사이든 역사 지식이 나름 체계를 갖추고 있을 때 분석이 용이하기 때문이다.

중국의 초등 단계 역사는 중등의 역사와 비교해 볼 때, 교과가 독립적으로 존재하지 않으며 많은 내용을 다루지도 않는다. 중등에 비해 제한된 내용을 다루기 때문에 크게 주목할 만한 부분이 없다고 생각할 수도 있다. 그러나 이러한 제한적인 상황에서도 내용을 선정하고 조직하는 나름의 관점이 존재할 것이다. 역사학의 주요 주제나 내용을 체계적으로 구현할 수 없다 하더라도 초등 상황에 맞추어 내용 선정이 이루어지기 때문이다. 본장에서는 중국의 초등 교과서에서 어떤 역사 내용이 선정되고 어떻게 배치(구성)되는지 파악해 보려고 한다.

우리의 초등학교에 해당하는 소학의 교과에는『어문』,『수학』,『영어』,『품덕(品德)과 생활』/『품덕(品德)과 사회』,『과학』,『음악』,『미술』,『체육과 건강』,『정보 기술』의 교과가 있다. 역사는 도덕과 사회를 혼합한 성격의 교과인『품덕과 생활』/『품덕과 사회』에서 다루고 있다.『품덕과 생활』은 1~2학년,『품덕과 사회』는 3~6학년 과정으로 역사 관련 내용은

---

1) 관련 연구로 김정호,「중국 초등사회과의 애국주의 교육 내용 분석」『사회과교육』 제46권 3호, 2007이 있다.

『품덕과 사회』에 서술되어 있다. 『품덕과 사회』의 단원 구성은 〈표 1〉과 같다.[2] 표 안에서 5~6학년 과정의 밑줄 그은 부분은 역사 서술과 관련되어 있다.

〈표 1〉 『품덕과 사회』의 단원 구성

	3학년	4학년	5학년	6학년
상 책	1.가정·학교·사회 2.나는 배우면서 자란다. 3.나는 규율에 따라 친구를 사귄다. 4.나의 역할과 책임	1.소중한 생명 2.안전한 생활 3.돈 쓰는 방법 4.타인을 아끼고 사랑하기	1.성실함이 나와 함께 2.나의 민주생활 3.나는 조국의 산하를 사랑한다. 4.우리 모두는 중화의 아들딸이다.	1.문명을 향하여 2.불굴의 중국인 3.도약하는 조국 4.세계 여행
하 책	1.사랑의 햇살 아래 2.함께 즐거운 우리 3.우리 삶은 타인 없이는 불가능하다. 4.길을 찾아 가기	1.한 지역의 풍토는 그 지역 사람을 기른다. 2.생산과 생활 3.교통과 생활 4.통신과 생활	1.성장의 기쁨과 고뇌 2.뿌리 찾기 3.독자적 매력의 중화문화 4.우리가 생활하는 지구	1.함께 가는 우리 2.인류라는 가정 3.하늘 아래 하나

---

2) 인민교육출판사에서 발행한 『품덕과 사회』의 목차이다. 2016년 현재 중국에서 『품덕과 사회』는 검인정제로 발행한다. 교과서를 편찬하는 곳은 인민교육출판사(人敎版), 北京師範大學出版社(北師大版), 山東人民出版社(魯人版), 浙江敎育出版社(浙敎版), 江蘇敎育出版社(蘇敎版), 上海敎育出版社(滬敎版), 上海科學技術出版社(滬科版), 上海科技敎育出版社(滬科敎版), 首都師範大學出版社(首師大版), 敎育科學出版社(敎科版), 廣東敎育出版社(粤敎版), 河北敎育出版社(冀敎版), 未來出版社(未來版), 湖北敎育出版社(鄂敎版), 遼寧師範大學出版社(遼師大版), 遼海出版社(遼海版)로 총 16개의 판본이 있다. 국가 교육부에서 공시한 단일한 교육과정에 근거해 만들어진 교과서들이기 때문에 내용에는 큰 차이가 없다. 그러나 지역 특성을 반영하여 가령 베이징에서 발행되는 북사대판과 수사대판은 베이징에 관한 내용이 들어가고 황허 하류 지역인 산둥성에서 발행되는 노인판은 황허에 관한 내용이 상세하다. 정확한 통계는 확인할 수 없으나 인교판이 전국적으로 가장 많은 학교에서 사용하는 보편적인 교재이다. 인교판을 분석 대상으로 한다

3~6학년은 전반적으로 개인·가정·학교·사회의 삶에 필요하다고 여겨지는 도덕과 관련된 내용이 주를 이룬다. 5학년 1학기 교재인 5학년 상책에는 지리 내용을 중심으로 역사 내용도 포함하고 있다. 그래서 먼저 지리와 역사가 어떤 방식으로 결합하고 있는지 살펴보기로 한다. 이어서 5학년 2학기와 6학년 1학기에 해당하는 5학년 하책과 6학년 상책에 실린 역사는 각각 중국의 전근대사와 근현대사이다. 중국의 전근대사와 근현대사가 각각 어떤 내용 요소로 구성되어 있으며 그것이 맥락상 어떤 역사상을 구축하고 있는지 그 특징을 분석해 본다.

분석 작업이 외국의 교과서를 대상으로 하는 만큼 생각의 한편에는 한국의 교과서를 떠올릴 밖에 없다. 일종의 참고 사례로서 한국에서 긍정적으로 취할 만한 요소가 있는지 그리고 중국의 교과서가 지닌 문제점을 통하여 한국의 교과서가 갖는 문제점을 반추해 볼 수 있는 여지도 있으리라 본다. 중국 교과서가 우리 교과서를 성찰하는 거울이 될 수 있음을 염두에 두고자 한다.

2. 지리와 역사 내용의 결합

교과서와의 관계를 기준으로 볼 때, 중국 학생들은 초등학교 5학년 1학기 과정부터 역사와 만난다. 제3~4단원에서 중국에 관한 지리 지식을 습득한 후 역사를 학습하도록 내용이 배치되어 있다. 역사를 중심으로 보면 중국사의 공간을 학습하고 나서 역사를 학습하는 것이다.

제3단원은 주로 자연환경과 관련되어 있다. 우선 중국이 광활한 영토를 보유한 국가임을 강조하면서 단원이 시작된다.[3] 제일 먼저 등장

---

3) 『品德與社會』(5上), 人民敎育出版社, 2016, 48~51쪽.

하는 표현이 "우리 조국은 광활한 영토를 가지고 있다. 육지 면적이 약 9,601,000㎡인데 면적 순으로 보면 세계 3위에 해당하고 유럽 전체 면적에 해당한다."라는 진술이다. 우리의 지리 교과서가 흔히 한반도를 수리적 위치, 관계적 위치 등으로 표현하는 것과는 달리, 타자와 비교하는 방식으로 영토의 크기를 부각시키는 것은 '중국은 위대하다'는 인식과 자연스럽게 연결될 수 있다.

이어서 "나는 광저우에 사는데 하얼빈의 고모 집에 가는 데는 비행기로 5시간 걸리고, 기차를 타면 하루 정도의 시간이 소요된다."라든가 "평소 우리 시(市)가 크다고 생각했는데 지도와 자료를 살펴보니 전국 면적의 1만분의 1에 지나지 않는다."는 진술이 뒤따르고 있다. 그리고 "재미있는 방식으로 우리들 조국의 강역이 넓다는 것을 표현해 봅시다."라는 과제를 제시하고 있다. 생활 속에서 경험할 수 있는 방법으로 그 크기를 가늠하게 한다는 점에서 나름 흥미로운 방법이다. 그러나 여전히 중국이 큰 나라임을 학생들에게 강조하는 과제이다. 영토에 대한 관념을 가지게 한 후 중국의 행정구역이 23개의 성(省), 5개의 소수민족 자치구, 4개의 직할시 그리고 2개의 특별행정구로 이루어졌음을 지도와 함께 소개한다.

중국의 개략적인 면적과 행정구역을 이해한 후에는 지형의 구체적 특징을 이해하는 단계로 넘어간다.[4] "조국을 마치 한 폭의 그림같다"는 소단원명 아래 서고동저의 지형을 티베트고원에서 해안까지 3단계로 나눈 후 고원, 분지, 평원, 하천 등을 소개하고 있다. 그리고 다양한 지형은 다양한 풍광을 제공한다고 언급하면서 '아름다운 중국'을 부각시키고 있다. 그 사례로 다채로운 자연 경관과 유네스코 자연유산에 등재된 절경을 소개한다. 다양한 자연 경관은 중국에 다양한 기후대가 분포하는 것과도 관련이 있다. 마치 한국의 세계지리 시간에 여러 기후와 그에 따른 자연 경

---

4) 『品德與社會』(5上), 人民教育出版社, 2016, 52~57쪽.

관의 특징을 학습하는 것과 유사하다. 결국 아름다운 중국이란 설정은 중국에 세계성(世界性)을 부여하는 것으로 연결된다. 세계 여러 지역의 다양한 자연 환경을 중국에서 발견할 수 있다는, 즉 '중국이 곧 세계'라는 인상을 심어줄 수 있다는 것이다.

여기서 중국의 영토를 표현할 때 '조국'이란 용어가 과도할 정도로 반복적으로 사용되는데, '우리들의 어머니 강'으로 설정된 창장강과 황허를 설명하는 대목에서는 영토가 하나의 살아있는 유기체로 간주된다. 그리고 영어의 motherland나 fatherland처럼 영토의 인격화가 극대화된다. "조국의 대지를 관통하는 창장강과 황허는 우리들의 어머니 강이다. 수천 년 동안 그들은 달콤한 젖으로 세대를 거듭하여 중화의 자녀들을 길러왔다"며 역사성을 부여하고 있다. 창장강은 수량이 풍부하고 3억여 명의 인구가 거주하고 있으며, 황허 유역은 중국에서 가장 오래된 농경 지역의 하나이자 세계 고대문명 발상지의 하나로써 중화민족의 요람이라 설명하고 있다. 두 강의 유역이 넓은 면적에 풍부한 수자원과 인구를 보유하고 있어 생산성과 포용성이라는 측면에서 어머니라는 의미 부여가 자연스럽게 이루어지고 있다. 또한 중국 문명의 '모태'로서의 유구한 역사가 강조됨으로써 어머니의 의미는 더욱 확고해진다. 두 강은 국민적 정서의 통일감을 이끌어 내는 집합적 표상, 즉 national iconography의 역할을 부여받고 있다. 그래서 신성불가침의 아름다운 영토와 더불어 황허와 창장강은 중화민족의 정체성을 지탱하는 역할을 한다.5) 중국의 교육이 지향하는 민족 정체

---

5) 와카바야시 미키오 저, 정선태 역,『지도의 상상력』, 산처럼, 2006, 243~245쪽. 와카바야시는 이를 근대 국민국가에서 행해지는 '국민 만들기'의 과정으로 설명하고 있다. 그러나 조선 후기의 지도에서 백두산이 조선의 근본이며 마루가 되는 祖宗山이라는 인식이 반영되어 강조되고, 백두산이 머리라면 한반도가 그 이하의 신체에 해당된다고 하는 관념이 형성되는 것을 보면 이를 근대적 현상으로 한정할 필요는 없다고 본다. 양보경, 「조선시대 고지도와 북방인식」『지리학 연구』제29집, 1997, 112쪽 참조.

성 강화라는 입장에서 보면, 중화민족 대가정이란 용어처럼 가족 윤리가 투영된 용어들이 지니는 강한 국가주의적 속성을 확인할 수 있다.

그런데 크고 아름다운 중국이란 내용에 이어 갑자기 '조국의 보배 같은 섬, 타이완'이 등장한다.[6] 다소 격이 맞지 않는 구성으로 보이나 내용을 살펴보면 의도적 배치임을 알 수 있다. 타이완을 통해 '하나의 중국'을 위한 응취력(凝聚力)을 강조하는 것이다. 우선 타이완이 먼 옛날에는 본토와 서로 연결되어 있었으나 후대의 지각 변동으로 해협이 형성되는 바람에 분리되었고, 타이완 주변에는 펑후열도(澎湖列島), 댜오위댜오(釣魚島, 센카쿠열도) 등 수십 개의 섬이 존재한다고 기술하고 있다. 근본적으로 본토와 타이완이 '한 몸'이라는 것이며, 아울러 일본과 민감하게 대립하는 댜오위댜오가 중국에 귀속되어야 한다는 주장을 뒷받침하는 효과도 있다.

이러한 본토와 타이완의 관계성에 보다 선명하게 정당성을 부여하는 방법으로서 역사가 활용되고 있다. 삼국시대에 사람들이 바다를 건너가면서 타이완이 개발되기 시작하였으며, 수 왕조는 만 여 명을 타이완으로 파견하였는데 그중 상당수가 섬에 남아 타이완의 원주민과 함께 타이완을 개발하였고, 원대에는 정식으로 타이완에 행정 기구를 설치하고 타이완 개발이 더욱 활기를 띠었음을 원대의 강역도를 제시하면서 진술하고 있다. 그리고 흥미로운 점은 정성공(鄭成功)이 타이완을 반청(反淸) 운동의 근거지로 삼았다는 진술은 없고 타이완을 점령하고 있던 네덜란드인들을 몰아내었다는 사실만 서술하고 있다는 것이다. 반외세의 측면만을 강조하여 민족적 입장을 부각시키고 있다. 그리고 본토와 타이완의 긴밀성을 보강하는 것으로 "뿌리는 서로 연결되어 있다."며 동일한 문화 전통을 강조한다. 가령 음식, 명절, 언어 등이 동일하다는 것이다. 오랜 기간 문화를

6) 『品德與社會』(5上), 人民教育出版社, 2016, 58~63쪽.

공유해 온 '중화민족'으로 수렴된다는 점을 보여주려는 것이다.

　타이완 서술은 결국 "조국은 반드시 통일되어야 한다."로 귀결된다.[7] 1949년 이래로 본토와 타이완이 정치적으로 분리되었으나 통일을 실현하기 위해 중국 정부가 지속적인 노력을 기울여 왔음을 강조한다. 인민일보의 합리적 방식으로 통일하자는 '타이완 동포에게 보내는 글'(1979), 하나의 국가, 두 개의 체제로 통일하자는 덩샤오핑의 제안(1984), '조국통일 대업의 완성을 촉진하고 노력을 지속하기 위하여'라는 장쩌민의 글(1995) 등이 제시되고 양안(兩岸) 간의 교류가 활발히 진행되고 있음을 강조하고 있다. 타이완과의 통일이 역사적·문화적 당위성을 지니고 있음을 환기시키면서 중국 사회의 통합에 대한 강한 의지를 보여주는 것이다.

　영토의 통합성을 강조한 후에는 영토를 수호하는 인민해방군에 관한 내용이 전개된다. 지리 내용과는 거리가 있으며 국가의 정책 의지를 강하게 드러낸 것이다. 단원의 앞부분에는 국경을 지키는 인민해방군 5명이 눈밭에 앉아 눈을 먹는 사진이 실려 있고 "눈은 음료이고 바람은 노래이다"라는 설명이 달려 있다. 어려운 환경 속에서 결연하게 국토를 수호하는 인민해방군은 교육 활동이나 의료 봉사를 전개하고 재난 상황에는 기꺼이 몸을 내던지는 진정한 '해방군'이라는 것이다. 인민해방군을 위한 편지 쓰기, 도서 보내기 등의 활동 과제를 제시하고 있다. 또한 중국 공산당의 지도 이래 1927년 8월 1일에 일어난 난창(南昌) 봉기로 중국공농홍군(中國工農紅軍)이 만들어진 것을 기념하여 난창 봉기일을 건군절(建軍節)로 한다는 설명도 들어 있다.

　제3단원이 자연 지리라 한다면 제4단원은 인문 지리에 가깝다.[8] 중국

---

7) 『品德與社會』(5上), 人民教育出版社, 2016, 64~68쪽.
8) 제4단원 우리 모두는 중화의 자녀들이다. / 1. 56개 민족, 56개 꽃잎 - 중화민족 대가정, 자기 민족을 말해 보자, 각각의 특색을 지닌 민족의 생활, 다채로운 민족의 명절, 특색 있는 체육 운동, 민족의 풍속과 예의 / 2. 손을 맞잡은 각 민족의 아들딸 - 함께 건설하는 우리들의 조국, 민족 단결의 형제애 / 3. 세계 각지에서 생활하

의 영토 위에서 살아가는 '중화민족', 즉 한족(漢族)을 비롯한 56개 민족의 다양한 삶을 다루고 있다. 그리고 '중화민족' 내의 각 민족이 각기 다른 삶의 방식을 가지고 있음에도 본질적으로 같은 뿌리를 가지고 있으며 상호 교류 속에 '하나의 중국'을 만들어 간다는 것이 강조된다.

단원의 초입에 '56개의 별, 56가지의 꽃', '중화민족 대가정'이란 표현을 동원하면서 중국이 '통일적 다민족 국가'임을 강조한다. 앞 단원에서 중국이 넓은 영토에 다양한 자연 환경을 갖추고 있는 '하나의 조국 강산'이라는 레토릭과 동일한 구조를 취하고 있다. 여기서 '중화민족 대가정'이란 표현은 상당히 의미심장하다. 56개의 각 민족을 가족 구성원으로 보고 '중화민족'이라는 하나의 커다란 집에 함께 모여 산다는 의미이다. 각기 개성있는 56명의 가족 구성원들이 하나의 대가족을 이루며 살아간다는 것이다. 가족은 강한 유대 의식을 전제로 한다. 이러한 강렬한 통합성은 분리·독립을 억제하는 기제로 작동할 수 있다. 가족을 이탈하는 것은 가족을 파괴하는 행위이자 인륜을 저버리는 행위이기 때문이다. 왕조시기에 통치 이데올로기로 활용되던 가족 윤리가 여전히 사회 통합을 위한 수사로 동원된다는 점은 전통의 무게가 그리 간단한 문제가 아님을 보여주는 것이기도 하다.

혈연 의식이 작동하는 가족에서 그 뿌리를 강조하듯이, '중화민족'이라는 '대가정'의 뿌리를 확인하는 것도 사회 통합의 논리를 제공하는 차원에서 중요하다. "전설상 염제(炎帝)와 황제(黃帝)는 우리 민족의 시조이다. … 오랫동안 염제와 황제의 능묘는 무수히 많은 염황(炎黃)의 자손들이 찾아와 제사를 지냈다."며 염제와 황제로부터 시작하여 현재에 이른다는 것인데9), 염제와 황제는 어디까지나 전설상의 존재이다. 스스로를 '염황

는 화인(華人) - 전 세계의 차이나타운, 해외 화인 이야기, 마음으로 이어지는 중화. 『品德與社會』(5上), 人民敎育出版社, 2016, 69~98쪽.

9) 『品德與社會』(5上), 人民敎育出版社, 2016, 72쪽.

의 자손'이라면서 신화와 역사의 경계를 무너뜨리고 있다. 자신들의 시원을 전설 시대로 소급하여 민족적 정체성을 확립하고 자긍심을 이끌어 내려는 시도이나 합리적인 방식이라 볼 수 없다.

민족의 시원을 언급하면서 한족이 중국 인구의 90% 이상 차지하고 세계에서 인구 최다의 민족이자 4천여 년의 역사를 가지고 있음을 언급하고 있다. 한족의 비중이 적지 않음을 보여주면서도 대부분의 서술은 소수민족에 할애하고 있다. 각 소수민족은 복식, 주거 방식, 음악, 춤, 풍습 등에서 다양한 특징을 가지고 있음을 사례를 들어 제시하고 있다.10) 조선족의 경우에는 단오와 추석에 행하는 여성들의 그네뛰기 시합을 상세히 서술하고 있다.11)

56개 민족의 다양성을 보여준 후에는 '민족 단결', 즉 통합성을 지향하는 내용으로 구성하고 있으며 여기에도 역사 내용이 가미되어 있다. '중화 5천년의 찬란한 문화'는 각 민족이 교류하고 융합하며 함께 만듦으로써 각 민족이 '중화 문명'의 발전에 기여해 왔다는 프레임이다. 그 사례로서 식탁을 구성하는 벼, 보리, 콩을 민족 관계로 설명한다. 여러 음식(민족)이 하나의 식탁(중국) 위에 올라온다는 설정이다. 벼는 7천여 년 전 남방 지역의 조상들이 키웠으며, 보리는 서아시아가 원산이었으나 서부 지역의 소수민족이 재배 기술을 중원에 전파하여 전국화 하였고, 콩은 2,600여 년 전 동북 지역의 소수민족이 재배 기술을 습득하였다는 것이다.12) 또한 만주족의 복장에서 유래한 치파오(旗袍), 강족(羌族)의 강적(羌笛)에서

---

10) 태족(傣族)의 인도 불교의식에서 기원하여 발전한 음력 3월 중순의 발수절(潑水節), 중국 서남부의 이족(彝族)과 백족(白族) 등 소수민족들에게 가장 성대한 명절인 매년 6월의 화파절(火把節), 회족(回族)과 위구르족 등 이슬람을 믿는 민족의 중요한 명절인 이슬람력 10월 초의 개재절(開齋節) 등을 상세히 소개하고 있다. 『品德與社會』(5上), 人民敎育出版社, 2016, 78~79쪽.

11) 『品德與社會』(5上), 人民敎育出版社, 2016, 83쪽.

12) 중화민족의 통합성을 말하면서도 남방은 '조상(祖先)'이라 표현한데 반해 서부와 동북 지방은 '소수민족'이라 표현함으로써 인식의 간극을 확인할 수 있다.

유래한 소(簫), 남북조 시기의 선비족(鮮卑族)이 만들어 현재 민요로 불리며 초원지대의 자연과 삶을 노래한 츠러꺼(敕勒歌) 등도 예시로 제시되고 있다.

문화뿐만 아니라 역사 속에서 각 민족이 공동으로 노력한 사례를 보여주기도 한다. 항일전쟁 시기 허베이성(河北省)과 산둥성(山東省) 일대에서 활약한 회민(回民) 부대, 1954년에 서북지역 개발을 위해 한족·위구르족·회족·몽골족 등 37개 민족으로 구성된 신장생산건설병단(新疆生産建設兵團)의 사례가 지면에 올라와 있다. 각 민족이 중국 전체에 어떻게 기여해 왔는가를 보여주려는 것이다. 또한 시기를 거슬러 올라가 티베트의 송첸캄포에게 시집 간 당의 문성공주나 현대의 한족 출신 의사로 서북의 소수민족 지역에서 30여 년 간 진료 및 직접적인 헌혈 활동을 전개한 우덩윈(吳登云) 등은 중원 지역이 변강 지역을 발전시킨 사례로 제시된 것이다.[13] 한족(중원)과 소수민족(변경)이 상부상조하며 중국을 일궈 왔음을 보여주려 하고 있다.

지금까지의 논의를 살펴보면, 지리에 역사가 결합하는 방식은 영토와 민족에 역사성을 부여하는 형태이다. 중국의 영토는 하나의 유기체로서 통일성을 유지하여야 하며 역사를 통해 그 정당성을 부여하고 있다. 그리고 영토 위에 살고 있는 56개의 민족은 다양성을 가지면서도 하나의 '중화민족'으로 수렴된다는 설정이다. 역사를 통해 민족 간 교류와 융합의 과정을 확인할 수 있으며 현재의 다양하면서도 통일적인 모습은 그 산물이라는 점이 강조된다. 결국 역사를 통해 현재의 영토와 민족에 대한 정당성을 부여함으로써 국가 정체성을 강화하려는 것이다.

---

13) 우덩윈은 1939년 생으로 2018년 현재 생존해 있으며, '백의성인(白衣聖人)'이라 불리기도 한다. '신중국 수립 이후 중국을 감동시킨 100인'(2009), '신중국 수립 이후 100명의 선진 인물'(2011)로 선정되었다.

3. 생활과 문화로 보는 전근대사

5학년 하책에는 중국사의 전근대 부분이 기술되어 있는데 연대기를 고려한 통사라기보다는 주제별 문화사의 내용으로 구성되며 단원 목차는 다음과 같다.[14]

> 제2단원 뿌리 찾기 1. 식의주(食衣住)의 과거와 현재(1), 2. 식의주(食衣住)의 과거와 현재(2), 3. 화염(火焰) 속의 문화: 도자기와 청동기, 4. 한자와 책이야기
> 제3단원 독창적 매력의 중화문화 1. 위대한 선조, 2. 우리나라의 국보, 3. 우리 문화의 정화

'뿌리 찾기'에서 그 내용을 의식주로 설정한 점은 인상적이다. 역사를 공부하기 시작하는 초등의 학생들이 어렵지 않게 역사에 접근할 수 있도록 배려한 것으로도 읽힌다. 의식주가 인간 생활에서 가장 기본적으로 갖추어야 할 요소이자 생활 속에서 쉽게 접할 수 있는 소재이기 때문이다. 존 듀이가 제안하는 의복, 음식, 주거와 관련된 내용으로 역사교육의 내용 요소를 구성해보자는 주장과 흡사하다.[15] 그런데 우리의 경우 일반적으로 '의식주'라는 용어를 사용하고 있으나 중국의 경우에는 식(食)을 우선순위로 하여 식의주(食衣住)라고 표현한다. 그래서 '식의주가 말하는 과거와 현재(1)'는 식생활의 변천을 다루고 있으며, '식의주가 말하는 과거와 현재(2)'는 의복과 주거 생활의 변화를 담고 있다. 그리고 도자기, 한자, 책은 중국 역사에서 상당히 이른 시기에 등장하여 현재에 이르고 있으며, 이들 역시 현실 생활과 밀접한 관련을 맺고 있어서 친근한 소재로 역사를 이해하기에 적합하다는 장점을 지니고 있다. 상대적으로 청동기는

---

14) 『品德與社會』(5下), 人民教育出版社, 2016, 25~90쪽.
15) 존 듀이 저, 송도선 역, 『학교와 사회』, 교육과학사, 2016, 93~96쪽·109~112쪽.

제2단원의 다른 소재들과는 달리 현재성을 가지고 있지 않아 제3단원에서 다루는 것이 적합해 보이나 단원 간 분량의 균형을 고려해 제2단원에 배치된 것으로 보인다. 도자기나 청동기 모두 고온으로 가공하여 만든다는 점에 착안하여 '화염 속의 문화'로 다루고 있다. 제3단원은 '위대한 선조', '우리나라의 국보', '우리 문화의 정화' 등의 용어에서 보듯이 민족적 자긍심과 관련된 소재이다. 제2단원과 제3단원의 구체적 내용을 살펴보되 내용 구성의 긴밀도가 높은 제2단원을 보다 상세히 검토해 보기로 한다.

제2단원은 초기 인류인 베이징인을 통해 이야기를 풀어나가고 있다. 베이징인이 도구와 불을 사용하였다는 점을 서술하면서, 우선 '음혈여모(飮血茹毛)'를 사전에서 찾아보도록 하고 있다. 이 용어는 '동물의 털을 뽑지 않고 피도 씻지 않고 먹는다'는 의미이다. 베이징인의 불을 통해 비로소 인류는 날 것을 먹는 생활에서 벗어나게 되었다는 점을 강조하고 있다. 베이징인의 불 사용이 인류의 삶, 특히 식생활에 큰 변화를 가져왔다는 것이 이야기의 출발점이다. 학생들 입장에서 보면 베이징인, 즉 중국인이 인류 역사에 큰 기여를 한 것으로 읽을 가능성도 높아 보인다.

베이징인의 불로 시작하는 식생활 이야기는 농경 기술을 발명하였다는 전설상의 염제와 황제 이야기로 이어진다. 염제의 씨족은 수렵과 어로 생활을 하였으나 인구가 늘자 염제가 농경 기술을 발명했다는 것이다. 그래서 염제 집단이 중국 최초의 농경 집단이며, 염제는 농업의 창시자로 신농씨라 불리게 되었다는 것이다. 앞서 언급한 5학년 상책의 내용을 재차 언급하면서, 신농씨가 약초를 개발해 질병 치료의 발전을 가져왔다는 내용의 고사도 첨가하고 있다.[16] 그리고 염제와 황제가 '중화민족'의 조상으로 설정되고 있는데, 중국에 근대 학문이 도입되면서 한때 전설 시대는 의문의 대상이었다. 그러나 신화의 세계가 비합리적이라 하더라도 민족의

---

16) 『品德與社會』(5下), 人民教育出版社, 2016, 28쪽.

응집을 목적으로 소환되었으며, 쑨원(孫文)이나 량치차오(梁啓超) 등은 특히 황제에게 중국인의 조상이라는 지위를 부여하였다.[17] 1990년대 이후에는 황제 존숭을 위한 국가 프로젝트가 추진되었다. 역사 교과서에서는 사회주의 정권 수립 후 한동안 황제가 전설상의 존재로서 언급되다가 「1986년 소학역사교학대강」 이후 황제를 '화하족(華夏族)의 시조'로 서술되기 시작하였다.[18]

농경의 시작은 저장성(浙江省) 허무두(河姆渡) 유적지에서 출토된 볍씨, 산시성(陝西省) 반포(半坡) 유적지에서 출토된 조(粟)와 그것을 담은 그릇, 소를 이용한 밭갈이가 이미 1700여 년 전에 행해졌음을 보여주는 간쑤성(甘肅省)에서 출토된 벽돌을 통해 보여주고 있다.[19] 세 개의 자료 모두 중국이 오랜 농업의 역사를 가지고 있음을 보여준다. 그리고 중국의 북방은 조를 심었고 남방은 벼를 재배함으로써 '남도북속(南稻北粟)'의 농업 형태가 신석기 시대부터 나타난다는 점을 언급한다. 나아가 "중국은 세계 최대의 농산물 생산 국가이다. 전 세계 667종의 재배 작물 중 136종이 중국에서 기원한다. 20%이상을 차지한다. 중화민족은 인류 문명에 지대한 공헌을 해왔다."라는 진술은 학생들에게 민족주의적 감성을 자극하기에 충분하다. 농경 이야기는 농경문화의 유산을 찾아보는 것으로 이어진다. 현재 중국의 달력에도 등장하는 24절기의 명칭을 그 예로 들고 있다.

농경의 산물은 음식으로 연결되는데 이어지는 내용은 중국의 음식 문화이다. 국수를 손으로 얇게 뽑는 장면과 만두를 빚는 장면을 보여주면서 허난성(河南省) 페이리강(裵李崗)에서 출토된 신석기 시대의 석봉(石棒)과 돌판의 사진이 함께 제시된다.[20] 돌판 위에 곡식을 놓고 석봉을 굴려

---

17) 김선자, 「黃帝神話와 國家主義 - 중국 신화 역사화 작업의 배경 탐색」 『중국어문학 논집』 제31호, 2005, 316~322쪽.

18) 課程敎材硏究所 編, 『20世紀中國中小學 課程標準·敎學大綱匯編 - 歷史卷』, 人民 敎育出版社, 2001, 442쪽.

19) 『品德與社會』(5下), 人民敎育出版社, 2016, 29쪽.

껍질을 제거하였을 것으로 보인다. 곡물의 껍질을 제거하여 음식을 만드는 것이 오랜 전통임을 보여준다. 또한 음식 문화와 관련된 젓가락을 중국인이 발명하였으며 현재 전 세계 15억 이상의 인구가 사용하고 있음을 강조한다. 한편 음식과 관련된 고사와 전설을 소개하면서 문화의 이해와 결부시키고 있다. 가령 전국시대의 굴원이 비분강개하여 강물에 뛰어들어 생을 마감한 날이 음력 5월 5일로 단오절이 되었으며, 강물 속의 굴원을 물고기들이 해치지 않도록 사람들이 쫑쯔(粽子, 찹쌀밥에 대추 등을 넣고 댓잎으로 쌓아 만든 음식)를 강물에 넣어 물고기들이 먹도록 한 것에서 기원하여 단오가 되면 사람들은 쫑쯔를 먹음으로써 굴원을 기리게 되었다는 것이다. 음식을 통하여 역사와 문화를 연결시키고 있음을 알 수 있다.

복식의 변천사는 다양한 그림 자료를 통해 학습할 수 있도록 하고 있다. 먼저 뼈바늘, 도기(陶器) 밑 부분의 마포(麻布) 자국, 비단 옷이 자료로 제시되고 있다.[21] 이를 통해 수 만 년 전에 동물의 가죽을 바느질해 옷을 만들어 입었으며, 적어도 6천여 년 전에는 야생의 마(麻)로 실을 만들고 마포를 짰다는 것이다. 제시된 비단 옷은 2천여 년 전에 만들어진 것으로 매우 얇고 가벼우면서도 질 좋은 비단 옷이 상당히 오랜 역사를 가지고 있음을 보여준다. 또한 2~3천 년 전에는 면화도 재배하였다는 것이다. 그리고 회화나 사진 속의 당대 궁녀, 명대 일용품을 판매하는 상인, 명대 제련공, 청대 농부, 청대 관원, 민국 시기의 장삼(長衫)을 착용한 남성을 보여주고 복식을 통해 시대, 신분, 직업 등을 이해하도록 하고 있다.[22]

한편 황도파(黃道婆)가 소수민족인 하이난다오(海南島)의 여족(黎族)으로부터 면방직 기술을 배워 중원에 면화 재배와 면방직 기술을 확산시킨 것을 비중있게 서술하였다.[23] 이는 의생활의 획기적 변화와 함께 소수

---

20) 『品德與社會』(5下), 人民教育出版社, 2016, 31쪽.
21) 『品德與社會』(5下), 人民教育出版社, 2016, 34쪽.
22) 『品德與社會』(5下), 人民教育出版社, 2016, 36~37쪽.

민족의 중국사에 대한 기여라는 민족 관계도 고려한 것으로 보인다. 그리고 "일본의 복장[和服]은 당나라 복장[唐服]의 영향을 받아 그 풍격(風格)을 흡수했다."거나 실크로드를 통해 전래된 중국의 비단이 "세계 의복 발전에 지대한 공헌을 했다."는 진술은 주변국에 대한 중국의 영향력이 컸음을 강조하면서 중국 중심성을 재확인하는 서술이다.[24]

주거 문화에 대한 내용을 보자. 먼 옛날 남방은 나무 위에 집(巢)을 짓고 살았으며 북방은 굴(穴)을 파고 살았다는 것이다.[25] 그리고 각각 신석기 시대 허무두 유적의 나무 기둥 위에 지은 가옥과 반포 유적의 움집형 가옥으로 연결하고 있다. 고온다습한 남방과 한랭건조한 북방의 자연환경에 적응한 결과인데, 전술한 남과 북의 서로 다른 농경 형태와도 연결된다. 이후 서서히 중국만의 독특한 건축 문화가 형성되었다며 세 가지 예를 들고 있다. 벽을 대신하여 건물 안팎의 분리뿐만 아니라 통풍·채광·장식의 효과를 가진 격문(格門)과 격선(格扇), 나무를 짜 맞춘 처마밑 부분의 두공(斗拱)[26] 그리고 건물과 조경이 어우러진 원림(園林)이 그것이다. 이밖에 건축 장식인 부조물과 시화(詩畵), 전통 가구, 실내 장식 등을 통해 중국 건축의 아름다움을 설명한다.[27] 이어서 서양 고딕 양식의 교회나 이슬람 모스크를 중국 건축과 비교한다거나, 현대 중국 건축에서 전통과 서양이 어떻게 만나고 있는지 탐구하도록 하였다. 중국 건축의 발생, 중국적 전통의 형성 그리고 현대 건축에 이르는 방식으로 내용이 짜

---

23) 『品德與社會』(5下), 人民敎育出版社, 2016, 35쪽.
24) 『品德與社會』(5下), 人民敎育出版社, 2016, 36쪽·38쪽.
25) 『品德與社會』(5下), 人民敎育出版社, 2016, 39쪽. 교과서 본문에는 남방의 주거 형태를 설명할 때 "構木爲巢", "有巢氏"란 표현이 등장한다. 『韓非子』「五蠹」의 "上古之世 人民少而禽獸衆 人民不勝禽獸蟲蛇 有聖人作 構木爲巢以避群害 而民悅之 使王天下 號曰有巢氏"에서 온 것이다. 韓非子 著, 陳秉才 譯註, 『韓非子』, 中華書局, 2007, 267쪽.
26) 한국에서는 공포(拱抱)라는 용어가 더 익숙하다.
27) 『品德與社會』(5下), 人民敎育出版社, 2016, 40쪽.

여 있다.

도자기는 중국에서 오랜 역사를 가지고 있으면서 현재의 실생활과도 관련되어 있다. 역대 다양한 도자기들을 소개하고 있다. 신석기 시대의 채도와 흑도, 당삼채, 수대·송대·명대·청대의 자기, 며칠 동안 차 맛을 보존하는 자사호(紫砂壺) 등이 그것이다.[28] 그리고 대표적 도자기 생산지인 '자도(瓷都)' 징더전(景德鎭)과 '도도(陶都)' 이싱(宜興)을 소개하고 있다.[29] 징더전은 예술성이 높은 자기를 생산하는 관요로서 명성을 얻었다. 한편 이싱은 주로 생활자기를 생산하였다. 도자기에 관한 총 6쪽의 서술에서 한쪽은 중국 도자기에 세계사적 의미를 부여하고 있다. '도자기의 길'을 통해 중국 도자기가 인근 동아시아로부터 멀리 유럽에까지 큰 영향을 미쳤다는 것이다. 중국의 도자기가 유명하다 보니 CHINA라는 단어가 도자기란 의미도 갖게 되었다는 점도 서술하였다.

청동기 서술은 두 쪽 분량인데 형태와 기능이 다양한 청동기를 제시하면서 화려한 청동기 문화를 일구었음을 보여준다. 월왕(越王)의 검을 통해 '와신상담(臥薪嘗膽)'을, 권력의 상징이었던 정(鼎)을 통해 '일언구정(一言九鼎)', '대명정정(大名鼎鼎)', '정력상조(鼎力相助)'이란 고사성어의 유래를 생각해 보도록 하고 있다.[30] 또한 사료적 가치가 높은 청동기의 명문을 언급하면서 자연스레 다음 단원인 한자와 책으로 연결된다.

한자는 갑골문에서 시작하였고, 한자의 자형이 예술성이 높아 다양하게 표현할 수 있음을 '복(福)'을 100개의 서체로 표현한 '백복도(百福圖)'

---

28) 『品德與社會』(5下), 人民敎育出版社, 2016, 45~46쪽.

29) 교과서에서는 도기(陶器)와 자기(瓷器)를 구분하고 있다. 도기는 점토 등을 사용하여 성형한 뒤 구워 만든 것으로 유약을 시유하지 않은 것이며, 자기는 고령토 등을 사용하여 약 1,280~1,400℃의 고온에서 구웠으며 표면에 유리질이 형성된 것이다.

30) 『品德與社會』(5下), 人民敎育出版社, 2016, 50~51쪽. 一言九鼎, 大名鼎鼎, 鼎力相助는 각각 "말 한마디도 구정(九鼎)만큼 무겁다", "명성이 높다", "큰 힘으로 돕다"의 의미이다.

를 통해 보여주고 있다.[31] 그리고 알파벳처럼 중국어를 컴퓨터에 입력하는 것이 가능하며, 언어의 함축성으로 실제 UN에서 문건을 작성하면 5개 공용어 중 중국어 문건이 가장 분량이 적어 오히려 세계화에 장점이 많은 언어임을 강조하고 있다. 한편 사람들은 죽편(竹片)이나 목편(木片)에도 기록을 남겼는데 그것을 줄로 묶은 것이 책(冊)이었으며, 비단에 기록하고 말아서[卷] 보관함으로써 권(卷)이라는 용어가 등장하였음을 설명하고 있다. 채륜의 제지술, 필승(畢昇)의 활자 인쇄 등을 통해 인쇄문화가 발전해 갔는데, 중국의 제지술은 한국, 일본, 아랍, 유럽으로 전파되었다는 것이다.[32] 제2단원 '뿌리 찾기'에서 지속적으로 강조하는 것이 중국 문화의 세계성이다. 단원의 말미에는 칼럼의 형식으로 중국의 제지술, 인쇄술, 나침반, 화약이 세계문명에 공헌했음을 강조하고 있다.

제3단원은 전술한 바와 같이 '위대한 선조', '국보', '우리 문화의 정화'로 구성되는데 각각 인물, 유형 문화재, 무형 문화의 내용을 담고 있다. 사례를 나열하는 방식으로 구성되어 제2단원에 비해 분절적이며 스토리텔링의 요소도 약하다.

'위대한 선조'에서는 공자와 사마천(司馬遷)을 비중있게 서술하고 있다.[33] 전자는 이름 앞에 '지성선사(至聖先師)'가 붙은 것처럼[34], 오랫동안 중국의 사상과 문화에 지대한 영향력을 행사한 인물이며 세계적 사상가로서의 위상을 가진 인물임을 강조한다. 현대 중국의 국민 통합 이데올로그로서 공자가 활용되는 측면과 관계있을 것이다.[35] 사마천은 궁형의 아픔을 딛고 18년의 노력 끝에 완성한 『사기(史記)』의 가치 때문일 것이다.

---

31) 『品德與社會』(5下), 人民教育出版社, 2016, 52~54쪽.
32) 『品德與社會』(5下), 人民教育出版社, 2016, 56~57쪽.
33) 『品德與社會』(5下), 人民教育出版社, 2016, 62~65쪽.
34) 명대에는 지성선사(至聖先師), 청대에는 대성지성문성선사(大成至聖文宣先師), 민국 시기인 1935년에는 대성지성선사(大成至聖先師)라는 호칭이 부여되었다.
35) 전인갑 외, 『공자, 현대 중국을 가로지르다』, 새물결, 2006, 62~65쪽.

기전체 통사로서의 학술적 가치뿐만 아니라 문학적으로도 수준이 높아 고전으로 분류된다. 그런데 교과서는 한발 더 나가 중국에는 사마천의『사기』외에도 많은 역작이 있다며 이시진(李時珍)의『본초강목(本草綱目)』, 사마광의『자치통감』, 가사협(賈思勰)의『제민요술』이 완성되기까지 각각 27년, 19년, 10년의 시간이 걸렸음을 강조하고 있다. 중국이 문화적 역량을 갖춘 나라임을 보여주려는 것이다. 공자와 사마천에 이어 '고대의 민족 영웅과 애국시문'(범중엄, 문천상), '고대의 유명한 황제'(당태종, 송태조, 강희제), '고대의 과학자'(장형, 조충지, 서광계) 등을 탐구하고 전기를 써 보는 과제를 제시하고 있다.

'우리나라의 국보'에서는 먼저 중국 각지에 산재한 유네스코 등재 세계문화유산의 목록과 그 위치를 표시한 지도를 제시하고 있다. 많은 세계유산을 보유하고 있으며 분포 지역도 다양하다.[36) 그리고 만리장성, 병마용, 충칭 대족석각(大足石刻)에 관한 설명과 그와 얽힌 맹강녀(孟姜女), 진시황 등의 이야기를 함께 풀어나가고 있다. 그리고 훼손, 방치, 개발 등으로 몸살을 앓고 있는 문화재를 보여주면서 보호 방안을 찾아볼 수 있도록 하고 있다.

마지막으로 '우리 문화의 정화'는 무형의 유산에 관한 내용으로 경극(京劇)을 중국 문화의 정화 중 하나로 설명하고 있다.[37) 학생들로 하여금 경극의 얼굴 분장을 탈에 그려보게 하고 동작을 익혀보도록 권장하고 있다. 이밖에 서예, 중국화(中國畫), 중의학(中醫學) 등에 관한 내용을 서술

---

36) 『品德與社會』(5下), 人民敎育出版社, 2016, 68~69쪽. 교과서에 서술된 지역별 목록을 보면 베이징(만리장성, 천단, 자금성, 이화원, 저우커우뎬 베이징인 유적지), 산시성(陝西省, 진시황릉과 병마용갱), 간쑤성(둔황 막고굴), 티베트(포탈라궁), 산둥성(취푸 공묘·공림·공부), 장쑤성(쑤저우 원림), 후베이성(우당산 고건축군), 쓰촨성(어메이산 낙산대불, 청청산 도강언), 충칭(대족석각), 산시성(山西省, 평야오고성), 윈난성(리장고성), 장시성(루산), 허베이성(청더 피서산장과 주변 묘우) 등이다.

37) 원문에는 '우리 문화의 정화'가 '우리의 국수(國粹)'로 표현되어 있다. 흔히 중국에서 삼대국수(三大國粹)로 경극, 중국화, 중의학을 꼽고 있다.

하고 있다.

　이상의 논의를 정리해 보면 중국의 전근대사를 생활사와 문화사의 내용으로 접근하고 있으며 현대의 삶과 관련짓고 있다. 학생들의 관심을 이끌어낼 수 있는 소재라는 측면에서 긍정적이나 대개는 전근대 시기의 '찬란한' 중국의 '민족 문화'가 세계적으로도 상당한 수준이며 중국 이외의 여러 지역에 파급력을 가졌다는 서술이 주를 이룬다. '중화민족' 제일주의라는 서사 구조를 취하고 있다. 이는 타자의 문화를 접할 때 자칫 학생들이 자기중심적인 협소한 인식 기반 위에서 이해할 위험성을 안고 있다.

4. 상처를 딛고 일어서는 영광의 근현대사

　6학년 상책에서는 중국 근현대사를 다루고 있다. 두 개의 대단원으로 편성되어 있는데 단원의 구성은 다음과 같다.[38]

　　제2단원 불굴의 중국인
　　　1. 잊을 수 없는 굴욕
　　　2. 일어나라! 노예의 삶을
　　　3. 중화민족의 흥기를 위하여
　　제3단원 도약하는 조국
　　　1. 일어서는 중국인
　　　2. 날로 부강해지는 조국
　　　3. 빈곤을 벗어나 소강(小康) 사회로
　　　4. 문을 열고 세계로

　제2단원은 아편전쟁(1840)으로부터 중화인민공화국 수립(1949)까지

---

38) 『品德與社會』(6上), 人民教育出版社, 2016, 29~82쪽.

다루고, 1949년 이후부터 현재에 이르는 시기는 제3단원에서 언급한다. 제2단원과 제3단원 간에는 시대의 흐름이 보이지만 각각의 단원으로 들어가 보면 일정한 주제로 구성되어 있다. 가령 제2단원의 '잊을 수 없는 굴욕'은 외세, 즉 서양과 일본의 침략에 의해 중국이 받았던 고통의 사례들을 열거하고 있다. '일어나라! 노예의 삶을'에서는 외세에 맞선 중국인들의 '영웅적' 투쟁을 그려내고 있다. 단원명에서도 볼 수 있듯이 근현대사의 구도는 아편전쟁 이후 민족적 굴욕(humilation)과 상처를 경험하지만 이에 굴하지 않고 영광의 역사를 개척해 나간다는 구성이다. 고통과 죽음을 거쳐 부활로 가는 신약 성서의 예수 이야기처럼 일종의 로맨스 서사 구조를 취하고 있다. 전술한 전근대사도 함께 시야에 넣고 보면 구도는 더욱 선명해진다. 즉, '화려한 전근대사'(↗) – '외세의 침략으로 인한 고통의 역사'(↘) – '외세와 맞서 싸우면서 화려하게 부활하는 역사'(↗)라는 프레임 설정이다.[39) 학습 동기를 유발하고 학습 활동을 촉진하기 위한 문제 제기인 발문(發問)이 배치된 제2단원 도입부를 보면 교과서의 구성 방향과 그 의도를 읽을 수 있다. 발문의 내용은 다음과 같다.[40)

> 모든 사람이 자기만의 과거, 현재, 미래를 가지고 있듯이 하나의 국가 역시 그러하다. 사람들은 흔히 "과거를 망각하는 것은 곧 배반을 의미한다."고 말하곤 한다. 우리는 잊을 수 없는 과거를 가지고 있다. 특히 중화민족이 경험한 굴욕을 잊을 수 없다. 또한 침략에 맞선 선배들의 지속적인 투쟁 그리고 조국의 번영을 위한 길을 찾으려고 분투한 인인지사(仁人志士)를 잊을 수 없다.
> ○ 중화민족은 어떤 굴욕을 경험하였을까? 이것을 알게 되면 당신은 어떤

---

39) 교과서에 인용된 方志敏의 『사랑스러운 중국(可愛的中國)』이 이를 잘 대변해 준다. "현재의 중국은 비록 강산은 찢겨졌으나 … 중화민족은 먼 옛날에 만리장성과 수천리에 이르는 운하를 만들었으니 이는 중화민족의 비할 바 없는 위대한 창조력을 증명한 것이다. 중국은 전투 중에 제국주의의 족쇄를 부수고 전선 내부에 있는 한간(漢奸) 매국적(賣國賊)을 숙청하여 자유와 해방에 이를 것이다. 중국의 창조력은 장래에 무한히 발휘될 것이다." 『品德與社會』(6上), 人民敎育出版社, 2016, 53쪽.
40) 『品德與社會』(6上), 人民敎育出版社, 2016, 29쪽.

감정을 갖게 될까?

　　○ 외국 열강의 침입에 직면하여 중화의 자녀들은 영웅적으로 저항하였다. 무엇이 그들로 하여금 목숨을 걸고 항쟁에 나서도록 하였을까?

　　○ "공산당이 없었다면 신중국(新中國)도 없다" 이 단원의 학습을 마치면 이 구절을 이해할 수 있을까?

　침략, 항전, 부활의 역사라는 요소도 중요하지만 '중화민족'의 저항과 부활을 이끌어가는 중심 동력이 중국 공산당이었다는 점도 분명히 이해하라는 메시지이다. 중국 공산당이 근현대사의 주요 국면에서 중요한 역할을 수행하였다는 점을 강조하는 것이다. 단원명 '불굴의 ○○○'의 빈자리에 '중국인'이 들어가지만 대신에 '공산당'을 넣어도 무방하다. 그리고 발문이 들어간 지면의 절반은 기록화로 채워져 있다. 장정(長征) 당시 홍군의 결사대가 따뚜허(大渡河)를 가로지르는 쇠줄로 연결된 루딩차오(瀘定橋)를 확보하기 위해 싸우는 장면이다. 홍군이 옌안으로 가는 중요한 길목에 있던 루딩차오는 국민당군이 미리 차단하고 있었으나 홍군이 악전고투 끝에 확보하였다. 장정의 한 분수령이었던 루딩차오의 전투 장면은 '불굴의 공산당'이란 이미지를 전달해 주는 효율적인 소재로 보인다. 이러한 흐름이 제3단원으로 이어져 도약과 번영의 현대사를 이끌어가는 주체도 중국 공산당이다. 결국 제2~제3단원의 전체적인 주어는 '중화민족'이지만 그것을 이끌어 가는 중심은 중국 공산당이고, 결국 중국 근현대사는 현재의 중국 공산당을 현창하기 위한 역사로 귀결된다. 제2단원의 내용 구성을 보면 〈표 2〉와 같다.[41]

　〈표 2〉에서 보듯이 제2단원 '불굴의 중국인'은 '잊을 수 없는 굴욕'으로 시작한다. 그 소제목을 보면 중국의 '상처', 즉 '중화민족'이 당했던 고통을 단원의 소제목에서부터 강렬하게 표현하고 있다.

---

41) 『品德與社會』(6上), 人民敎育出版社, 2016, 29~56쪽.

〈표 2〉 『품덕과 사회』의 중국 근대사 구성

1. 잊을 수 없는 굴욕	○ 부서진 산하, ○ 약탈당한 중국의 국보, ○ 일본의 칼 아래 피 흘리는 역사(유린당하는 동북의 옥토, 세계를 놀라게 한 난징 대학살)
2. 일어나라! 노예의 삶을	○ 임칙서(林則徐)와 호문(虎門) 아편단속, ○ 삼원리(三元里) 항영 투쟁과 황해해전(삼원리 항영 투쟁, 황해해전), ○ 항일의 봉화(핑씽꽌 대첩, 타이얼쫭 전투, 바이투안 대전)
3. 중화민족의 흥기를 위하여	○ 암흑 속의 탐색(양무운동, 무술변법), ○ 쑨원과 신해혁명, ○ 5·4애국운동, ○ 중국 공산당의 탄생, ○ 비할 수 없는 고통의 28년(징강산 투쟁, 2만 5천리 장정, 역사의 기념비), ○ 천안문 앞 오성홍기

　비극 서사는 울분을 불러일으켜 국가 정체성 형성을 위한 도구로 활용되기도 한다. '부서진 산하'에서는 먼저 홍콩과 마카오 일대가 표현된 1985년, 1998년, 2002년의 지도를 보여주면서 시작한다. 홍콩과 마카오의 반환이 각각 1997년, 1999년에 이루어져 21세기에 이르러서야 비로소 국토가 온전하게 제자리를 찾았다는 메시지다. 영토의식을 강조했던 5학년 1학기의 내용과도 연결된다. 영토를 하나의 유기체로 인식하고 있는데, 동일한 문제 인식에서 영토 할양과 관련하여 원이뚜어(聞一多)가 쓴 「일곱 자식들의 노래(七子之歌)」란 시를 소개하고 있다. 일곱 자식들은 외세에 할양되었던 마카오, 홍콩, 타이완, 뤼순, 따롄 등을 가리킨다. 원이뚜어는 '어머니의 품으로부터 떨어져나간 일곱 자식들'이라 표현하였다. 그의 시에는 '모친', '육체', '내심(內心)의 영혼(靈魂)' 등 애국심을 자극하는 용어들이 등장한다.[42]

　홍콩과 마카오의 반환과 관련된 지도는 근대사를 현재와 연관 지으려는 시도로도 보이는데 이후의 다른 서술 역시 유사하다. 학생들에게 먼 과거의 이야기가 아닌 현실의 삶과 연결된다는 점을 강조하려는 것으로 풀이된다. '약탈당한 중국의 국보'는 영·프연합군의 원명원 침탈에 관한

---

42) 『品德與社會』(6上), 人民敎育出版社, 2016, 30쪽.

내용이다. 사건의 전개 과정을 상세히 소개한 후 원명원에서 약탈된 문화재를 2000년에 거금을 들여 회수하였다는 내용을 기술하고 있다.[43] '일본의 칼 아래 피 흘리는 역사'에서는 만주사변의 내용과 더불어 731부대에 소속되었던 한 일본군의 참회와 만주 주둔 일본군이 버리고 간 화학 무기에 의한 2003년 감염 사건을 자세히 소개하고 있다. 난징대학살에 관해서는 일본군에 의해 일가족이 무참해 살해된 한 여성의 경험담이 실려 있다. 그리고 당시 신문이나 잡지를 찾아보거나 주변의 연장자들로부터 경험담을 듣는 탐구 과제를 제시하고 있다.

'일어나라! 노예의 삶을'부터 분위기는 반전된다. 앞 단원이 어둡고 침울한 분위기였다면 이제부터는 역동적인 이야기로 채워진다. 결연한 의지로 아편을 단속한 임칙서, 아편전쟁 당시 평영단(平英團)의 깃발 아래 모인 25,000여명의 투쟁, 청일전쟁 당시 함대를 이끌고 일본 함대에 돌진하다 어뢰 공격을 받아 200여명의 병사와 함께 전사한 덩시창(鄧世昌)이 집중 조명되고 있다. 이어서 '항일(抗日)의 봉화'에 등장하는 핑씽꽌 대첩, 타이얼쫭 전투, 바이투안 대전은 모두 승리의 기록이다. 이중 핑씽꽌 대첩과 타이얼쫭 전투는 8로군(八路軍)이 중추적 역할을 하였다. 이로써 전체적인 짜임새는 패배→항쟁→승리로 상승감을 주고 있으며 승리에 이르러서는 중국 공산당의 역할이 부각된다. 그리고 이러한 흐름은 자연스럽게 다음 단원인 '중화민족의 홍기를 위하여'로 연결된다.

'중화민족의 홍기를 위하여'는 중국 공산당을 중심으로 서술된 단원이

---

43) 『品德與社會』(6上), 人民敎育出版社, 2016, 32쪽. 원명원 훼손에 관한 내용은 『어문(語文)』에서도 다룸으로써 반복적으로 언급됨을 알 수 있다. 중국 근현대사의 '상처'와 '영광'의 이야기는 『어문』에서도 그대로 재현된다. 일본군의 포위 공격에 맞서 8로군의 퇴로를 확보하기 위해 분투한 '랑야산(狼牙山)의 다섯 용사'도 『품덕과 생활』과 『어문』에 공통적으로 등장한다. 차이가 있다면 『품덕과 생활』에는 기록화가 한 장 실려 있고 『어문』은 5학년 1학기이고 3쪽에 걸친 이야기이다. 항일투쟁의 전설적인 사례로 언급되곤 하는 소재이다. 『品德與社會』(6上), 人民敎育出版社, 2016, 53쪽 ; 『語文』(5上), 人民敎育出版社, 2016, 114~134쪽 참조.

다. 할당된 지면을 보면 그것이 여실히 드러난다. 양무운동(1/2쪽) – 변법운동(1/2쪽) – 손중산과 신해혁명(1쪽)[44] – 5·4운동(1쪽) – 중국 공산당의 탄생(1쪽) – 비할 수 없는 고통의 28년(5쪽) – 천안문 앞 오성홍기(3쪽). 양무운동에서 5·4운동까지 3쪽이지만 공산당의 탄생부터 중화인민공화국의 성립까지는 무려 9쪽이다. 공산당의 탄생 이전은 일종의 전사(前史)로서 중국 공산당 등장의 배경 역할을 하고 있을 뿐이다. 당대 중국의 문제 해결을 위한 여러 시도가 있었고 5·4운동이라는 과도기를 거쳐 종착점은 중국 공산당이었다는 것이다. 그리고 '고통의 28년'은 1921년 중국 공산당 창립에서 1949년 중화인민공화국 수립까지의 기간을 말하며, 다분히 중국 공산당을 염두에 둔 기간 설정이다. 단원의 말미에는 마오쩌둥이 중화인민공화국의 수립을 선포하는 장면이 연출되는데, "이제 중국 인민이 일어섰다"는 중국의 '부활'을 선포하면서 제3단원으로 바통이 넘어간다.

제3단원 '도약하는 조국'은 제2단원의 상승감이 계속 이어지며 전체적으로 밝은 이미지를 보여준다. 굴곡진 모습은 드러나지 않는다. 가령 대약진운동 이나 문화대혁명 시기의 사회적 혼란, 1989년의 천안문 사건은 교과서 지면의 어디에도 없다. 중국굴기, 즉 중국이 나날이 성장한다는 것을 홍보하는 듯한 내용들로 채워져 있다. 단원의 구성을 보면 〈표 3〉과 같다.[45]

'일어서는 중국인'에서는 각종 국제무대에서 두각을 나타내는 중국의 모습을 담고 있다. 그중 2008년 베이징 올림픽의 유치 노력이 성공하였다는 점에 가장 큰 비중을 두고 있다. 이미 베이징 올림픽은 과거의 일이지만 2001년의 교육과정에 의해 만들어져 2002년에 발간된 교과서가 약간의 보완을 거쳐 2016년 현재까지 사용되고 있다 보니 교과서의 내용은

---

44) "1911년 10월 10일, 손중산이 영도하는 혁명 역량이 후베이성 무장 봉기를 일으켰으며 승리를 쟁취하였다."라고 서술하고 있으나 사실과 부합하지 않는다.

45) 『品德與社會』(6上), 人民敎育出版社, 2016, 57~82쪽.

2008년 올림픽 개최지로 베이징이 선정되었다는 소식에 기뻐하는 중국인들의 사진이 지면을 크게 차지하고 있다. 세계에서 가장 큰 규모의 국제 행사를 유치했다는 자부심을 반영한 것이다.

〈표 3〉『품덕과 사회』의 중국 현대사 구성

1. 일어서는 중국인	○ '동아시아의 병자'에서 약속의 2008년, ○ 날로 높아지는 국제 지위
2. 날로 부강해지는 조국	○ 식탁 위의 변화, ○ 무에서 유로, ○ 중국의 첫 성과들
3. 빈곤에서 소강(小康) 사회로	○ 결핍의 시대를 벗어나다, ○ 소강 사회를 향해 매진하다
4. 문을 열고 세계로	○ 중국 생산품이 세계로, ○ 밖으로 나가 배우고 안으로 불러들이다

올림픽과 관련하여 1949년 전후의 역사를 비교하면서 중국이 얼마나 성장하였는지를 보여준다. 중국이 '동아시아의 병자'라 불리던 1896년부터 1948년까지 14차례 열린 올림픽에 중국은 겨우 3차례 참가했을 뿐이었다. 첫 출전이 1932년의 LA 대회였다. 육상 선수인 리우창춘(劉長春)이 홀로 출전하였다. 21일의 긴 항해 끝에 미국에 도착했으나 100m와 200m는 예선에서 탈락하였고 400m는 체력 저하로 출전을 포기하였다.[46] 52년 후에 다시 열린 1984년의 LA 대회에 중국이 출전하였는데 중화인민공화국 수립 이후 첫 출전이었다. 금메달 15개로 금메달 집계 세계 4위로 도약했으며, 국제무대에서 처음으로 오성홍기가 게양되고 국가가 연주되던 장면을 '가슴 뭉클하게' 기술하려고 하였다.[47] 2002년에 결정된 2010년 상하이 국제 박람회 개최 소식도 지면의 한쪽을 채웠고 그에 대한 심정을 묻는 과제가 있다. 그런데 여기서 한 가지 짚어 볼 것이 있다. 근현

---

46) 교과서 서술에는 없지만 리우창춘은 경기 후 귀국할 자금이 없어 곤란을 겪다가 화교의 도움으로 겨우 돌아올 수 있었다.
47) 『品德與社會』(6上), 人民教育出版社, 2016, 59~60쪽.

대사 영역에서는 어떤 장면을 기술한 다음 학생들에게 던지는 질문으로 관련 사실에 대한 '심정(心情)'이나 '느낌(感受)'을 묻는 경우가 유난히 많다. 가령 청대의 화폭에 담긴 원명원과 파괴된 원명원을 보여주면서, "두 장면을 비교해보고 어떤 느낌이 드는가?"와 같은 형식이다.[48] 사실 학생들이 취할 수 있는 답은 정해져 있는 것 아닌가? 질문이 탐구의 성격보다는 일방적인 정서나 관념을 강요하는 형태이다.

대조의 방법은 2001년 APEC 정상 회담에도 적용되고 있다.[49] 관련 설명과 함께 큼직한 삽화는 상하이에서 열린 회의에서 각국 정상들이 차이나풍의 옷을 입고 장쩌민을 중심으로 일렬로 늘어 선 장면이다. 이어서 100년 전인 1901년의 상황을 서술한다. 의화단운동으로 굴욕적인 신축조약(辛丑條約)을 체결하면서 백은 4억 5천만 냥의 배상금을 지불하고 베이징을 비롯하여 12개 주요 지역에 외국군이 주둔하여 '반식민지·반봉건 사회' 전락하였다는 내용이다. 그리고는 APEC 정상회담의 사진과 신축조약 체결을 위해 테이블 주위에 앉은 열강들의 모습이 담긴 사진을 대비시키면서 "어떤 느낌이 드는가?"라는 질문도 배치되어있다.

'날로 부강해지는 조국'은 우선 많은 인구를 가진 중국이 인간 생활에서 가장 기본적인 먹는 문제를 해결해 왔다는 점에 방점을 찍고 있다. 1949년 당시 5.4억의 인구가 현재 13억으로 늘어났지만 식량 문제는 없었다는 것이다. 중국이 전 세계 경지 면적의 10%에도 못 미치는 경작지를 보유하고 있으면서도 전 세계 인구의 21%를 부양하는 경이로운 능력을 보여주고 있음을 강조한다. 1949년 1억 1318만 톤에서 2004년 4억 6947만 톤으로의 식량 증산은 덩샤오핑의 개혁·개방 노선이 큰 역할을 하였으며 1988년의 부산물 생산·공급 계획(荣藍子工程)과 같은 정책으로 먹거리가 풍부해져 식탁의 변화가 일어났다는 설명이다. 그리고 대규모 쌀 생

---

48) 『品德與社會』(6上), 人民教育出版社, 2016, 32쪽.
49) 『品德與社會』(6上), 人民教育出版社, 2016, 61쪽.

산과 세계의 기아 문제 해결에 이바지하였다는 '벼 교잡의 아버지'라 불리는 위엔룽핑(遠隆平) 이야기로 지면 한쪽을 할애하고 있다.[50] 그런데 대규모 기근으로 수많은 사람이 사망에 이르렀던 아픈 역사는 배제되어 있다. 위엔룽핑의 이야기 속에 신품종 벼를 개발한 계기가 1960년 자연재해로 인한 식량 생산의 감소였다는 정도이다. 대약진운동이 전개되던 1958~1962년 사이의 대기근은 3천만 명 이상의 목숨을 앗아갔던 엄청난 사건이다.[51] 자연재해와 인재가 결합된 대참사를 도외시하는 것은 역사교육의 한 목표라 할 수 있는 성찰의 요소를 거세하는 것이다.

농업에 이어 공업 생산도 상당히 비중있게 서술하고 있다. 기술 수준이 낮은 시절엔 양화(洋火,성냥), 양회(洋灰, 시멘트), 양유(洋油, 석유) 등 '양(洋)'자가 붙는 수입품이 적지 않았으나 1950년대 중반 이후로 자동차, 카메라, 냉장고, 라디오를 생산하고, 원폭(1964)·지하철(1969)·인공위성(1970)·유인 우주선(2003) 등을 개발하여 오히려 이제는 과학기술 강국으로 성장하였음을 강조한다.

한편 '빈곤에서 소강(小康) 사회로'와 '문을 열고 세계로'는 현재 중국의 발전상을 드러내는 데 역점을 두고 있다.[52] 1980년대 이전의 생필품이 부족해 제한된 양의 물자를 지급받던 모습과 현재의 모습을 비교하는 등 과거의 빈곤과 현재의 풍요를 대비시키고 있다. 한 여성이 1965년부터 2002년까지 37년간 작성한 가계부와 그녀의 딸이 작성한 가계부를 비교하면서 생활의 변화가 구체적으로 어떻게 나타나는지 보여주는 것은 흥미로운 접근법이다. 소비 패턴의 변화, 평균 수명의 연장 등으로 볼 때 중국

---

50) 『品德與社會』(6上), 人民敎育出版社, 2016, 67쪽.
51) 프랑크 디쾨터 저, 최파일 역, 『마오의 대기근』, 열린책들, 2017, 473~487쪽.
52) 소강(小康) 사회는 의식주의 어려움이 없는 단계의 사회를 말한다. 20세기 말 전 인구의 74.84%가 소강 수준에 이미 도달했다는 통계가 나올 정도에 이르자 '전면적 소강 사회 건설'을 내세웠으며 현재의 시진핑 정부도 이를 주요 과제로 설정하고 있다. 이희옥, 『중국의 새로운 사회주의 탐색』, 창비, 2004, 202~203쪽 참조.

이 빈곤 사회에서 중류 사회로 접어들고 있다는 것이다. 대외적으로는 1990년대 초까지 의류나 농산물이 주요 수출품이었으나 1990년대 말에는 냉장고나 에어컨 등 전자제품의 수출이 늘었고 2000년대에는 해외에 공장을 설립해 운영하는 단계에 이르렀다는 것이다. 그리고 해외로 유학을 가는 중국인도 많지만 역으로 해외로부터 중국에 유학 오는 외국인도 큰 폭으로 증가함으로써 대외 교류가 더욱 활성화되는 측면을 보여주고 있다.

이상 근현대사 서술에 대해 살펴보았다. 근현대사는 '중화민족'의 수난으로부터 시작하여 항전을 거쳐 해방에 이르는 과정 그리고 번영의 현재를 그려내고 있다. 특히, 근대사에서는 외세의 충격에 의한 질곡의 상황을 기본 배경으로 설정함으로써 외세라는 타자를 전제로 한 민족 문제를 강하게 호소하고 있다. 그리고 중화인민공화국 수립 이후의 현대사는 중국 공산당의 지도 아래 성장·발전하는 '중화민족'의 모습을 묘사하고 있음을 확인할 수 있다.

Ⅳ. 역사교과서의 역사 지도

1. 문제의 제기

역사는 일정한 시간과 공간을 배경으로 한 인간의 활동을 다루는 학문이며, 대개의 역사 현상은 일정한 지리 환경 속에서 발생한다. 역사 지도는 역사적 사건의 위치와 분포를 포함하여 역사적 사건의 변천 과정, 역사적 상황에 영향을 주는 사회 경제적 요인 등의 인문적 요소를 지리적 요소와 함께 지도 위에 표현함으로써 역사 이해와 역사 해석을 도와주는 시각 자료이다.[1] 역사 지도는 일종의 도상 언어(圖像 言語)로서 점과 선이라는 지도의 기본 요소와 함께 각종 도형, 색채, 부호 등을 이용해 시간과 공간의 변화를 보여준다. 역사 지도는 교과서에서 문자 서술이 표현하기 어려운 공간에 대한 구체적 형상을 보여준다.[2] 이렇게 학생들의 공간감(空間感) 형성에 도움을 주는 중요한 매체로서 역사 지도는 서술형 텍스트와 상보적(相補的)인 관계를 갖는다. 한편 그 속성상 직관성(直觀性)이 강한 학습 소재이기도 하다.

본 장에서는 초중의 역사교과서에 실린 역사 지도를 대상으로 논의를 전개하기로 한다. 사회주의 중국 수립 이후부터 1990년대까지는 인민교육출판사의 초중『중국역사』를 분석 대상으로 한다. 그 이후부터 2017년 국정화 발표 이전의 교과서는 여러 종의 판본이 존재하는 만큼 인민교육출판사의 초중『중국역사』(이하 인교판)[3], 베이징출판사·베이징사범대학출판사의 초중『역사』(이하 베이징판)[4], 상하이 소재 화동사범대학출판

---

1) 정선영 외,『역사교육의 이해』, 三知院, 2002, 148~149쪽.
2) 지도가 표현하는 공간 세계는 수학적 공간과 같은 절대적 공간, 사회경제적 공간이나 경험적·문화적 공간과 같은 상대적 공간, 행태적 공간과 같은 인지적 공간 등으로 나누기도 한다. 전종한 외,『인문지리학의 시선』, 논형, 2008, 92~93쪽 참조.
3) 인교판『中國歷史』는 총 4권으로 구성되어 있고 매학기 한 권씩 2년간 배우도록 되어 있다. 2001년부터 사용되고 있으며 전국적으로 가장 많이 사용되고 있다.

사의 초중『중국역사』(이하 상하이판)[5]로 분석한다.[6] 이상 3종의 교과서를 분석 대상으로서 설정한 이유는 인교판의 경우 전국적으로 가장 많은 초중에서 사용하고 있는 교과서이며, 베이징판과 상하이판의 경우 지역 차원에서 자체적으로 교육과정을 마련해 선도적인 교육을 실시한 지역의 교과서이기 때문이다.

우선 교과서의 역사 지도에 영향을 미치는 중국의 역사지리학 연구에 대해 살펴본다. 폭 넓은 연구 영역을 구축하고 있는 중국 역사지리학의 연구사를 조망해 보고 다양한 역사 지도를 생산해 온 배경을 고찰해 본다. 다음으로 학습 자료의 측면에서 중국의 역사 지도에 대해 살펴본다. 어떠한 종류의 역사 지도를 교과서에서 사용하고 있는지를 분석하면서 그 특징과 구체적인 활용 사례에 관해 살펴 볼 것이다.

역사 지도 속에 반영된 강역 인식에 대해서도 살펴본다. 특히 통일적 다민족 국가의 형성사란 관점에서 구성되는 전근대사 서술 체계와 맞물려, 국가의 영토 의식을 공유하고 국가 정체성을 강화시키는 기제로서 도상 언어인 강역도가 수행하는 역할에 대해 살펴 볼 것이다. 지도는 국가 정체성의 주요 요소인 '국토'를 시각적 이미지로 관념화시키는 강력한 도구로서 국토를 '개념화'하고 '이미지화'하는 속성을 가지는데, 근대적인 지도 위에 그려진 국경선과 지도가 묘사하는 국토의 상(像)도 사실이기 이

---

4) 베이징판 『歷史』는 총 4책으로 구성되어 있고 7학년의『역사』제1책과 제2책에서 중국사를 다루고 있으며(제3책과 제4책은 세계사), 매 학기 한 권씩 배우도록 되어 있다. 2005년부터 사용되고 있으며 베이징의 지역적 특색이 반영된 교과서이다.

5) 상하이판 『中國歷史』는 7학년 1학기용 교재와 2학기용 교재 두 권으로 구성되어 있으며 2007년부터 사용되고 있다. 참고로 화동사범대학출판사는 초중의 역사 교과서를『中國歷史』4권(7上~8下)·『世界歷史』2권(9上·9下) 세트와『中國歷史』2권(7一·7二)·『世界歷史』2권(8一·8二) 세트를 발행하고 있는데 전자를 전국 단위의 교육과정을 따르고 있어 화동사대판, 후자를 상하이 자체에서 개발한 교육과정에 따라 개발하였으므로 상하이판이라 부른다.

6) 중국의 역사교과서 발행에 대해서는 김유리,「중국 교과서 제도의 현황과 특징」『중국의 역사교육과 교과서』, 고구려연구재단(현 동북아역사재단), 2006을 참조할 것.

전에 통치 권력과 관련된 개념과 이미지이다. 독일에서는 프로이센 주도 의 통일국가가 성립한 후에야 비로소 전체적인 통일적인 지도가 만들어졌 다. '독일 전체'라는 관념은 '독일 전체의 통일적인 지형도'를 통해 표상되 고 사람들에게 받아들여졌다.[7] 영국에서는 16세기 엘리자베스 여왕 시대 에 많은 지도가 유통되었다. 영국 정부는 당시의 첨단 기술을 동원해 '영 국의 모습'이 담긴 화려한 지도책을 인쇄 보급함으로써 통치 대상이 되는 공간의 가시화라는 목적과 함께 국민들의 국가에 대한 자긍심과 국가 정 체성의 근간인 여왕에 대한 충성심을 강화하려는 선전 도구로 지도를 활 용했다.[8] 프랑스의 경우 루이 14세 시기 세금과 자원을 효율적으로 관리 하기 위해 상세한 지도가 필요했고 삼각측량법의 발달로 과학적 측량이 가능해져 정밀한 지도가 제작되기 시작하였다. 이후 영토 확장과 함께 국 경선이 확대되는 모습을 보여주는 프랑스의 지도는 절대왕정의 선전 수단 이었고 국민의식의 형성에 일조하였다.[9] 이러한 측면은 사회주의 중국이 성립한 이후 중국의 역사지도집 제작 사업이 국가 차원에서 문혁이라는 거 대한 정치적·학문적 격변기 속에서도 중단 없이 진행될 수 있었던 이유를 설명해 준다. 국가 정체성의 강화와 관련하여 중국 역사교과서의 역사 지도 를 통하여 국가 권력 의지가 어떻게 반영되고 있는 지를 살펴보기로 한다.

2. 역사지리학 연구와 역사 지도의 개발

중국의 역사교과서에 실린 다양한 역사 지도는 중국 역사지리학의 연

---

7) 와카바야시 미키오 저, 정선태 역, 『지도의 상상력』, 산처럼, 2006, 251~252쪽.
8) 설혜심, 「국가 정체성 만들기: 튜더 영국의 지도」 『歷史學報』 제186집, 2005, 217~ 219쪽·228~230쪽.
9) 정인철, 「프랑스 지도학의 발달과 국가형성 - 16세기에서 18세기까지」 『대한지리학 회지』, 41(5), 2006, 552~556쪽.

구 성과들이 반영된 것이다.10) 방대한 연구 영역을 구축하고 있는 중국
역사지리학의 성과들은 다양한 역사 지도가 교과서에 실리는데 일조하고
있다.

　중국은 오랜 역사지리학의 연구 전통을 가지고 있다. 근대 이전의 역사
지리학은 주로 고증을 중시하는 연혁지리(沿革地理)로서 왕조의 흥망성
쇠, 역대 강역의 축소와 확대, 행정구역과 지명의 변화 등을 주 연구대상
으로 삼았다. 특히 청대 고증학의 발달로 연혁지리의 연구 수준은 상당한
수준에 올랐다. 청말~민국 초에 활동한 양쇼우징(楊守敬)의 『수경주소
(水經注疏)』11)·『역대여지도(歷代輿地圖)』는 역대의 연혁 지리 연구를
집대성한 저서들이었다. 이 작업은 이후 중국 역사지리학이 성장할 수 있
는 토양을 제공해 주었다. 특히 양쇼우징이 그의 문인들과 함께 춘추 시
대에서 명대에 이르기까지의 지도를 34책으로 정리한『역대여지도』는 탄
치샹(譚其驤) 주편(主編)의 『중국역사지도집(中國歷史地圖集)』의 기본
도로 활용되었다.

　청대의 고증학적 전통과 새롭게 수용된 근대 서양 학문의 방법론이 결
합하면서 중국의 근대적인 역사지리학 연구가 이루어졌다. 또한 제국주의
의 침략으로 위기에 처해 있다는 상황 인식 속에서, 경세치용(經世致用)
의 학문 정신을 계승하고 '학술구국(學術救國)'이 필요하다는 의식이 작
용해 중국의 근대적 역사지리학 연구는 출발선상에서부터 강한 민족주의
적 색채를 띠고 있었다. 1909년 짱샹원(張相文) 등은 톈진(天津)에서 중
국 최초의 근대적 지리학 연구단체인 중국지학회(中國地學會)를 설립하

10) 중국 역사지리학의 전반적 연구 현황에 대해 소개하고 있는 책으로는 華林甫,『中
國歷史地理學·綜述』, 山東敎育出版社, 2009가 있다. 중국 역사지리를 다룬 국내
서적으로는 류제현,『중국역사지리』, 문학과지성사, 1999가 있다.
11) 북위의 여도원(酈道元)이 집필한 방대한 분량의 종합 지리서인『수경주(水經注)』
가 나온 이래 여러 사람들이 오류를 바로 잡았다. 양쇼우징과 그의 문인들은『수경
주』에 대한 기존의 연구를 참조하면서 대대적인 수정·보완 작업을 진행하였다.

고 전통적 연혁지리학과 서양의 근대 지리학을 결합한 연구를 시작하였다. 이듬해 중국지학회는 지질학과 지리학을 포괄하는 최초의 근대적 학술지인 『지학잡지(地學雜誌)』를 창간하고, 제국주의가 세력을 확장하여 중국의 영토가 침해당하는 상황에서 지리 지식의 중요성을 강조하였다. 1937년 정간될 때까지 총 181집에 1,520여 편의 논문이 발표되었으나 그중 역사지리 논문은 100여 편에 그쳤다.[12]

본격적인 역사지리학 연구는 5·4운동 이후에 시작되었다. 5·4운동의 산둥 이권의 반환 요구가 파리강화회의에서 부결된 직후 1921년 11월 난징고등사범사지연구회(南京高等師範史地研究會)가 『사지학보(史地學報)』를 창간하였고, 만주사변 후인 1934년 3월에는 베이징의 우공학회(禹貢學會)가 『우공(禹貢)』을 창간하였다.[13] 난징고등사범 위주의 전자와 베이핑대학(北平大學) 위주의 후자는 각각 남방학파와 북방학파를 이루며 민국 시기 역사지리학 연구의 양대 산맥을 이루었다.[14] 이후 중국 역사지리학 연구를 주도한 것은 구지에강(顧頡剛), 바이쇼우이(白壽彝), 탄치샹, 스녠하이(史念海), 호우런쯔(侯仁之) 등이 포진한 북방학파였다.

우공학회를 이끈 구지에강(1893~1980)은 중국의 근대 역사지리학의 산파자로서 역사지리학의 연구 방향을 제시하고 많은 연구 인력을 양성하였다. 『우공』 창간 당시 구지에강은 옌징대학(燕京大學)과 베이징대학(北京大學)에서 '중국고대지리연혁사(中國古代地理沿革史)'를 강의하고 있었다. 탄치샹이 기초하고 구지에강이 고쳐 쓴 『우공』의 발간사에는 일본이 중국을 침략하고 있는 현실적 위기 상황을 학술활동을 통해 타개하려는 의지가 잘 드러나 있다.[15] 즉 중국의 변강(邊疆)이 본래 중국의 영

---

12) 林順 編著, 『中國歷史地理學硏究』, 福建人民出版社, 2006, 63~64쪽.
13) 『우공』에 관해서는 馬大正·劉逖 저, 조세현 역, 『중국의 국경·영토 인식 − 20세기 중국의 변강사 연구』, 동북아역사재단, 2004, 127~128쪽 참조.
14) 유용태, 「중화민족론과 동북지정학」, 『東洋史學硏究』 제93집, 2005, 182쪽.
15) 일본이 중국을 침략하자 국공양당 및 재야의 지식인들이 '讀史救亡', '文化救國',

토가 아니라고 침략자 일본이 이야기하는데도 중국인들이 일본의 주장을
그대로 따르는 것이 치욕이 아닐 수 없다며 변강과 민족사 연구의 중요성
을 역설하고 5대 과제를 제기하였다. 그 내용은 ①지리연혁의 주요 문제
를 명확히 규명하고 고문서를 체계적으로 정리해 중국지리연혁사(中國地
理沿革史)를 펴낼 것, ②우공학회의 연구 성과를 반영한 지리연혁도(地
理沿革圖)를 만들 것, ③중국 역사상의 지명을 널리 수집하고 고증하여
중국역사지명사전(中國歷史地名辭典)을 만들 것, ④청대 학자들이 역대
정사(正史)의 지리지에 대한 고증 작업을 하였으나 미진한 부분이 많아
지리지에 대한 정리 작업을 완성하는 것, ⑤지리서 중의 경제사료(經濟史
料), 이민사료(移民史料) 등을 정리해 전문 영역의 연구를 수행할 것 등
이다.16) 『우공』은 3년여 동안 발행되다가 항일전쟁과 국공내전으로 1937
년 7월 정간되었지만 이후 중국의 역사지리학 연구에 준 영향력은 상당히
컸다. 『우공』의 주 관심 분야가 고증을 중심으로 한 연혁지리라는 한계는
있으나17), 『우공』이 제기한 5대 과제는 이후 중국 역사지리학의 주요 과
제가 되었다.18) 특히 학회의 주요 사업으로 설정되었던 지도집 제작은 중

'文化復興' 등의 구호를 내걸고 연대하면서 국학(國學)과 변강역사지리(邊疆史地)
연구가 활성화되었다. 천성림, 「20세기 중국 민족주의의 형성과 전개: 문화적 민족
주의를 중심으로」 『동양정치사상사』 제5권 1호, 2005, 200쪽.

16) 『禹貢』 제1권 1기, 1934년 3월 1일(『禹貢』半月刊, 中華書局 2010년 영인본), 2~5
쪽·94쪽.

17) 이후 역사지리학 연구의 지평이 넓어졌음에도 불구하고 역사지리학과 연혁지리학
을 동일시하는 인식이 남아있음을 확인할 수 있다. 가령 타이완의 학자 뚜웨이윈
(杜維運)은 역사학의 보조학문으로서 역사지리학을 연혁지리학으로 부르면서 지명
의 기원이나 의미를 연구하는 지명소원학(地名遡源學)과 강역의 변천과 수도의 변
화 등을 연구하는 역사지도학(歷史地圖學)으로 나누었다. 杜維運 저, 權重達 역, 『歷
史學研究方法論』, 一潮閣, 1990, 194쪽.

18) ②과제와 관련하여 郭沫若 主編, 『中國史稿地圖集 上·下』, 中國地圖出版社, 1979·
1990 ; 譚其驤 主編, 『中國歷史地圖集(全8卷)』, 中國地圖出版社, 1982~1987 ; 侯
仁之, 『北京歷史地圖集1·2』, 北京出版社, 1988·1997 ; 史念海, 『西安歷史地圖集』,
西安地圖出版社, 1996 등 다양한 종류의 역사 지도집이 발간되었다.

화인민공화국이 들어선 이후 탄치샹에 의해 완성되었다.

1949년 중화인민공화국이 수립되면서 대학의 역사학과에 연혁지리 강좌가 설치되었다. 역사지리학의 발전에 관심이 많았던 학자들 중 베이징대학의 호우런쯔는 연혁지리의 한계성을 지적하였다. 그 결과 1950년대 초부터 베이징대학을 비롯한 몇몇 대학의 역사학과에서 역사지리학이 연혁지리를 대체하기 시작하였고 베이징, 상하이, 시안은 역사지리학 연구의 3대 거점이 되었다. 구지에강의 뒤를 이어 상하이 푸단대학(復旦大學)의 탄치샹, 베이징대학의 호우런쯔 그리고 시안 산시사범대학(陝西師範大學)의 스녠하이가 각각 자신이 근무하던 대학을 거점으로 후학을 양성하고 많은 연구 성과를 냈다.

탄치샹(1911~1992)은 구지에강과 함께 우공학회를 창간하였고 중국지학회의 발기인 중 한 사람이었다. 일찍이 1959년 푸단대학에 중국역사지리연구실(中國歷史地理硏究室)을 열었고, 1982년에는 중국역사지리연구소(中國歷史地理硏究所)를 설립하였다. 이 연구소는 강역, 행정구역, 하도(河道) 변천, 지명 고증, 역사 지도의 연구와 편찬, 역사지리 고적(古籍) 정리, 역사 기후와 재해 등 다방면의 연구 성과를 내왔고 중국역사지리정보시스템(CHGIS, The China Historical Geographic Information System)을 개발하였다.[19) 또한 쪼우이린(鄒逸麟), 쪼우쩐허(周振鶴), 꺼지엔숑(葛劍雄)과 같은 중국 역사지리학계의 핵심적인 연구자들이 푸단대학 출신인데 탄치샹의 역할이 컸다. 탄치샹은 후한(後漢) 이래 800여 년간 황허의 흐름, 역사 시기 똥팅후(洞庭湖)와 포양후(鄱陽湖)의 변화, 상하이 지역의 육지 형성 과정 등 많은 연구 성과를 남겼다.[20) 그러나 무엇보다도 탄치샹이 남긴 최대의 업적은『중국역사지도집』이다. 역사지도집 편

---

19) CHGIS에 관해서는 http://yugong.fudan.edu.cn/Chgisii/CHGIS_PII.asp 참조.
20) 탄치샹이 발표한 논문은『長水集 上·下』, 人民出版社, 1987에 실려 있고 1982년 이후의 논문은『長水集續編』, 人民出版社, 1994에 실려 있다.

찬 작업은 양쇼우징의 『역대여지도』를 수정하자는 우한(吳晗)의 제안을 1954년에 마오쩌둥이 받아들이면서 시작되었다. 판원란, 우한 등이 주도하던 작업을 탄치샹이 이어받으면서 중국역사지도집의 편찬사업이 탄력을 받았고 보다 큰 규모의 사업으로 방향이 선회하였다. 그는 전문 연구 인력 백여명을 참여시켜 1982~1988년에 전(全) 8책을 완성하였다.[21] 30여년에 걸친 작업의 결과, 원시 사회에서 청말(淸末)에 이르기까지 총 549쪽에 304장의 지도를 담은 이 대작은 중국 역사지리학의 연구 성과를 집약한 것으로 현재까지도 중국 역사지도의 표준도(標準圖) 역할을 하고 있는 점에서 매우 중요하다. 역사교과서에 실리는 역사 지도 역시 대부분이 지도집을 전범으로 삼고 있으며, 역사교과서에서 많이 활용하는 또 하나의 역사 지도집인 꿔모러 주편의 『중국사고지도집(中國史稿地圖集) 上·下』(中國地圖出版社, 1979·1990)도 기본적으로 탄치샹의 역사지도집을 바탕으로 하고 있다.[22]

호우런쯔(1911~2013)는 서구의 근대지리학을 중국의 전통적 역사지리 연구에 접목시켜 이론과 방법 면에서 중국 역사지리학의 기초를 세운 인물이다. 베이징대학에 역사지리학 석·박사 과정을 개설하고 1992년에 역사지리연구센터(2003년에 역사지리연구소로 개편)를 열고 후학을 양성하였다. 호우런쯔는 역사지리학의 기본 이론, 지리환경 변화, 지리학사상사, 역사인구지리, 역사농업지리, 지방지 연구 등 다방면에 연구 성과를 남겼으며 도시를 주제로 한 역사성시지리(歷史城市地理)와 사막을 주제로 한 역사사막지리(歷史沙漠地理)라는 새로운 연구 영역의 개척자이기도 하다.[23] 특히 이론적 고찰과 더불어 현장연구를 중시하였는데, 이를 통해

---

21) 譚其驤 主編, 『中國歷史地圖集』 第1册, 中國地圖出版社, 1982의 前言 참조.
22) 탄치샹의 역사지도집은 역대의 행정구역, 지명, 강역의 변화를 반영한 일반 행정도의 성격이 강하며, 꿔모러의 지도집은 기본적인 강역도와 형세도 외에 역대 농민기의도(農民起義圖)의 비중이 크고 산업, 경제, 교통, 조운 등 다양한 분야의 지도를 싣고 있어 학습 보조서로서 널리 활용되고 있다.

사막화의 원인을 규명하였다. 호우런쯔가 역사지리학에 첫발을 들여놓은 계기 역시 현장연구였다. 자신이 다니던 베이징대학 근처이자 베이징 서북 교외지역에 위치한 원명원과 이화원의 답사에서 출발해 베이징 전체의 지리로 관심을 확대하였고 나아가 도시의 기원과 성장을 연구하는 역사성시지리학의 기초를 마련하였다.[24) 그의 베이징에 대한 연구 성과가 집약된 『베이징역사지도집(北京歷史地圖集)』은 그의 대표작으로 꼽힌다. 1988년에 출간된 제1집은 금(金)의 건도(建都) 이래 민국 시기까지 베이징의 연혁을 위주로 하였다. 제1집 발간 후 호우런쯔는 고고학자와 신생대 제4기의 지질·지형 연구자들을 대거 참여시켜 제2집에는 구석기시대에서 신석기시대에 이르는 베이징의 지형, 토양, 식생, 기후 등을 종합적으로 수록하고 고고 발굴과 그 연구 성과를 적극적으로 반영하였다. 핵심 내용은 베이징 지역이 랴오허 유역의 신석기 문화와 황허 유역의 신석기 문화가 만나는 지점에 위치해 성장해 갔다는 것이다.[25)

스녠하이(1912~2001)는 산시사범대학(陝西師範大學)에 역사지리학 전공의 석·박사 과정을 만들고 1986년에 중국역사지리연구소를 세워 연구 인력을 양성함으로써 시안을 중국역사지리 연구의 주요 거점 가운데 하나

23) 호우런쯔의 논문집으로는 『侯仁之文集』, 北京大學出版社, 1998과 『歷史地理硏究 – 侯仁之自選集』, 首都師範大學出版社, 2010이 있다.

24) 侯仁之 구술, 梅辰 정리, 「我的歷史地理學之路」 『縱橫』, 2004-2, 13~14쪽.

25) 侯仁之 主編, 『北京歷史地圖集』 제2집, 北京出版社, 1996, 75~78. 신석기시대 후기에서 商周 시기에 이르는 내용은 제3집에 실릴 예정이었으나 2013년 호우런쯔가 사망하면서 마무리되지 못하였다. 2013년에 베이징대학과 베이징시측회설계연구원(北京市測繪設計硏究院)이 그를 기려 베이징에 도시가 건설된 이래 행정 구획의 변천을 다룬 『정구성시권(政區城市卷)』(제1권), 원시 시대 이래 베이징 지역의 자연환경 변화를 다룬 『문화생태권(文化生態卷)』(제2권), 베이징시의 인구 분포, 거주 지역, 산업, 경제, 교통, 군사요새 등의 변화와 궁전, 왕부(王府), 명인고거(名人故居), 단묘(壇廟), 후통(胡同) 등 인문 요소의 상황을 종합적으로 다룬 『인문사회권(人文社會卷)』(제3권)을 펴냈다. 北京大學·北京市測繪設計硏究院, 『北京市歷史地圖集 – 政區城市編·文化生態卷·人文社會卷』, 文津出版社, 2013.

로 확립하는 데 기여하였다. 그가 역사지리학에 관심을 두게 된 계기는 1933년 탄치샹이 푸런대학(輔仁大學)에 개설한 '중국의 역사 시기 지리' 강좌였다. 그는 탄치샹을 통해 구지에강을 만나 우공학회에 가입하였고, 1938년에는 구지에강과 함께『중국강역연혁사(中國疆域沿革史)』를 출판하였다. 이것이 그의 학문 인생에서 연구의 기초를 쌓는 중요한 계기가 되었다.26) 이후 60여 년간 역사지리 연구에 매진하여『중국의 운하(中國的運河)』(重慶史學書局, 1944, 1988년 陝西人民出版社 재판),『중국 인구지리와 역사지리(中國人口地理和歷史地理)』(臺灣學生書局, 1991),『시안역사지도집(西安歷史地圖集)』(西安地圖出版社, 1996),『중국의 고도와 문화(中國古都和文化)』(中華書局, 1998),『당대 역사지리 연구(唐代歷史地理研究)』(中國社會科學出版社, 1998),『황허 유역 물길의 변천과 치수(黃河流域諸河流的變遷與治理)』(陝西人民出版社, 1999) 등을 출간하여 중국역사자연지리(中國歷史自然地理), 중국역사농업지리(中國歷史農業地理), 중국역사성시지리(中國歷史城市地理) 등의 방면에 연구의 기반을 닦았다.27) 그는 "세상에 쓸모가 있는(有用于世)" 역사지리학 연구를 강조하면서 환갑의 나이에도 황토고원 지대를 직접 답사하고 현지 조사와 문헌 연구를 결합시켜 황토고원의 환경 변화를 추적한『황토고원의 삼림과 초원의 변천(黃土高原森林與草原的變遷)』(曹爾琴·朱士光 공저, 陝西人民出版社, 1985)이라는 역작을 남겼다. 2000년에는 산시사범대학 출신의 역사지리학 전공자들을 주축으로 국내외의 역사지리학 관련 학문의 전공자들을 초빙하여 통합 학과 성격의 '산시사범대학 서북역사환경 및

---

26) 史念海,「我與中國歷史地理學的不解之緣(上)」『學林春秋(初編)』, 朝華出版社, 1999, 316쪽.
27) 史念海의 논문은『河山集』(1~7集)으로 묶여 나왔다. 각각 제1集(三聯書店, 1963)·제2집(三聯書店, 1981)·제3집(人民出版社, 1988)·제4집(陝西師範大學出版社, 1991)·제5집(陝西人民出版社, 1991)·제6집(山西人民出版社, 1997)·제7집(山西人民出版社, 1999)이고 제8집은『中國古都和文化』(2010, 中華書局)로 출간되었다.

경제사회발전연구 센터'를 발족시켰다. 이를 중심으로 중국 서북지역의 지리환경 변천 연구와 서북지역의 경제 개발에 필요한 연구 과제를 수행하였다. 그의 사후 후학들은 공동 작업의 기풍을 살려 서북지역 역사 환경의 변천, 역사농업지리학(歷史農業地理學), 성시지리학(城市地理學), 중국 고도학(中國古都學) 등의 방면에 깊이 있는 연구 성과를 내오고 있다.[28]

이상 구지에강-탄치샹·호우런쯔·스녠하이로 이어지는 중국 역사지리학의 연구 계보에 대해 살펴보았다. 중국 역사지리학은 다양한 연구영역을 개척해 왔는데,[29] 이중 가장 많은 연구가 집중되어 있는 역사인문지리에 대해 살펴보자. 역사인문지리는 1950년대부터 문혁시기까지 자산계급의 학설로 분류되어 연구가 금기시되었다. 문혁이 끝난 후 그 지위를 회복할 수 있었고 1980년대부터 풍성한 연구 성과를 내오고 있다.

①역사정치지리(歷史政治地理) 연구는 전통적 연혁지리와 연결되어 있다. 문헌자료가 적은 변강지역에 대한 연구의 공백이 많았으나 인접 학문 특히 고고학의 연구 성과는 역사정치지리의 연구에 많은 도움을 주었다. 고성(古城), 궁전, 고분, 취락, 제방, 운하, 도로, 장성, 봉수 등은 중요

---

28) 『중국역사지리논총(中國歷史地理論叢)』에 그 후학들의 글이 많이 실리고 있다. 참고로 현재 중국 역사지리학의 양대 학술지로서 산시사범대학 중국역사지리연구소가 1987년에 창간해 계간으로 발간되고 있는 『중국역사지리논총』과 푸단대학의 중국지리학회 역사지리전업위원회(中國地理學會 歷史地理專業委員會)가 주관하여 1981년에 창간한 『역사지리(歷史地理)』가 있다. 이 학술지들의 창간은 문혁 이후 역사지리학 연구의 양적·질적 팽창을 보여주는 것이기도 하다. 葛劍雄·華林甫,「20世紀的中國歷史地理研究」『歷史研究』, 2002-2, 147쪽 참조.

29) 林順은 중국 역사지리학의 영역을 크게 5개의 영역으로 나누고 그 각각의 영역을 다시 하부의 여러 영역으로 나누었다. ①역사지리학의 이론과 방법, ②역사인문지리(역사정치지리. 역사성시지리, 역사농업지리, 역사인구지리, 역사교통지리, 역사군사지리, 역사민족지리, 역사문화지리), ③역사자연지리(역사기후변천, 역사지형학, 역사식물지리, 역사동물지리, 역사토양지리, 역사의학지리), ④문헌연구(정사지리지, 역대지리총지, 산천지리저작, 고지도 연구), ⑤역사지도학. 林順 編著, 앞의 책, 2006, 79쪽 참조.

한 지리 좌표를 제공하면서 사료의 정확성을 입증하거나 후대인의 착오를 교정하는 데 일조하였다. 1970년대까지의 연구 성과는 탄치샹의 『중국역사지도집』에 반영되었다. 1980년대 들어 쪼우쩬허의 『서한정구지리(西漢政區地理)』(人民出版社, 1987)는 전한(前漢) 200여 년간 군(郡) 경계의 신축(伸縮) 양상을 분석하여 한대 군국(郡國)의 변천 과정을 밝힌 연구서로, 행정구역 연구에 큰 기여를 하였다. 이후 각 시대별·지역별 행정구역 연구를 자극하여 많은 연구 성과가 나올 수 있었다.

②역사성시지리(歷史城市地理) 연구는 1970년대 말에 역사인문지리의 한 분과로서 자리를 잡기 시작하였다. 도시의 기원, 유형, 분포, 기능, 구조 및 도시 간의 비교 연구가 이루어졌고 연구 대상도 단일 도시에서 도시 군(群)으로 확대되었다. 역사성시지리 연구에서 중요한 위치를 차지하는 것이 고도(古都) 연구이다. 1920년대에는 5대 고도(시안, 뤄양, 베이징, 난징, 카이펑)였던 것이 2004년 중국고도학회(中國古都學會)는 항저우, 안양 그리고 정저우를 더해 8대 고도를 확정지었다.[30] 이중 베이징에 대한 연구는 전술한 바와 같이 호우런쯔의 역할이 컸다. 그는 역대 왕조의 도읍 건설 과정과 도성(都城) 구조의 변화 발전 등을 연구했고 베이징의 도시 계획과 개발에 많은 의견을 제출하였다.[31]

③역사농업지리(歷史農業地理) 연구는 1980~90년대에 많은 연구물이 나왔으며 스녠하이와 그의 제자들이 연구의 주축을 이루었다. 1982년 당시 스녠하이는 『중화인민공화국국가역사지도집(중화人民共和國國家歷

---

30) 1920년대까지 5대 고도였던 것이 1930년대에 항저우를 추가해 6대 고도가 되었고, 1988년에는 안양을 추가해 7대 고도가 되었으며 2004년 정저우의 상 도읍 3,600주년을 맞이해 정저우에서 학술대회를 갖고 정저우를 고도에 포함시켜 8대 고도를 확정지었다. 朱士光 主編, 『中國八大古都』, 人民出版社, 2007, 2~3쪽.

31) 그는 초기 베이징의 발상지로서 당시 수원(水源)과 교통로였던 연화지(蓮花池)의 주변에 베이징 서역(北京西站)을 건립하는 공사가 진행되자, 베이징의 상징 공간이 파괴될 수 있다는 우려에서 연화지에 대한 글을 쓰고 공사의 변경을 촉구했다. 그의 노력으로 결국 역의 위치가 변경되었고 연화지는 보존될 수 있었다.

史地圖集)』의 제작에 참여하여 농업도(農業圖)의 편집을 담당했다. 지도 상에 역대 중국 농업 지역의 범위 및 각종 농작물의 분포를 표현하려 하였으나, 지도에 반영할 수 있을 만큼 당시의 연구 성과가 충분치 않음을 인식하고 역사농업지리 연구의 필요성을 제기하였다. 그 후 시대별 농업 지리 전문 연구서 3부작인 한마오리(韓茂莉)의『송대 농업지리(宋代農業 地理)』(山西古籍出版社, 1993)[32]·『요금 농업지리(遼金農業地理)』(社會 科學文獻出版社, 1999), 우홍치(吳宏岐)의 『원대 농업지리(元代農業地 理)』(西安地圖出版社, 1997)를 비롯하여 꿔셩뽀(郭聲波)의『쓰촨 역사농 업지리(四川歷史農業地理)』(四川人民出版社, 1993) 등 다수의 지역별 농 업지리 전문연구서가 발간되었다. 대부분 스녠하이의 제자들이 이룩한 성 과였는데 이러한 성과를 기초로 역사농업지리가 학계로부터 한 개의 분과 로서 인정을 받게 되었다.

④역사인구지리(歷史人口地理) 연구는 그 중요성에도 불구하고 오랫 동안 답보 상태에 있다가 꺼지엔숑의『서한인구지리(西漢人口地理)』(人 民出版社, 1986)가 전환기를 가져왔다. 꺼지엔숑의 저작은 최초의 왕조별 역사인구지리 연구성과로 전한(前漢) 인구의 분포와 밀도, 이동, 증가율, 식량 생산과의 관계 등을 조명하였다. 이후 왕조별 역사인구지리, 지역 역사인구지리, 동태적 역사인구지리(인구이동의 역사)[33] 연구서가 출간 되었다.

연구가 진행될수록 더 많은 연구 영역의 발굴이 이루어지고 있다. 예를 들면 역사자연지리의 하부 영역인 역사의학지리(歷史醫學地理)는 인류의 질병·건강과 지리 환경의 관계, 토착 질병의 예방과 치료, 의약 자원의

---

32) 첫 단대 농업지리 전문 연구서로서 자연조건과 농업의 관계, 인구·토지와 농업 생 산의 관계, 주요 농작물의 지리적 분포와 윤작 방식의 변화, 黃河중하류·東南·荊湖· 西南·嶺南 5대 구역의 농업생산과 토지 이용의 특징 등을 종합적으로 서술하였다.
33) 대표적인 연구로는 李儀俊, 「我國人口中心及其移動軌迹(1912~1978)」『人口研究』 1983-1이 있다.

개발과 보호, 환경 변화와 건강 예측 등을 다루는 새로운 연구영역이다. 역사의학지리는 또 다시 역사질병지리(歷史疾病地理), 역사약물지리(歷史藥物地理), 역사재해의학지리(歷史災害醫學地理), 역사의학문화지리(歷史醫學文化地理), 역사환경의학지리(歷史環境醫學地理), 역사군사의학지리(歷史軍事醫學地理) 등의 하위 영역으로 세분화된다.[34] 중국에서 역사적인 내용에 지리적 요소가 결부되어 있을 경우 넓은 범위에서 모두 역사지리학의 범주에 넣기 때문에 역사지리학의 영역이 매우 넓다고 할 수 있다.

〈그림 1〉 원대 수운 노선(인교판)   〈그림 2〉 원대 수운 노선(역사 지도책)

역사지리학의 연구가 역사 교과서의 역사 지도에 반영된 사례를 살펴보자. 중국의 역사교과서는 당시의 지명과 하도(河道), 해안선 등의 지형을 그대로 지도상에 표현하려는 경향을 보인다. 원대의 수운 노선을 나타낸 〈그림 1〉을 보면 황허의 이름이 보이고 창장강은 대강(大江)으로 표기

---

34) 龔勝生,『天人集:歷史地理學論集』, 中國社會科學出版社, 2009, 289~306쪽.

되었다.[35] 그리고 황허와 창장강에 비해 화이수이(淮水)의 글씨 크기가 작은데 강의 규모를 반영한 것이다. 또한 황허의 하도가 산둥성 서남부 지역을 지나 화이수이와 합류해 황해로 빠져 나가고 있다. 1128년 송의 동경유수(東京留守)였던 사충(社充)이 금(金)의 남하를 저지하기 위해 황허의 제방을 인위적으로 무너뜨리면서 황허의 흐름이 16세기 중엽까지 〈그림 1〉처럼 된 것이다.[36] 해안선은 당시의 해안선으로 하되 현재의 해안선은 가는 실선으로 표시하였다. 랴오허(遼河) 하구의 주변 일대, 뽀하이만(渤海灣)의 서안(西岸) 일대, 대략 화이수이 하구에서 창장강 하구 이북에 이르는 해안에 변화가 많았다. 해안선에 가는 실선을 기준으로 표현한 것은 하천에 의해 운반된 흙과 모래가 동부 해안에 퇴적되어 현재의 해안선이 만들어졌다는 것을 보여주는 것이다.[37] 〈그림 2〉는 〈그림 1〉과 같은 내용이면서도 좀 더 상세한 지도로 인교판 『역사 지도책』에 실려 있다[38]. 그리고 〈그림 2〉는 꿔모러의 지도책에 실려 있는 지도와 동일하다.[39] 지금의 황해가 원대에 동해(東海)로 불렸으며 그 중에서 연안의 가까운 바다가 청수해(清水海) 그보다 먼 바다가 흑수해(黑水海)로 불렸음을 알 수 있다.

역사농업지리와 역사문화지리의 연구가 반영된 지도는 심화된 내용이어서 그런지 초중 수준에서는 잘 보이지 않고 〈그림 3〉과 〈그림 4〉와 같이 고중의 역사 지도책에서 확인할 수 있다.[40] 〈그림 3〉의 수·당 대 농업은 앞서 언급한 것처럼 중국의 역사농업지리학을 개척한 스녠하이의 연구

---

35) 初中 『中國歷史』(7下), 人民教育出版社, 2007, 68쪽.
36) 류제현, 앞의 책, 1999, 69~71쪽. 황허의 하도 변화와 그 영향에 대한 보다 자세한 내용은 鄒逸麟, 『中國歷史地理概述』, 上海教育出版社, 2007, 29~41쪽 참조.
37) 해안선의 변화에 대해서는 鄒逸麟, 앞의 책, 2007, 71~84쪽 참조.
38) 『베이징판 歷史(7上) - 歷史 地圖册』, 中國地圖出版社, 2010, 43쪽.
39) 郭沫渃 主編, 『中國史稿地圖集(下册)』, 中國地圖出版社, 1990, 66쪽.
40) 각각 『인교판 高中 歷史 II (必修) 地圖册』, 中國地圖出版社, 2010, 4쪽과 9쪽에 실려 있다.

성과를 반영한 것이다.[41] 그리고 〈그림 4〉의 전한 대 관원의 관적(籍貫),
즉 출신지의 분포는 리취엔(李泉) 등의 연구 성과를 반영한 것이다.[42]
〈그림 4〉의 경우는 정사의 열전에 등장하는 인물들을 출신지 별로 분석
한 자료를 지도상에 표현하면 되지만, 〈그림 3〉의 경우에는 상당히 많은
지리 정보를 담고 있다.

〈그림 3〉 수·당대 농업

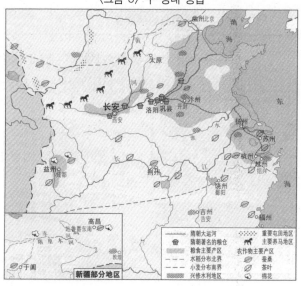

---

41) 스녠하이는 「隋唐時期長江下流農業的發展」(『河山集』 제1집, 三聯書店, 1963), 「隋
唐時期黃河上中流的農牧業地區」(『唐史論叢』 제2집, 陝西人民出版社, 1987), 「論
唐代揚州和長江下流的經濟地區」(『河山集』 제3집, 人民出版社, 1988), 「唐代河北
道北部農牧地區的分布」(『唐史論叢』 제3집, 陝西人民出版社, 1988), 「隋唐時期農
牧地區的變化及其對王朝盛衰的影響」(『中國歷史地理論叢』, 1991-4) 등 일련의 글
을 통해서 수·당 시기 황허 유역과 창장강 유역 등 주요 지역의 농업 발전에 대한
많은 연구 성과를 남겼다.

42) 李泉은 전한과 후한 시기 중·고급 관리의 출신지 분포를 연구하였는데, 스녠하이가
『구당서(舊唐書)』와 『신당서(新唐書)』의 열전에 등장하는 인물들의 출신지 분포를
분석한 방법론을 계승한 것이었다. 李泉, 「試論西漢中高級官吏籍貫分布」 『中國史
研究』 1991-2 ; 「東漢官吏籍貫分布之研究」 『秦漢史論叢』 제5집, 1992.

〈그림 4〉 전한대 관원의 출신지 분포

〈그림 5〉 수·당대 황허유역의 농업지역 분포도

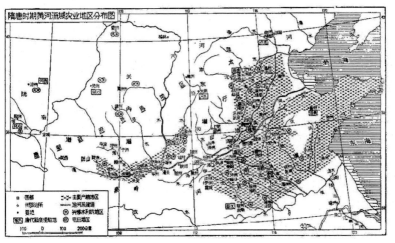

여러 연구 성과를 하나의 지도에 표현한 것으로 가장 기본이 된 지도는 〈그림 5〉인데, 스녠하이가 수 문제에서 당 현종 시기까지 황허 유역의 농업 상황을 사료를 통해 치밀하게 고증하고 그것을 바탕으로 작성한 것이다.[43] 〈그림 5〉에는 현재 산둥성 지역을 중심으로 한 수·당 대 주요 식량 생산 지역, 관중 지역을 가로지르는 당 정부의 말 사육 지역, 둔전 설치 지역 등이 표현되어 있는데, 〈그림 3〉에 그대로 반영되었음을 알 수 있다. 그리고「수·당대 창장강 하류의 주요 농업지역도(隋唐時期長江下流 的主要農業地區圖)」,「황허유역 양잠업 분포도(黃河流域蠶桑事業分布 圖)」,「수·당 시기 황토고원과 농·임·목축 분포도(隋唐時期黃土高原及 農林牧分布圖)」등의 자료가 결합되어 〈그림 3〉이 만들어졌다.[44] 이 밖에 도 스녠하이는 여러 논문 속에 많은 역사 지도를 남김으로써 역사교육에 서의 활용 가능성을 높였다.[45] 전술한 바와 같이 중국 역사지리학의 연 구 지평이 넓은 만큼 역사 학습에 필요한 지도 자료를 풍부하게 제공하 고 있다.

중국은 역사지리학에 있어서 다양한 연구 영역을 개척해 왔다. 그에 따라 다양한 역사 지도가 나올 수 있는 기반을 형성하고 있다. 중국 역사지리학의 연구 역량이 30여년간 투입된 결과물이 1980년대에 발간된 탄치샹 주편의『중국역사지도집』이라 할 수 있다. 그리고 1,300여 장의 지도

---

43) 史念海,「開皇天寶之間黃河流域及其附近地區農業的發展」『河山集』제1집, 三聯 書店, 1963, 217쪽.
44) 史念海,「隋唐時期長江下流農業的發展」앞의 책, 1963, 219쪽 ;「黃河流域蠶桑事 業盛衰的變遷」, 앞의 책, 1963, 219쪽 ;「黃土高原及農林牧分布地區的變遷」, 앞의 책, 1988, 67쪽.
45) 가령 스녠하이는 연료 사용을 위한 벌목으로 삼림이 파괴되고 그로 인한 황허 중류 지역의 침식 문제를 서주(西周)에서 명·청 시기까지 통시적으로 고찰하였다. 그리 고 서주·춘추전국시대, 진·한·위진남북조 시대, 당·송 시대, 명·청 시대의 황허 중 류 지역 삼림 분포도를 각각 작성하였다. 史念海,「歷史時期黃河中流的森林」『河 山集』제2집, 三聯書店, 1981, 232~313쪽.

에 선사시대로부터 1949년까지의 역대 지형, 기후, 식생, 자연재해, 강역, 인구, 도시 분포, 행정구역, 문화, 민족, 종교, 농목업, 광공업, 교통, 군사·전쟁 등의 내용을 담으려는 『중화인민공화국국가역사지도집』 작업이 진행되고 있다.46) 이 밖에도 시대별 혹은 주제별로 다양한 역사 지도집이 발행되었고47) 지역을 단위로 하는 역사 지도집도 만들어지고 있는 추세이다.48) 역사지리학 연구로부터 생산되는 다양한 역사 지도는 교육 현장의 역사 교과서와 역사 지도집에 반영되고 있다.

3. 교과서 역사 지도의 특징

1902년 중국에 첫 근대적 교육과정이 마련된 이래 역사 지도에 대한 언급은 「1929년 초급중학역사잠행과정표준」의 교수·학습 방법의 요점에서 처음으로 등장한다.49)

---

46) 『中華人民共和國國家歷史地圖集(第一冊)』, 中國社會科學出版社·中國地圖出版社, 2014. 추후 2책을 더 발간함으로써 3책으로 완간될 예정이다.

47) 『中國古代歷史地圖集』(王雅軒·王鴻彬·蘇德祥, 遼寧教育出版社, 1990), 『中國古代歷史地圖集』(郭利民, 星球地圖出版社, 2017), 『中國近代史稿地圖集』(張海鵬, 中國地圖出版社, 1994), 『中國現代史地圖集』(武月星, 中國地圖出版社, 1999), 『太平天國歷史地圖集』(郭毅生, 中國地圖出版社, 1990), 『辛亥革命史地圖集』(辛亥革命武昌起義紀念館, 中國地圖出版社, 1991), 『中國抗日戰爭史地圖集』(武月星, 中國地圖出版社, 1995), 中國抗日戰爭地圖集(1931-1945)(中國地圖出版社, 2016), 『中國歷史地震地圖集(元以前)·(明代)·(淸代)』(國家地震局·復旦大學, 中國地圖出版社, 1990·1986·1990), 『中國近五百年旱澇分布圖集』(國家氣象局氣象科學研究院, 中國地圖出版社, 1981) 등이 있다.

48) 앞서 언급한 호우런쯔의 『베이징역사지도집』과 스녠하이의 『시안역사지도집』 외에도 『廣東歷史地圖集』(司徒尙紀, 廣東省地圖出版社, 1995), 『上海歷史地圖集』(周振鶴, 上海人民出版社, 2000), 『山西省歷史地圖集』(劉和平·謝鴻喜, 山西人民出版社, 2000), 『四川州縣建置沿革圖說』(任乃强·任新建, 巴蜀書舍·成都地圖出版社, 2002) 등이 있다.

　　지도·도표·그림의 활용: 역사 지도는 역사를 가르칠 때 필요한 도구이다. 대부분의 역사 유적은 지리적 배경에서 벗어나면 그 역사를 분명히 이해할 수 없다. 특히 각 시기의 영토, 전쟁, 교통 등에 대한 설명은 반드시 일반 지도나 특수 지도에서 다루어야 한다.

　또한 학교 당국은 역사 과목이 문학과 같은 과목이라는 인식에서 벗어나 과학 과목처럼 적당한 설비를 갖춰야 하는데, 학교는 역사 진열실 또는 역사 교실을 설치하되 상황에 따라서는 지리과와 합쳐서 역사지리 교실을 설치하고 역사 지도(괘도)와 역사 도표 등을 갖출 것을 강조하였다. 이후 교육과정의 변화 속에서 교수 학습 효과를 높이기 위한 차원에서 역사 지도의 이용을 권장하였다.

　이처럼 지도의 교육적 측면에 대해서는 이른 시기부터 그 중요성을 인식하고 있었으나 1980년대까지는 일정한 원칙을 가지고 지도를 수록한 것으로 보이지 않는다. 특징적인 것으로는 계급투쟁사의 관점이 강하게 반영되던 1950년대에는 민중운동에 할애된 지면이 많은 만큼 그와 관련된 지도가 많이 실리는 반면, 왕조별 강역도는 현재에 비해 상당히 적은 편이다. 강역도란 용어 자체도 1992년판부터 등장한다. 가령 진(秦)의 강역을 보여주는 지도임에도 불구하고 부여하고 있는 명칭이 〈표 10〉과 같이 '진군도(秦郡圖)'(1956)→'진(秦)의 통일'(1986)→'진(秦)의 강역'(1992)으로 변해왔다. 한편, 1980년대의 과도기를 거쳐 1990년대 들어 왕조 변천에 따라 해당 시기 왕조의 강역도가 본격적으로 실리고 있는 것은 계급투쟁사에서 중화민족사로 서사의 틀이 변화고 있는 지점과 일맥상통한다.

　〈표 10〉을 보면 1990년대 이후 역사 지도의 양과 종류에 있어서 그 이전 시기와 확연하게 구분된다.

---

49) 課程教材硏究所 編, 「1929년 初級中學歷史潛行課程標準」, 『20世紀中國中小學課程標準·敎學大綱匯編－歷史卷』(이하 『匯編』), 人民敎育出版社, 2001.

〈표 10〉 초중 『중국역사』 제1책의 역사 지도(인민교육출판사)

시대	1956년판	1986년판	1992년판
선사		원시 사회 유적도	중국 원시 인류의 주요유적 분포 씨족공동체 사회의 중요 유적지 전설시대 황제와 우-(禹)의 지역 상황도
하 상 주	주 초에 분봉된 주요 제후국 분포도	서주의 주요 제후국	하의 통치 범위, 상의 통치 구역 주 무왕의 상 정벌, 주 초의 분봉 제후
춘추 전국	7국 병립의 형세도 전국 수리도(水利圖)	춘추 열국의 형세 전국 형세	춘추 열국 형세, 전국 형세, '위를 포 위하여 조를 구하다(圍魏救趙)', 마 릉(馬陵)의 전투 도강언(都江堰) 평면도 전국시기 수공업의 분포와 상업도시 진과 조의 장평(長平) 전투와 6국의 멸망
진	진군도(秦郡圖) 진말 농민전쟁 형세	진의 통일 진말 농민전쟁 형세	진의 강역, 진말 농민전쟁 형세 항우·유방의 진 멸망, 초한 전쟁 형세
한	녹림(綠林)·적미(赤 眉)의 기의(起義), 황건(黃巾) 기의 형세도 서한(西漢)의 관중(關 中) 수리도(水利圖) 서한(西漢) 시기 한과 흉노, 서역의 관계도	녹림·적미의 기의, 진·한 관중(關中) 주 요 수리도(水利圖), 장건의 서역 출사 (出使)	서한(西漢) 강역, 동한(東漢) 강역 관중(關中) 수리도(水利圖) 한대 수공업 분포도 서한과 흉노의 전쟁 상황도 서역 형세와 장건의 서역행, 실크로드, 반초의 서역 경영, 한지의 출토 지점, 인도 불교의 중국 전래도
삼국	삼국 정립 형세	적벽 전투 형세, 삼국 정립 형세	관도의 전투, 적벽 전투 삼국 정립 형세
진	서진 경내로 진입한 민족의 분포	서진 경내로 진입한 민족의 분포	서진의 강역 서진 경내로 진입한 민족의 분포
5호 16국	동진과 전진(前秦)의 형세도	비수(淝水) 전투 형세	전진과 동진의 형세 비수의 전투
남북 조	북위 말년 인민 대기의 남북조 후기의 형세		송(宋), 제(齊), 양(梁), 진(陳)의 강역 북위 강역

　단순히 역사 지도에 한정된 문제가 아니라 교과서의 변화와 관련된 것
으로 보인다. 문혁 종료 직후인 1977년 덩샤오핑은 대대적인 교과서 개혁
을 주문하였다. 이에 교과서를 발행하던 인민교육출판사는 외국 교과서의
장점을 수용하자는 입장에서 당시 10만 달러의 국비로 미국, 영국, 독일,
프랑스, 일본 등지로부터 교과서를 구입하였다.

〈그림 6〉 베이징판 『역사』(왼쪽)와 『역사 지도책』(오른쪽)

　이러한 배경 하에서 새로운 교과서 편찬에 대한 논의가 활발해졌다.
1990년대 이후에는 교과서 발행 체제가 본격적으로 검정제로 전환하였고,
역사 교과서에 다양한 역사 지도가 실렸다. 현재는 〈그림 6〉과 같이 역사
교과서와 함께 『역사 지도책(歷史地圖册)』을 발행하고 있다. 기본적인
역사 지도는 교과서에 담아내고 역사 지도책에는 더욱 상세한 내용의 역
사 지도를 수록하였다. 교과서와 함께 역사부도를 발행하는 한국의 경우
와 유사하나, 각 학기나 학년 별로 발행되는 역사교과서의 목차와 내용에

맞추어 역사 지도책이 세트로 발행되고 있으며 역사 지도책을 얼마나 잘 이해했는가를 확인하기 위해 지도 속에 괄호 넣기 형식으로 만들어진 문제집인 『역사지도 진충연습책(歷史地圖塡充演習册)』이 함께 발행된다는 점에서 차이가 있다. 또한 여러 출판사 별로 역사교과서를 발행하고 있으나, 역사 지도책은 중국지도출판사(中國地圖出版社)에서 독점적으로 발행해 오다가 2000년대 이후에는 1993년도에 설립된 성구지도출판사(星球地圖出版社)에서 함께 발행하고 있다.50)

중국의 역사교과서는 한국의 경우와 마찬가지로 흑백의 본문 글을 중심으로 한 구성에서 컬러의 다양한 지도와 삽화가 들어가는 형태로 변해 왔다. 본문 글의 비중은 줄어든 반면 지도와 삽화의 비중은 상당히 커졌다. 거의 매 쪽마다 삽화와 지도가 배치되어 있어 있을 정도로 시각적 요소를 강화하고 있다. 삽화와 지도는 본문의 이해를 돕는 보조 자료이면서 글이 표현할 수 없는 다양한 정보 요소를 담고 있어 이들을 유기적으로 배치하는 것은 교과서가 갖추어야 할 중요한 요건이 되었다. 중국의 역사교과서에 다양한 형태의 역사 지도가 등장하고 있음을 확인할 수 있다. 역사 지도를 유형별로 분류해 보면 〈표 11〉과 같다.51)

---

50) 중국지도출판사의 『역사 지도책』과 『역사지도 진충연습책(塡充演習册)』에 관해서는 http://www.ditu.cn/jcsj/jcsj_ls.asp 참조. 그리고 대입을 준비하는 학생들에게는 중국지도출판사에서 발행되고 있는 고중 『중국역사 지도책』과 『세계역사 지도책』을 참고할 것을 공시하고 있다. 대입의 문과종합시험에서 역사, 지리, 정치 영역의 문제가 통합형의 문제로서 지도가 중시되고 있다. 단일 과목 내의 지식에 국한되는 것에서 벗어나 학생들의 종합적 지식, 문제 분석 능력을 중시하는 흐름에 맞추어 지도를 활용한 문제를 출제하고 있다. 曹少軍, 「高中歷史科課堂敎學與文科綜合－利用歷史地圖進行文綜敎學的體會」『九江師專學報(哲學社會科學版)』 2004-3, 103쪽 참조.

51) 于艷華는 역사 지도를 ①성격(정치 형세도, 전쟁 형세도, 경제 발전도, 교통 노선도, 수리공정도(水利工程圖), 전문적 역사적 사실의 분포도), ②내용 범위(종합성 역사 지도, 주제성 역사 지도, 국부성 역사 지도), ③교수학습 기능(전도·확대도·축소도, 훈선도(暈渲圖), 음영배경도)·조감도 등)으로 분류했다. 于艷華, 「歷史地圖在

〈표 11〉 역사 지도의 유형

유형	내용	사례
위치도	역사 사건의 발생지역을 이해할 수 있도록 돕는 지도로서 역사 전개의 배경 혹은 무대를 제공한다.	국가, 주요 지방 행정 구역을 표현한 각 왕조 강역도를 비롯해 왕조의 통일(분열)도, 민족의 활동 지역도, 세력 범위도 등
형세도	역사적 사건의 흐름을 동태적으로 나타내는 역사 지도로서 통상적으로 지도 상에 화살표 등의 기호를 사용하여 사건의 발생과 전개 방향 등을 표현한다. 구체적인 역사 사건, 특히 전쟁의 전개 상황이나 왕조 간 군사적 대치의 국면을 표현하고 있는 형세도의 비중이 크다.52)	바이투안 대전 등 전쟁 형세도를 비롯하여 춘추전국 형세도, 송대(宋代) 각 북방민족이 수립한 왕조의 병립과 대치도, 청일전쟁도, 일본군의 침략도 등
분포도	역사적 사실을 정태적으로 표현하고 있는 지도로서 역사 현상의 분포 지역을 나타낸다.	유적지 분포도, 도시 분포도, 산업 분포도, 중국 공산당의 초기 조직 분포도 등. 주로 경제와 관련된 것이 많은데 고대의 농업과 수공업 생산의 분포, 명대 수공업과 상업 도시, 개혁·개방 시기 대외개방 지역도 등
수리시설 및 교통도	각 시기 수리시설의 위치, 운하, 중국의 대외 교류와 관련된 노선 등을 나타낸다.	도강언(都江堰), 수대 대운하, 원대의 운하와 해운 노선, 비단길이나 바닷길 등
도성도	각 왕조의 수도나 도성을 주제로 그린 지도이다.	당대 장안이나 원대 대도(大都), 명대 베이징 등 주로 유명한 고도의 평면도. 시의 전체적인 구조, 주요 특징, 중심 건축 등

　　3종의 교과서에 실린 역사 지도 중 2종 이상의 교과서에 공통적으로 실려 있는 지도는 〈표 12〉로 정리할 수 있다.

新課標初中歷史敎學中的運用」, 東北師範大學석사학위논문, 2007, 3~4쪽.
52) 지도집 중 꿔모러 主編의 『中國史稿地圖集』과 짱하이펑 편저의 『中國近代史稿地圖集』(中國地圖出版社, 1984)은 지면의 상당수가 전쟁 관련 지도이다.

〈표 12〉 인교판, 베이징판, 상하이판의 역사 지도

	지도 명	인교판	베이징판	상하이판
전 근 대	중국 원시인류와 주요 문화유적 분포도	○	○	○
	상대 도성 분포(천도)도	○	○	
	서주 초기의 형세도(分封圖)	○	○	○
	춘추 쟁패 형세도	○	●	○
	전국(戰國) 형세도	○	●	○
	도강언(都江堰) 설명도	○	○	○
	진대 강역도	○	●	○
	진말 농민전쟁 형세도	○	○	
	서한 강역도	○		○
	실크로드 노선도	○	○	○
	삼국 정립 형세도	○	●	○
	적벽전 형세도		○	○
	서진시기 소수민족 이동 형세도	○		○
	북위 효문제의 천도도		○	○
	수대의 대운하	○	●	○
	당의 장안성 평면도	○	○	○
	당 전기(후기) 강역과 변강의 민족 분포도	○	●	○
	당대 대외 주요 교통 노선도	○	○	
	요, 북송, 서하 형세도	○	○	○
	금, 남송의 대치 형세도	○	○	○
	북송 중기 화폐 사용 지역(송의 해외무역 노선도)		○	○
	원대 강역도(行省圖)	○	●	○
	원대의 교통도(운하, 해운, 역 설치도)	○	○	○
	정화의 항해 노선도	○	●	○
	청조 강역도	○	●	○
	네르친스크 조약 중국-러시아 노선도	○	○	
근 현 대	아편전쟁 형세 설명도(5개항 개항도)	○	●	
	러시아가 침략한 중국의 북방 영토 설명도	○	●	
	신장 수복 설명도	○	○	
	청일전쟁도	○	○	○

	무창봉기도	○	○	○
	중국 공산당의 초기 조직 분포도	○	○	○
	북벌전쟁 형세도	○	●	
	난창 봉기, 추수봉기 및 징강산(井岡山) 집결도	○	○	
근현대	주요 농촌 혁명 근거지 형세도		●	○
	중국 홍군 장정 설명도	○	●	○
	일본군의 중국 침략도	○		○
	3대 전역 설명도	○	●	○
	중국인민지원군의 한국전쟁 형세도	○		○
	대외 개방 지구 설명도	○	○	○

●는 필수 학습 요소로 지정된 지도로 교과서에서는 지도 제목 앞에 ★를 표시함

교과서에 실린 역사 지도의 특징을 살펴보자. 첫째, 양적인 측면에서 볼 때, 상대적으로 전근대사 부분의 지도가 많다. 실제 교과서에 수록된 지도의 갯수는 〈표 13〉을 보면 차이가 크다. 전근대사와 근현대사의 교과서 서술 분량이 거의 1:1로 차이가 없음에도 불구하고 지도의 양은 2:1 정도이다. 전근대사의 경우 많은 왕조가 등장하였기 때문에 각 왕조의 강역과 변화상을 표현하는 위치도나 형세도를 교과서에 많이 반영하다 보니 역사 지도의 비중이 상대적으로 근현대에 비해 높은 것으로 보인다. 아편전쟁부터 항일전쟁 시기까지는 전쟁 등 많은 정치적 격변이 있었기 때문에 전근대사의 단원과 비교할 때 역사 지도의 숫자가 결코 적지 않다. 그러나 중화인민공화국 수립 이후에는 역사 지도의 숫자가 현저히 줄어들고 사진 자료의 비중이 커지고 있는데 교과서 제작자들이 지도보다는 컬러 사진을 통해 성장하는 중국의 모습을 표현하는 것이 더 효과적이라 판단한 듯하다. 더구나 내용적인 측면에서 볼 때도 근현대사의 경우 '현대화'를 강조하다 보니 경제와 문화 부분의 내용이 많아지면서 상대적으로 역사 지도의 역할이 줄어든다. 특히 개혁·개방 이후의 경제 성장을 강조하다 보니 지도보다는 오히려 수량화된 통계 자료가 들어간 도표와 그래프를 더 많이 사용하였다.

〈표 13〉 시기별 역사 지도의 갯수

시 기		인교판	베이징판	상하이판
전 근 대	선사~춘추·전국	7	7	6
	진·한,위·진·남북조	13	10	7
	수·당	5	5	3
	송·요·금·원	4	7	7
	명·청	5	4	3
	계	34	33	26
근 현 대	아편전쟁~신해혁명	6	8	5
	신해혁명 이후~중화인민공화국 수립이전	8	8	7
	중화인민공화국 수립~	4	2	2
	계	18	18	14
합 계		52	51	40

　둘째, 종류별로 볼 때, 강역도와 전쟁 형세도를 중심으로 한 위치도와 형세도의 비중이 크다. 지도 자체가 일정한 공간을 축소하여 양적으로 표현한 것이기에 영역의 변화를 파악할 때 지도의 쓰임새가 늘어난다. 왕조의 교체와 통치 영역의 변화를 보여주는 지도를 많이 사용하고 있는데, 왕조의 변화가 많았던 중국사의 특수성을 감안한다면 특히 강역도가 차지하는 비중은 클 수밖에 없다. 또한 교과서 본문 글과 지도가 짝을 이루어 전쟁(전투)을 세밀하게 묘사하려는 경향이 강하다. 1990년대 이후 나타난 변화로 전쟁 관련 서술과 전쟁 지도가 많이 등장하며, 본문에서는 일반적인 교과 내용은 큰 글씨체로 그리고 고사나 우화 등은 작은 글씨체로 처리하면서 전반적으로 교과서의 서사성이 강화되었다. 서사적 요소가 강한 본문과 함께 진승과 오광의 진말 농민 봉기나 전진(前秦)과 동진(東晉) 간의 비수전(淝水戰), 삼국 시기의 적벽전, 현대의 바이투안 대전처럼 전쟁(전투)의 상황을 상세하게 표현한 지도가 많이 들어가 있다. 정치사와 전쟁사의 비중을 높이면서 이야기체로 풀어나가는 본문 서술에 역사 지도

를 가미시킨 것은 서사성과 역동적 측면을 부각시키려는 것으로 보인다. 한편 아편전쟁 이전의 청대를 종착점으로 각 민족의 대립과 통일을 거치면서 통일적 다민족 국가를 형성해 나간다는 교과서 서술의 전체 서사 구조에 맞춰, 역대 왕조의 위치도와 형세도가 이미지 도구로 활용된다는 측면도 간과할 수 없을 것이다.(후술하는 춘추전국시대의 수업 사례와 역사 지도상의 강역인식 참조)

셋째, 수리 시설 및 교통도를 강조하는 것이 흥미롭다.[53] 춘추전국시대의 도강언(都江堰) 설명도, 한대의 실크로드 노선도, 수의 대운하, 당대 대외 주요 교통 노선도, 송의 해외무역 노선도, 원대의 교통도, 명대 정화의 항해 노선도 등의 지도가 시대 별로 거의 한 장씩 사용되고 있다. 이는 우선 황허와 창장강 유역을 중심으로 왕조의 통치를 위한 치수 사업, 경제력 확보, 물자 수송 등이 중요한 문제라는 중국의 특수한 상황을 반영하고 있다. 또한 이러한 역사 지도는 오랜 전부터 수리(水利) 과학기술을 포함한 '우수한 과학기술의 전통을 가지고 있는 중국', 그리고 일찍부터 외부 세계와 활발히 소통한 '열려 있는 중국' 등의 이미지 구축에 일조할 것으로 보인다.[54] 나아가 수리 시설 및 교통도가 강역도보다 더 비중있게 다루어지는 경우도 발견된다. 앞서 위치도와 형세도의 비중이 크다고 했는데 특이하게도 수대의 강역도는 인교판에만 실려 있고, 명대의 강역도는 3종의 교과서 어느 곳에도 없다. 대신 수의 대운하와 명의 정화의 항

---

53) 원래 중국에서는 의식주와 더불어 인간 생활의 주요 요소로서 '행(行)', 즉 교통을 중시하기도 한다. 이재정,『의식주를 통해 본 중국의 역사』, 가람기획, 2005도 한국의 출판 상황을 고려해 책의 제목은 의식주라 하였지만 실제 목차 구성은 중국인들의 생활 관념에 따라 식의주(食衣住)+행(行)의 내용이다.

54) 도강언 지도는 3종의 교과서에서 모두 등장하며 본문 서술의 양 또한 많은 편이다. 원대의 교통도는 출판사 별로 조금씩 다른데 각각 '운하와 해운 노선도'(인교판), '징항대운하(京杭大運河)도'(베이징판), '역도(驛道) 노선도'와 '조운(漕運) 노선도'(상하이판)를 실었다. 상하이판은 두 개의 지도 외에 '중국 인쇄술의 해외 전파도'를 함께 실었다.

해 노선도는 3종의 교과서에 모두 등장한다. 특히 베이징판은 〈표 12〉에서 보듯이 대운하와 정화의 항해 노선도를 필수 항목으로 설정해 놓고 있다. 중국 남부와 북부의 인적·물적 교류를 촉진시킨 대운하를 부각시키는 것이 더 낫겠다는 의도가 반영된 것으로 보인다. 그리고 명은 거대 제국을 건설한 몽골의 원과 중국사에서 최대 강역을 확보하고 통일적 다민족 국가를 이루었다고 보는 청의 사이에 끼어 있으므로, 원과 청에 비해 축소된 강역도보다는 정화의 항해 노선도를 통해서 학생들로 하여금 '원-명-청'이 이전 시기에 비해 전체적으로 확장 혹은 외향성이 강한 시기였다는 이미지를 형성시키는 소재로도 활용하고 있다는 생각이 든다.

〈그림 7〉 중국의 원시인류와 유적지(베이징판)

〈그림 8〉 중국의 원시인류와 유적지(상하이판)

넷째, 남과 북의 지역적 차이를 보여준다. 상하이판의 경우 선사시대에서 진대에 이르기까지의 남방의 역사를 지도를 통해 부각시키고 있다. 우선 베이징판의 〈그림 7〉과 상하이판의 〈그림 8〉을 비교해 보자. 고고 발굴의 결과 중국의 많은 지역에서 선사 유적이 발견되었다. 유적지는 창장강 유역과 남부 해안 지역도 많지만 황허 유역을 중심으로 한 화북지역의 밀도가 높은 편이다.55) 그러나 〈그림 8〉을 보면 전체적으로 골고루 점을 찍어 놓아 화북 지역이 중심이라는 것이 드러나지 않는다. 대신 남과 북으로 각각 구석기 인류의 위안모우인(元謀人) 대 베이징인·산딩둥인(山頂洞人), 신석기 유적지의 허무두 유적지 대 반포 유적지의 대응 구도를 만들고 있다. 상대적으로 남방 지역을 부각시키는 모양새다.

---

55) 譚其驤 主編, 『中國歷史地圖集』 제1책, 中國地圖出版社, 1982, 3~4쪽 참조.

〈그림 9〉 춘추형세도 (인교판)

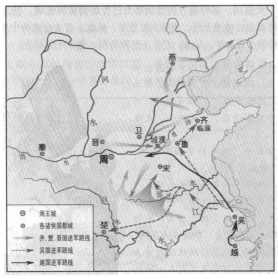

〈그림 10〉 춘추형세도 (베이징판)

〈그림 11〉 춘추형세도 (상하이판)

춘추시대를 나타낸 〈그림 9〉, 〈그림 10〉, 〈그림 11〉에서도 지역적 차이를 읽을 수 있다. 인교판과 베이징판은 열국 간의 경쟁이 주제인 동적인 지도이고 상하이판은 열국의 분포를 주로 표현한 정적인 지도이다. 〈그림 11〉을 보면 크게 북으로 화이수이 이북의 국가들과 남으로 창장강 유역의 오(吳)·초(楚)·촉(蜀)·월(越) 등이 보인다. 〈그림 9〉와 〈그림 10〉에 비해 남방 지역이 상세하다는 것을 알 수 있다. 그리고 〈그림 11〉은 남방의 중심지였던 오(吳), 회계(會稽), 영(郢), 촉(蜀), 파(巴)가 각각 현재의 쑤저우(蘇州), 샤오싱(紹興), 징저우(荊州), 청뚜(成都), 충칭(重慶)과 연결시키고 있다. 또한 〈그림 11〉은 진대(秦代) 강역도와의 연결을 고려한 것으로 보인다. 즉 상하이판의 진대 강역도와 교통노선도에는 인교판과 베이징판에 비해 남방의 행정 구역이 더 상세하다. 인교판과 베이징판이 진대 강역도의 경우 창장강 이남은 상군(象郡), 계림군(桂林郡), 남해군(南海郡)만 표시하였으나 상하이판에는 현재 광저우(廣州)와 푸저우

(福州) 일대에 해당하는 회계군(會稽郡)과 민중군(閩中郡)도 함께 표시하여 당시 남방 지역의 지리 정보를 보다 많이 제공하였다.56) 또한 춘추전국시기의 지도로서 상하이판은 전국적인 수리공정도(水利工程圖)를 실었다.57) 3종의 교과서 모두 쓰촨 지역의 도강언이 지도에 표시되기는 하나 전국적인 수리공정도는 상하이판 뿐이다. 수리공정 상황이 황허와 창장강 유역에 집중되어 있는데, 당시 남방 지역도 과학기술과 농업생산력이 발달했으며 개발이 이루어졌음을 보여준다.

그렇다면 학습 자료로서 역사 지도가 어떻게 활용되는 지 살펴보자.58) 다음은 춘추전국시대의 형세도를 활용한 사례이다.59)

교사 : 먼저 춘추(春秋) 형세도를 보고 어느 제후국들이 패자(霸者)인지 찾아보고 이들은 현재 어느 성(省)에 해당할까요?
학생 : 제(齊), 진(晋), 초(楚), 오(吳), 월(越)이고 각각 산둥성, 산시성, 후베이성·후난성 일대, 장쑤성, 저장성에 해당합니다.
교사 : 다음은 전국(戰國) 형세도입니다. 춘추 형세도와 비교할 때, 같은 점과 다른 점은 무엇일까요?
학생 : 같은 점은 몇 개의 제후국이 지속적으로 패권을 다투는 국면이고 많은 소수민족이 분포합니다. 다른 점은 춘추 5패에서 전국 7웅으로 정치구조의 변화가 옵니다.
교사 : 7웅은 무엇인가요? 그리고 어떻게 5패가 7웅으로 바뀌죠?

56) 初中『中國歷史』(7上), 華東師範大學出版社, 2008, 46쪽·48쪽.
57) 初中『中國歷史』(7上), 華東師範大學出版社, 2008, 35쪽.
58) 중국 내에서 발표되는 역사교육 관련 논저들을 보면 역사 지도의 기능 및 역할, 구체적 활용 방법을 언급한 글이 적지 않다. 가령 劉文濤는「關于歷史地圖在高敎歷史學硏究和敎學中的作用的幾点思考」(『歷史敎學』 2009-16)에서 역사 지도가 역사과의 교수학습에 미치는 영향에 대해 이야기하고 있으며, 중국지도출판사 교재발전센터의 劉亞先는「淺淡初中學生閱讀歷史地圖的一些基本方法」(『歷史敎學硏究』 2009-5)에서 역사 지도 독해의 구체적 방법과 유의사항을 언급하고 있다. 그러나 전체적으로 지도 활용 방법 측면의 접근에 머물고 있으며 심층적인 체계화와 이론화 작업은 부족해 보인다.
59) 沈劍波,『歷史從圖片中走出來』, 福建敎育出版社, 2005, 143~145쪽.

학생 : 7웅은 제(齊), 초(楚), 진(秦), 연(燕), 조(趙), 위(魏), 한(韓)입니다. 진
(晋)에서 조(趙)·위(魏)·한(韓)이 나오고 진(秦)과 연(燕)이 오(吳)와
월(越)을 대체하면서 7웅이 등장합니다.

교사 : 7웅의 위치를 쉽게 외울 수 있는 방법이 있습니다. 동-서-남-북-중앙의
방향으로 가보면 제(齊)·초(楚)·진(秦)·연(燕)·조(趙)·위(魏)·한(韓)입
니다. 그런데 춘추 시기 백여 개의 제후국이 전국 시기에 이르러 7개의
제후국만이 남았는데 무슨 일이 있었을까요?
(토론을 통해 시간이 흐를수록 통일의 경향이 강화된다는 결론을 도출
한다.)

교사 : 지도 상에서 전국시대에 7국 간의 투쟁 외에 또 다른 종류의 전쟁이 있
는지 찾아보세요. 춘추 시대에도 그러한 것이 있는 지 확인해 보세요.

학생 : 북방의 각 제후국들은 소수민족의 공격을 받는데 춘추시대에도 그러한
사례가 있습니다. 제(齊) 환공(桓公)이 황허 중류의 제후국과 연합해서
북의 이적(夷狄)과 남의 초만(楚蠻)을 제압합니다.

교사 : 이적(夷狄)과 초만(楚蠻)은 모두 소수민족에 대한 호칭입니다. 이것은
중원 지방의 민족과 소수민족의 접촉이 비교적 많았고 이로써 민족 융
합이 촉진되었다는 것을 말해줍니다. (마지막으로 모든 학생들이 백지
도 위에 춘추 5패와 전국 7웅의 대략적 위치를 표시하도록 한다)

춘추전국시대의 형세도를 통해 춘추 5패와 전국 7웅의 기본적 위치와
상호 간의 경쟁 관계를 학습하고 있음을 확인할 수 있다. 또한 중원의 제
후국 간 투쟁과 함께 이적과 초만이라는 중원 이외의 민족 관계도 부각시
킴으로써 통일적 다민족 국가의 형성사라는 관점의 접근도 이루어지고 있
음을 확인할 수 있다.

4. 역사 지도 상의 영토 인식

앞서 언급한 것처럼 현행 교과서에 수록된 역사 지도 중에서 강역도가
차지하는 비중이 크다. 20세기 초 양쇼우징의 『역대여지도』로부터 1930
년대의 구지에강을 거쳐 1980년대 탄치샹의 『중국역사지도집』에 이르기

까지 역사지도집을 갖추기 위해 민간 혹은 국가 차원에서 많은 노력을 기울여 왔는데 이 역사지도집의 핵심 영역은 다름 아닌 강역도였다. 그리고 국가적 차원에서 오랜 시간의 작업 끝에 완성한 『중국역사지도집』의 강역도는 하나의 전범으로서 역사교과서를 비롯한 각종 지도 출판물의 표준이 되었다.

〈그림 12〉 1956년판(좌)과 1986년판(우) 초중 『중국역사』의 진(秦) 강역도

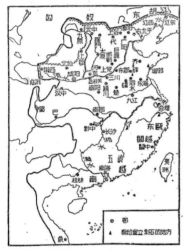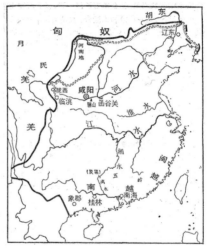

『중국역사지도집』이 교과서의 강역도에 어떻게 영향을 미치고 있는 지 잠시 살펴보자. 〈그림 12〉를 보면 진의 강역을 나타낸 지도가 1956년판과 1986년판이 서로 다르다. 두 지도 사이에는 진이 남쪽에 설치한 상군(象郡)의 위치 문제가 걸려 있다. 왼편의 지도는 상군이 베트남의 중북부 지역까지 내려가지만 오른쪽은 현재 꽝시성(廣西省) 지역이다. 상군의 위치에 대해 꿔쩐뚜어(郭振鐸)·짱샤오메이(張笑梅)가 베트남 중북부 지역에서 출토된 청동 유물을 근거로 베트남 중북부지역설을 주장하기도 하

나,[60] 대체적으로 꽝시(廣西)·구이저우(貴州) 일대설을 정설로 한다. 쪼우쩬허는 한 무제가 베트남 지역에 설치한 일남군(日南郡)이 진대의 상군이라는『한서 지리지(漢書 地理志)』의 기사가 오류임을 지적하면서 상군의 위치를 꽝시·구이저우 일대로 비정하였다.[61] 그의 주장은 스승인 탄치샹의 견해를 따른 것으로『중국역사지도집』에 반영되었고, 1986년판의 교과서는 물론 현재 사용되는 교과서도 모두『중국역사지도집』의 진대 강역도를 따르고 있다.[62]

그렇다면 교과서에서 강역도가 차지하는 비중이 큰 이유는 무엇일까? 현재 중국의 영토가 국제법상 근대 국가의 주권이 미치는 범위에 근거한 것이라면, 중국에서 설정하는 역사상의 강역은 당시 역사 조건 아래 형성된 것으로 해당 중원 왕조와 주변 왕조의 관할 범위 혹은 권력 행사의 범위이다.[63] 강역은 현재 중국의 영토와 동일한 것은 아니나 기본적으로 현재 중국 영토의 내력을 이해하는 데 중요한 수단이다. 그런데 중국의 역사교과서를 보면 강역도가 역사상 중국의 영역 변천사를 넘어 '통일적

---

60) 郭振鐸·張笑梅,『越南通史』, 人民大學出版社, 2001, 136~137쪽.

61) 周振鶴,『西漢政區地理』, 人民出版社, 1987, 181~203쪽 ;『漢書地理志匯釋』, 安徽教育出版社, 2006, 439쪽. 참고로 1987년에 간행된 周振鶴의『西漢政區地理』는 푸단대학에서 탄치샹을 지도 교수로 1983년에 통과된 박사학위 논문을 공식 출간한 것이다.

62) 譚其驤 主編,『中國歷史地圖集』제2책(秦~東漢), 中國地圖出版社, 1982, 3~4쪽과 11~12쪽. 상군의 위치를 놓고 일각에서는 탄치샹의 지도가 중국과 베트남의 우호관계를 의식한 것이 아닌가 하는 비판을 제기하면서 상군을 베트남 경내에 표시할 것을 주장하였다. 이러한 주장을 의식한 듯 탄치샹은 중국 민족관계연구 학술 좌담회(中國民族關係史研究學術座談會)의 강연에서 역사상의 군현(郡縣)을 어디에 그리는가 하는 문제는 인접국과의 우호관계의 여부로 결정해서는 안 되며, 상군의 위치는 철저한 사료 비판에 근거한 것이었음을 밝혔다. 譚其驤,「역사상의 중국과 중국의 역대 강역」(원문은『中國邊疆史地研究』1991-1에 수록), 신종원 편 주상길 역,『중국인들의 고구려 연구-동북공정의 논리』, 민속원, 2009, 87~88쪽의 내용 참조.

63) 葛劍雄,『歷史上的中國-中國疆域的變遷』, 上海錦繡文章出版社, 2007, 8~9쪽.

다민족 국가의 형성사'라는 거대 서사 구조에서 중요한 한 축을 담당하고 있다.[64]

〈표 14〉 출판사별 전근대사 부분의 단원 목차

	인교판	베이징판	상하이판
선사~ 춘추전국	중화 문명의 기원	선진(先秦) 역사의 변천	중화 문명의 시작
	국가의 탄생과 사회 변화		중화 문명의 발전
진·한	통일 국가의 건설	진·한 대일통(大一統) 국면의 열림	대일통(大一統) 제국과 다민족 융합
위·진 남북조	정권 분립과 민족 융합	정권 분립과 민족 융합	
수·당	번영과 개방의 사회	번영과 개방의 사회	번영하는 수·당 문명
송·요 금·원	경제 중심의 남쪽 이동과 민족 관계의 발전	경제 중심의 남쪽 이동과 민족 관계의 발전	다원 문화가 충돌, 교류, 융합하는 송·원 문명
명·청	통일 민족 국가의 공고와 사회의 위기	통일 다민족 국가의 공고 와 사회의 위기	발전과 정체의 명·청 문명

먼저 3종 교과서의 단원 구성을 정리한 〈표 14〉를 보자. 인교판과 베이징판은 단원명이 거의 흡사하고 상하이판이 조금 다르지만 그래도 전체적인 구도로 볼 때, 전근대사를 관통하는 맥락은 통일적 다민족 국가의 형성사이다. 전근대사의 단원명에서 '민족', '융합', '통일(統一)' 혹은 '대일통(大一統)'이라는 용어를 반복적으로 사용하여 통일적 다민족 국가를 강조하고 있다. 가령 위진남북조 시기의 단원명을 보면 국가 대신에 '정권'이란 용어를 사용하고 있다. 각각의 독립된 국가들이 존재하는 시기임에도 하나의 통일국가로 수렴될 것이라는 전제, 달리 표현하면 중국이라는 역사체로서로서의 단일한 국가가 지속적으로 존재한다는 가정 속에서 한동안 (지방)정권이 할거하던 시대로 파악하는 것이다. 외형상으로 통일

---

64) 통일적 다민족 국가론이 중국의 역사교육에 어떻게 관철되고 있는지에 대해서는 김유리, 「개혁·개방 이후 중국의 역사교육과 '통일적 다민족국가'론」『北方史論叢』 제6호, 고구려연구재단(현 동북아역사재단), 2005를 참조할 것.

과 분열의 길항 관계가 반복되어 나타나지만, 시간이 흐르면서 민족 간 융합의 폭은 더 확대되고 중국사의 무대는 확장되어 청대에 이르러서는 '통일 민족 국가의 공고'로 매듭짓는다는 것이다. 그리고 청대에 완성된 통일적 다민족 국가는 '위기'(혹은 '정체')가 찾아오고 이후 근현대사의 제국주의 침략과 이에 맞선 투쟁으로 연결된다.

통일적 다민족 국가의 형성사로서 전근대사는 '중화민족' 형성사의 또 다른 표현이다. 즉 '통일적 다민족 국가의 형성 = 중화민족의 형성 = 역사상 중국 강역의 형성'이 동일한 논리로 묶여 있는데 하나로 수렴되는 지점이 청대인 것이다. '통일 다민족 국가의 공고'라는 단원명에서도 알 수 있듯이[65] 청대에 내적으로는 통일적 다민족 국가가 완성되었고, 외적으로는 최성(最盛) 강역을 구축하면서 역사상 중국의 강역이 완성되었다는 인식이 자리하고 있다. 이러한 의미에서 청조의 역사가 강조될 수밖에 없는데, 청사 편찬 작업에 참여한 청총더(成崇德)는 미래의 성세를 준비하기 위해서 어떻게 강희제에서 건륭제에 이르는 성세가 출현하였으며, 국가 경제가 높은 수준에 이르고 쇠퇴했는지, 부정부패가 많았던 청조가 어떻게 정치 부패를 해결하였는가를 청조의 역사를 통해 이해하는 것이 중요하고 하다고 지적한다.[66] 즉 청조의 역사는 현재의 당면한 정치 문제와 연관되어 있는 '대일통' 제국을 경영한 경험을 배울 수 있는 소중한 자산이라는 것이다. 1961년 저우언라이(周恩來)가 청조의 마지막 황제였던 푸이(溥儀)를 만난 자리에서 "청조는 판도 확정, 인구 증가, 문화 발전이라는 3가지 방면에서 기여했다"라고 긍정적으로 평가한 것처럼, 청조의 판도가 곧 온전한 형태의 중국 영토로서 인식되고 있다. 또한 다민족국가로

---

65) 3종의 교과서 모두 명청대를 하나의 대단원으로 묶었는데 청대에 해당하는 중단원은 각각 '통일 다민족 국가의 공고'(인교판), '청조 통일 다민족 국가의 공고와 발전'(베이징판), '변강(邊疆)의 공고'(상하이판)로 하였다.

66) 허혜윤, 「'청사공정'의 배경과 현황－국가청사편찬위원회 관계자들을 만나다」『역사비평』82호(봄호), 2008, 329~330쪽.

서 중국이라는 인식도 그 현실적인 정치적 기원은 청대라는 것이다.[67) 구체적으로 청조의 강역에 대한 설명을 보자.[68)

> 건륭 시기에 이르러 동남쪽으로는 타이완에서 서북쪽으로는 발하슈호, 서남쪽으로는 윈난 변경, 동북쪽으로는 와이싱안링(外興安嶺), 남쪽으로는 남중국해 제도, 북쪽으로는 캬흐타, 동쪽으로는 사할린, 서쪽으로는 파미르 고원에 이르렀다. [……] 이 광활한 영토에는 50여 개 민족이 생활하고 있다. [……] 이들 50여 개 민족은 바로 중화민족의 총체다. 청 왕조 영토의 공고함은 중국 각 민족의 경제문화의 발전 촉진과 외국 침략에 대한 저항에 있어 커다란 역할과 영향을 발휘했다.

꺼지엔슝은 '역사상의 중국'의 범위를 "응당 중국사가 발전하여 하나의 통일된 최후의 제국인 청이 도달한 최대 영역으로 해야 한다"(강조점 필자)고 주장한다. 그는 제국주의의 침략으로 청이 상당히 많은 영토를 이미 빼앗겼기 때문에 현재의 중국 영토는 청 왕조의 최대 영역을 포괄하지 못하며 당시의 실제 형세를 반영할 수 없다는 것이다. 그리고 역사상 중국의 최대영역으로써 기준을 잡을 수 있는 기간은 건륭제가 여러 차례의 정복전쟁을 통해 톈산남북로를 평정한 시기(1759)부터 아편전쟁(1840)까지의 81년간으로 보고 있다.[69) 이 기간 동안 중국은 진정한 통일을 이루었으나 "1840년 이후 중국은 또 다시 분열의 단계로 들어가 지금까지도 끝나지 않았으며, 진정한 통일인 역사상 강역의 완성이 요구된다."며 여운

---

67) 西村成雄, 『20世紀中國の政治空間 – 中華民族的國民國家の凝集力』, 靑木書店, 2004, 16~18쪽 참조.

68) 徐洪興 저(葛劍雄 총편집), 정대웅 역, 『千秋興亡: 청나라 – 중화의 황혼』, 따뜻한 손, 2010, 89~90쪽.

69) 葛劍雄 저, 淑史研究會 역, 『中國統一, 中國分裂』, 신서원, 1996, 52~53쪽·61~62쪽. 이러한 인식은 꺼지엔슝이 스승인 탄치샹의 "지금의 중국은 이미 역사상 자연적으로 형성된 범위가 아니고 100여년 이래 자본주의 열강과 제국주의 침략으로 영토의 일부분을 빼앗아 간 결과이므로 역사상의 중국 강역을 대표할 수 없다"는 인식과 일치한다. 譚其驤, 앞의 글, 2009, 68~77쪽 참조.

을 남기고 있다.[70]

교과서에서는 변강을 개척하면서 청조의 강역이 완성되는 과정 특히 타이완, 신장, 티베트가 청조의 관할 지역으로 편입되는 과정이 상세하게 서술되어 있다.[71] 공교롭게도 현재 타이완에는 중화민국 정부가 들어서 있고 신장과 티베트 지역은 오랫동안 분리·독립운동이 벌어지고 있는 지역이다. '하나의 중국'이라는 입장에서 귀속성(歸屬性)을 강조하려는 의도로 보인다.[72] 이념화된 온전한 청조 강역을 설정하면서 '남으로는 시사군도(西沙群島)·난사군도(南沙群島) 등 남해제도(南海諸島)에 이르고 동남으로는 타이완과 그 부속도서 댜오위다오·치웨이(赤尾)[73] 등을 포괄한다' 라고 서술하고 있는데 여기서 언급되는 지역들은 주변국들과 영토분쟁이 전개되고 있는 곳들이다. 이 지역들이 중국의 영토임을 역사적으로 확인하려는 의도로 보인다.

---

70) 葛劍雄 저, 淑史硏究會 역, 위의 책, 1996, 80쪽. 이와 관련해서 교과서에서는 현대사 부분에 '민족단결과 조국통일'이라는 단원이 설정되어 있다.

71) 初中 『中國歷史』(7下), 人民敎育出版社, 2007, 109~114쪽 ; 初中 『歷史』(7上), 北京師範大學出版社, 2008, 160~164쪽 ; 初中 『中國歷史』(7上), 上海敎育出版社, 2008, 152~156쪽.

72) 인교판에는 '신장, 티베트, 타이완은 자고이래 중국의 영토'라는 주제로 역사지식 경기 형식의 활동과(活動課)를 설정하였다. 활동 내용은 신장, 티베트, 타이완이 자고이래로 중국의 영토이었다는 것을 주제로 역사지식 경기를 진행하되 동북지역의 학교는 동북지역이 자고이래로 중국의 영토였다는 내용을 첨가해 경기를 진행할 것을 권하고 있다. 그리고 해당 지역이 자고이래 중국의 영토였다는 것과 연관된 지식, 가령 시기별 지역의 명칭, 중요 역사인물, 사건. 제도, 기구, 중요한 시간과 공간 상황 등을 조사한 후, 지역(신장, 티베트, 타이완)과 시기(한~청조)를 구분한 표를 만들어 빈 칸에 내용을 채우는 경기를 진행하는 것이다. 마지막으로 심화 활동으로서 통일적 다민족 국가를 주제로 민족 간의 교류사와 해당 지역 민족의 발전사를 내용으로 한 지식 경기를 진행해 보도록 하고 있다. 初中 『中國歷史』(7下), 人民敎育出版社, 2007, 132~134쪽.

73) 센카쿠 열도(댜오위다오 열도)의 최동단에 위치한 섬으로 일본과 영토 분쟁의 대상이다. 일본에서는 다이쇼지마(大正島)라 부른다.

〈그림 13〉 청대 강역도(1820)

한편 3종 교과서 모두 〈그림 13〉과 같이 1820년의 청대 강역도를 수록
하였다. 1820년은 가경제(嘉慶帝)가 사망한 해지자 도광제(道光帝)가 즉
위한 해로 아편전쟁을 치른 도광제 직전의 시기까지를 기준으로 삼은 것
이다. 이 강역도의 동북쪽에는 청과 러시아 사이에 맺어진 네르친스크 조
약(1689, 尼布楚條約)으로 양국이 조사를 거쳐 확정짓기로 한 미해결 지
역(待議地區)이 표시되어 있다. 인교판과 베이징판의 경우는 러시아가 동
방으로 진출하면서 헤이룽강(黑龍江) 일대를 약탈하자 강희제가 러시아
가 구축한 알바진(雅克薩) 요새를 공격하여 네르친스크조약을 체결하고
청과 러시아의 국경을 확정지었다는 내용을 상세히 소개하고 있다.[74] 네

---

74) 初中 『中國歷史』(7下), 人民敎育出版社, 2007, 105~107쪽 ; 初中 『歷史』(7上), 北
   京師範大學出版社, 2008, 157~159쪽. 두 교과서 모두 네르친스크 조약의 내용에
   대한 서술뿐만 아니라 알바진 전투 그림과 네르친스크 조약으로 획정된 중국 러시
   아 간 국경선이 표시된 지도를 실어 놓았다.

르친스크 조약에 와이싱안링과 대의지구를 경계로 그 이남 지역인 '사할린(庫頁島)을 포함한 헤이룽강과 우수리강(烏蘇里江)은 모두 중국의 영토'임을 본문에 기술하고 있고, 〈그림 13〉은 네르친스크 조약의 내용이 반영된 강역도이다. 현재 헤이룽강과 우수리강 이북 그리고 사할린이 러시아의 영토인 상황에서 교과서의 서술과 지도는 1969년 우수리강 유역에서 중소국경분쟁이 일어난 것처럼 양국 간 갈등의 여지를 남겨놓고 있다.

여기서 청조의 최성기(最盛期)를 기준으로 역사상의 강역을 강조하는 것은 두 가지 의미를 담고 있다. 첫째, 청조 이전의 분열 시기에 대한 긍정적 해석이 이루어지고 이민족(異民族) 영역이 중국의 영역으로 편입될 가능성을 열어 놓는다는 점이다. 통일적 다민족 국가로서의 긴 여정으로 보는 전근대사에서 중국의 분열 시기가 중국사의 지리적 무대가 확장되고 인적 구성이 다양화되는 계기를 제공하였다는 것이다. 가령 춘추전국시대는 앞선 수업 사례에서 보듯이 고도로 분열되었던 중국이 통일로 발전해 가는 과정으로 파악하고 있다. 여러 지역에 걸쳐 할거하던 크고 작은 제후국의 수가 점차 감소해 최종적으로 하나의 국가로 변모했는데, 진이 6국을 멸망시킨 것뿐만 아니라 그 이전에 전국 7웅이 많은 제후국을 멸망시킨 사실도 함께 보아야 한다는 것이다. 또한 강역으로 볼 때도 진의 강역은 주의 전성기 강역보다 훨씬 넓은 영역을 확보하였다. 그중에는 진시황제가 개척한 영토도 있으나 상당 부분은 전국시대 심지어 춘추시대에 각 제후국들이 개척한 것이다. 결국 진의 통일은 지방의 개발을 촉진한 무수한 소국의 점차적 합병을 거쳐 분열 이전의 왕조보다 더욱 확장된 하나의 국가로 통일되는 과정이었다는 것이다.[75] 교과서도 이런 상황을 반영하듯 단원명에 '대일통 국면'이란 용어를 사용하고 있다. 또한 18세기 중엽 중화민족 대가정의 형성이라는 결과를 기준으로 보면 그 이전 시기

---

75) 費孝通, 『中華民族的多元一體格局』, 中國民族學院出版社, 1989, 8~9쪽.

는 중원의 한족 대 그 이외 지역의 이민족이라는 대립 구도 대신에 중원의 한족과 함께 변강의 여러 소수민족이 병존했던 국면으로 구도가 전환된다. 즉 이민족이 중화민족에 편입된 소수민족으로 설정되는 것이다. 여기서 이민족이라는 용어보다는 소수민족이라는 용어가 중국 입장에서 응취력을 더 크게 발휘한다는 점에 주목할 필요도 있다. '소수(少數)'라 함은 전체 집합(=중화민족 대가정)의 부분 집합으로 존재한다는 의미를 담고 있기 때문이다. 가령 당과 토번의 관계는 두 개의 독립 정권이었다. 그러나 청조의 강역과 중화민족의 관점에서 보면 그들은 모두 중국 내부의 정권이며, 토번과 당 사이의 전쟁은 두 정권 사이의 갈등일 뿐이다. 결국 청조 이전의 강역도나 형세도는 청조에 이르기까지 중국 내 여러 정권이 분립하면서도 영역이 확대되어 온 역사라는 것을 강조하는 차원에서도 제시되는 것이다.

둘째, 내적으로는 분리·독립의 움직임에 대해서 민족분열주의의 논리를 적용하고 외적으로는 주변국과의 영토 분쟁 지역에 대해 자국의 영토임을 내세우며 실지(失地) 회복의 명분을 제공한다. 청대에 형성된 중국이라는 역사적·문화적 공동체에 대하여 중화민족 대가정에 균열을 가져오는 행위나 영토를 침해한 행위를 비판하는 것이다. 후자의 논리와 관련하여 여기에는 원조에서 시작해서 청조에 재현된 거대화된 중국이라는 '잔상(殘像)'이 남아 있다.[76] 가령 교과서에서는 네르친스크 조약 이후 러시아가 중국의 북방 영토를 떼어가는 과정을 상술하고 있다. 러시아가 제2차 아편전쟁을 전후하여 '불난 집에서 도둑질하는 격으로 청 정부를 압박하여 일련의 불평등조약을 체결하고 중국의 동북과 서북 지역의 영토 약 150만km²를 강점했다'는 것이다.[77] 그리고 러시아가 불평등 조약으로

---

76) 堤一昭, 「中國の自畵像と日本の自畵像」, 秋田茂·桃木至朗 編, 『歷史學のフロンティア－地域から問い直す國民國家史觀』, 大阪大學出版會, 2008, 47~49쪽.

77) 初中 『中國歷史』(8上), 人民敎育出版社, 2007, 8~9쪽 ; 初中 『歷史』(7下), 北京師

가져간 중국 영토를 〈표 15〉와 같이 정리하고 이 내용을 지도로 표현하였다. 이와 함께 '신장 수복' 단원에서 좌종당이 야쿠브 벡의 봉기를 진압하고 신장 지역을 되찾는 과정에 대해서 상세한 서술을 하면서도 러시아가 일리조약으로 중국 서북지역을 할양하고 막대한 양의 배상금을 가져간 것을 서술하고 있다.[78] 아편전쟁 후 자주적이며 통일적인 중국이 영토와 주권의 침해를 받은 결과 원래 중국 강역의 형상이 '해당화(秋海棠) 꽃잎' 모양이었다면 현재는 '수탉'의 형상으로 좁혀져 있다고 본다.[79] 청대 강역의 강조는 곧 제국주의 침략의 역사를 이야기하는 것이고 그럼으로써 국토를 소중히 여기는 애국심과 중화민족 진흥의 과제를 각인시키려는 의도가 있다. 그러한 마당에 타이완이나 신장의 분리독립 움직임은 반민족적 행위로 그려질 뿐이다.

〈표 15〉 러시아가 중국으로부터 할양받은 영토

시기	불평등조약 명칭	할양한 영토 범위	면적
1858	아이훈 조약	동북 와이싱안링 이남, 헤이룽강 이북	약 60만km^2
1860	베이징조약	사할린을 포함한 우수리강 이동	약 40만km^2
1860 1864	베이징조약 중-러감분서북계약기 (勘分西北界約記)	발하슈호 이동과 이남	약 44만km^2
1880년대	일리조약 및 이후 5개의 국경측량의정서	중국 서북부	약 7만km^2

제국주의에 맞서 화려했던 청대의 고토(古土)를 수복하겠다는 의지는 1909년의 중국지학회와 1930년대 구지에강의 우공학회까지 거슬러 올라

範大學出版社, 2008, 8~9쪽.

78) 初中, 『中國歷史』(8上), 人民教育出版社, 2007, 12~15쪽 ; 初中 『歷史』(7下), 北京師範大學出版社, 2008, 11~12쪽.

79) 葛劍雄, 앞의 책, 2007, 13~14쪽.

갈 수 있을 것이다. 당시 구지에강이 역사상 중국의 강역을 연구하고 지도를 제작하려던 것은 고증학의 전통 위에서 아편전쟁 이래 서양 열강의 침입과 일본의 대륙 침략이라는 민족적 위기 상황에 그의 학술 의지가 결합한 것이었다. 강역 연구와 지도 제작에 많은 노력을 기울였던 것은 그가 외세에 의한 영토 상실이라는 상황과 함께 민족 의식의 형성 및 강화라는 측면에서 지도가 가지는 위상에 대한 이해가 병행되어야할 필요가 있어 보인다.

한편 실지 회복에 대한 의지는 주변국과의 영토 분쟁으로 나타나고 있다. 중국은 현재 14개의 국가와 국경을 접하고 있는데 일본과 댜오위댜오/센카쿠 문제, 동남아시아 국가들과의 남해제도 문제, 인도와의 국경선 문제는 아직도 진행 중이다.[80] 아직 확정되지 않은 영토 문제와 관련해 중국 정부는 자국민을 대상으로 한 판도의식(版圖意識) 교육과 지도에 대한 국가 차원의 통제를 강화하고 있다. 국경선 문제가 첨예한 만큼 국가가 국경선을 표시하는 방법에 대한 구체적인 방법을 제시하고 승인 절차를 거치도록 하는 규정을 마련하고 있다.[81] 현재 중국의 국경선은 1989년

---

80) 자세한 내용은 박장배, 「중국의 티베트 인식과 1962년 중국과 인도의 국경 분쟁」 『중국의 변강인식과 갈등』, 한신대학교출판부, 2007 ; 박선영, 「中華人民共和國의 版圖 形成과 신장」『역대 중국의 판도 형성과 변강』, 한신대학교출판부, 2008 ; 박정현, 「근대중국의 해양인식과 영유권분쟁」, 같은 책, 한신대학교 출판부, 2008을 참조할 것.

81) 국무원이 1995년 7월10일 발표한 「중화인민공화국 지도편제 출판관리 조례(中華人民共和國地圖編制出版管理條例)」는 중국 국경선 표준지도, 중국 역사강역 표준도, 세계 각국 간 국경표준도를 외교부와 국무원 측회(測繪) 주관부서에서 제정하고 국무원의 비준을 거치도록 하였다. 2001년 2월 4일 외교부와 국가측회국(國家測繪局)이 함께 공포한 「중국지도를 관련 규정에 따라 엄격히 사용할 것에 관한 공지(關于嚴格遵守使用中國地圖有關規定的通知)」에서는 남해 제도, 중국-인도국경선, 댜오위댜오 그리고 홍콩·마카오특별행정구역을 표시할 때 각별히 주의할 것을 당부하고 있다. 晏金柱, 『國家版圖意識敎育硏究』, 武漢大學碩士學位論文, 2004, 20~22쪽의 내용 참조. 중국의 지도 제작과 관리에 대한 자세한 규정은 국가측회국(國家測繪局) 사이트 http://www.sbsm.gov.cn/를 참조할 것.

중국지도출판사가 출판한 1:400만의 중화인민공화국지형도(中華人民共和國地形圖)를 기준으로 한다. 학교 현장에서 쓰이는 역사 지도책의 뒷면에도 이 지도를 기준으로 하고 있음을 명기하고 있다.

지도 출판물에 대한 규제를 더욱 강화하는 가운데 2006년 6월 23일 국토자원부령(國土資源部令)으로 지도심사를 강화한다는 내용의 지도심해관리규정(地圖審該管理規定)을 발표하였다. 그리고 같은 해 9월 20일 국가신문출판총서(國家新聞出版總署)는 2006년에 발간된 전국의 지도류 도서 70종을 검사한 결과 62종(88.6%)을 합격시키고 8종(11.4%)을 불합격처리하였다. 특히『정편 중학 지리독도능력 훈련(精編中學地理讀圖能力訓練)』은 국경선의 착오와 누락이 많았으며 댜오위다오, 치웨이, 둥사군도(東沙群島) 등의 도서가 누락되었고 성급(省級) 행정구역의 경계선 누락 및 변형도 있었다는 것이다. 불합격 처리된 도서는 회수하고 해당출판사는 법에 따라 처리할 것이라고 밝혔다.[82] 육지에서 뿐만 아니라 해양의 영토 분쟁이 전개면서 지도의 발행과 관리도 엄격해지고 있다. 지도가 국가적 관심사로서 중국 당국이 민감한 반응을 보이고 있음을 알 수 있다.

---

82) 「中學地圖册錯繪國界線被曝光」, 『華夏時報』 2006년 9월 20일(http://www.sina.com. cn 2006/09/20 16:11)

V. 향토사 교육

1. 문제의 제기

중국의 향토사 교육은 백년이 넘는 오랜 역사를 가지고 있다. 중국에서 향토의 범위를 어떻게 설정하고 있는가를 보면, 우선 교육과정 상의 향토 교재에 대한 부분에 그것에 대한 언급이 없다. 또한 연구자들 사이에서도 향토의 범위에 대한 명확한 합의도 없어 보인다. 통상적으로 향토사는 가향사(家鄕史) 혹은 지방사를 지칭하는데, 가향은 명확하게 규정하기 힘든 상대적인 개념이다.[1] 전국을 놓고 볼 때 자신의 성(省)이 가향일 수도 있고 성(省)에 대해서는 자기가 태어난 시(市)나 현(縣)을 가향이라 할 수도 있다. 따라서 향토사 교재에는 성사(省史), 시사(市史), 현사(縣史), 심지어는 향진사(鄕鎭史)도 있다.[2] 일반적으로 농촌 지역은 현(縣)을 단위로 하되 변강(邊疆) 지역이나 경제적 여건이 여의치 않은 지역은 지급(地級) 혹은 성급(省級) 행정구를 범위로 하는 향토교재를 편찬한다. 도시 지역의 경우에는 구(區)를 하나의 향토 단위로 설정하기도 한다.[3]

1987년 전국 차원의 향토교재 회의 이후 많은 향토사 교재가 편찬되었고 이에 맞추어 많은 수업 사례가 보고되고 있다. 향토사 교육이 강조되

---

1) 가향(家鄕)은 통상 개인적인 측면에서 볼 때 출생한 지역이나 어린 시절 생활한 지역 그리고 오랫동안 생활했던 곳이며, 집단적인 측면에서 볼 때 일정한 시공간적 영역 속에 살아가면서 경험과 의식을 공유하는 곳으로 정의한다. 楊艶紅,「初中歷史鄕土史材料的挖掘和教學硏究」, 東北師範大學 碩士學位論文, 2006, 7쪽.

2) 許友根,「關于編寫中學鄕土史教材的幾個問題」『鹽城師專學報』1999-2, 98쪽. 중국의 지방 행정 조직은 위로부터 성급(省級) 행정구─현급(縣級) 행정구─향진급(鄕鎭級) 행정구가 기본 구조이나 성급 행정구에서 관리하는 현급 행정구가 너무 많아 그 중간에 지급(地級) 행정구를 설치해 4개 층위의 구조로서 다음과 같이 구성되어 있다. 1급행정구(省級: 省, 自治區, 直轄市)─2급행정구(地級: 地級市, 自治州, 地區)─3급행정구(縣級: 縣級市, 縣)─4급행정구(鄕鎭級: 鄕, 鎭)

3) 金相成,「關于搞好鄕土歷史教材編寫和教學工作的幾個問題」『歷史教學問題』1990-5, 35쪽.

는 이유로 표면적으로는 1970년대 말 개혁·개방으로의 전환 이후 산업화
와 도시화가 빠른 속도로 진행되면서 학생들의 지역 의식이 희박해진다는
것이다. 그러나 좀 더 내면을 들여다보면 1980년대 이후 사회 경제적 변
화와 함께 학생들의 인식이 크게 변화하여 국정(國情)에 대한 관념이 국
가의 요구 수준과 일정한 거리를 보였다. 이에 대응하여 향토사 교육은
자기 지역에 대한 이해를 바탕으로 국정 전체의 이해로 나아간다는 애국
주의 교육의 일환으로서 강조된 것이기도 하다.4) 즉 '작은 조국'인 자기
지역에 대한 이해가 국가 전체에 대한 애정으로 확대될 수 있다는 가능성
을 염두에 둔 것이다. 개혁·개방으로 인한 현대화와 전통 사이의 모순,
빈번한 인구의 유동, 생활방식과 소비방식에서의 가치와 취향의 변화, 전
통적 농본주의 사고의 소멸, 민족 간의 상호 충돌 등 복잡한 사정이 반영
된 것이다.5)

한편 교육개혁의 흐름에 맞춰 향토사 교육이 탐구학습으로 부각되기도
한다. 즉 학생들의 탐구능력을 향상시키려는 이른바 소질교육(素質敎育)
의 차원에서 접근이 이루어지고 있다.6) 탐구학습의 일환으로 향토사 교
육이 이루어지기도 한다는 점이다.

중국에서 실시되는 교육의 구체적인 모습을 파악하기 먼저 중국의 향토
사 교육이 어떤 변천 과정을 밟아 왔는지 향토사 교재를 중심으로 살펴보
고, 다음으로 현재 향토사 교육에 사용되고 있는 향토사 교재와 수업 사례
를 살펴본다. 마지막으로 중국 향토사 교육의 과제를 짚어 보기로 한다.

---

4) 劉松萍,「鄕土史敎學與國情敎育」『歷史敎學問題』 1991-2, 54쪽.
5) 陸茂榮·曹明,「關于鄕土歷史敎學的若干認識」『歷史敎學問題』 1995-1, 51쪽.
6) 소질교육에 관한 자세한 내용은 吳炳守,「中國 中等學校 歷史敎育課程의 推移와
   最近 動向」『歷史敎育』제84집, 2002, 102~103쪽 참조.

2. 근대교육 도입 이후 향토사 교육의 변천

중국 향토사 교육의 시작은 근대적 교육과정이 도입되는 청말로 거슬러 올라간다.[7] 1901년 1월 말 청 정부는 과거제 폐지, 학부(學部) 설립, 학당(學堂) 진흥 등의 교육 개혁을 단행하였다. 1902년 7월에 발표된 「주정학당장정(奏定學堂章程)」은 처음으로 마련된 근대적 의미의 소학의무교육 규정으로서 메이지 정부의 「신소학령시행규칙(新小學令施行規則)」을 모델로 한 것이었다.[8] 역사와 관련된 사학(史學)과 여지(輿地)를 필수과정으로 설정하였다. 이중 2학년과 3학년의 여지(輿地)에서 각각 '향(鄕)과 현(縣)의 사정'과 '부(府)의 사정'을 배우도록 하였다.[9] 당시 독일과 일본에서 실시하던 향토교육은 청 정부의 교육에 많은 영향을 미쳤다. 독일에서 직접 공부하였던 유학생이나 독일 교육의 세례를 받은 일본에 유학한 학생을 통하여 독일 교육이 수입되었다.

1905년 황샤오지(黃紹箕)가 작성한 「향토지예목(鄕土志例目)」이 학무대신을 거쳐 광서제의 승인을 받아 발표되었다.[10] 청조가 국가적 차원에서 향토교재의 편찬 방향을 제시한 것이다. 「향토지예목」은 전통적인 지방지의 기본 체제와 내용을 바탕으로 역사(歷史), 지리(地理), 호구(戶口), 씨족(氏族), 실업(實業), 물산(物産) 등 15가지 내용을 담도록 하였다. 1907년 장쑤성 통저우(通州)에서 발행한 『향토역사지리교과서(鄕土歷史地理敎科書)』가 근대 중국 최초의 향토사 교재로 알려져 있다. 이 교재는 통저우의 지리, 연혁, 자원, 고적, 인물 등에 관한 내용을 수록한 것으로 「향토지예목」을 지침으로 만들어진 초창기의 향토교재는 종래의 지

---

7) 중국의 향토사 교육의 전반적 흐름에 대해서는 李素梅·騰星, 「中國百年鄕土敎材演變述評」, 『廣西民族大學學報(哲學社會科學版)』 2008-1의 내용을 참조할 것.
8) 李新, 『百年中國鄕土敎材研究』, 知識産權出版社, 2015, 21~22쪽.
9) 王興亮, 「淸末江蘇鄕土志的編纂與鄕土史地敎育」, 『歷史敎學』, 2003-9, 31쪽.
10) 許慶如, 「近代山東鄕土敎材撰修探析」, 『齊魯師範學院學報』 32-6, 2017, 73쪽.

방지와 크게 다르지 않았다. 그러나 일본 유학 등으로 근대 서구 교육의 영향을 받은 지식인들은 향토교재가 전통적인 지방지와 달라야 한다고 인식하고 장절체(章節體)의 새로운 서술 체제를 도입하기 시작하였다. 신해혁명 이후 향토교재는 점차로 지방지의 틀을 벗어나 근대적 교과서의 서술 체제로 바뀌었다.

국민정부가 들어선 이후, 일본과의 긴장 관계가 심화되기 시작하면서 향토사 교육이 본격적으로 추진되었다. 1931년 10월 국민정부는 현(縣)의 각 소학에 「향토교재 편집조례(鄕土敎材編輯條例)」를 배포하고 각 학교 단위에서 향토교재를 편찬하도록 하였다. 1932년 10월에는 여러 과목에 향토와 관련된 내용이 들어가도록 한다는 규정을 마련하였다. 각 성(省)마다 상황은 달랐으나 이 시기 전국 대부분의 소학에서는 향토사 교육이 이루어지고 있었으며 상당히 많은 향토교재가 등장하였다. 향토교재가 활발히 편찬되면서 향토교재의 목적, 내용, 교학 방법 등을 다룬 향토교재론 서적이 잇달아 출간되었다.

중일전쟁 시기부터 중화인민공화국이 들어서는 1949년까지는 향토사 교육이 위축되었다. 향토사 교육이 전환점을 이루게 된 것은 사회주의 체제가 들어선 이후이다. 1957년 마오쩌둥은 7개의 성(省)·시(市) 교육국장 좌담회에서 "교재는 지방성(地方性)을 가질 필요가 있으며 마땅히 향토교재가 많아져야 한다."고 강조하였다. 이 좌담회에 이어 1958년 1월 23일 교육부는 초·중등학교와 사범학교는 역사, 지리, 문학 등의 과목에서 모두 향토교재를 사용한다는 지침을 발표하였다.[11] 교육부의 지침에 따라 각지에서는 교재편사처(敎材編寫處)를 만들어 향토교재를 편찬하였다. 그러나 당시 향토사 교재의 대다수는 인민공사를 추진하던 시대 상황을 반영하여 공사사(公社史)나 촌사(村史)였다.

---

11) 「敎育部關于編寫中小學·師範學校鄕土敎材的通知」 『中華人民共和國國務院公報』 1958-5, 120~122쪽.

문혁 시기는 향토사 교육에 있어서도 일련의 공백기였고 문혁 이후 향토사 교육은 다시 활성화되었다. 1987년 6월 3~7일 저장성에서 개최된 전국향토교재공작회의(全國鄕土敎材工作會議)는 향토사 교육을 활성화시키는 중요한 전기를 마련하였다. 같은 해 8월 20일에 「전국향토교재공작회의기요(全國鄕土敎材工作會議紀要)」가 발표되었고 이후 전국적으로 '향토열(鄕土熱)'이 일어나 각 성과 시 단위의 향토교재뿐만 아니라 현(縣)과 구(區)단위의 향토교재도 등장했다.12) 1990년에는 전국향토교재건설경험교류회(全國鄕土敎材建設經驗交流會)가 난징에서 개최되어 3년간의 경험을 총괄하였는데 그간 제작된 향토교재는 무려 2,000종 이상인 것으로 파악되었다. 역사를 비롯하여 지리(地理), 생물(生物), 사상 품덕(思想 品德), 음악(音樂), 미술(美術), 노동(勞動), 노동기술(勞動技術) 등의 다양한 향토교재가 만들어졌고 일부 지역에서는 교과를 통합한 성격의 향토교재도 소개되었다. 이 교류회에서는 우수한 향토사 교재에 대한 시상식도 열렸다. 1등상은 광둥성(廣東省) 쫑산시(中山市)의 『쫑산역사(中山歷史)』, 산둥성(山東省) 지난시(濟南市)의 『지난역사(濟南歷史)』, 헤이룽강성(黑龍江省)의 『헤이룽강성역사(黑龍江省歷史)』(소학), 상하이시(上海市)의 『상하이향토역사(上海鄕土歷史)』가 차지하였다. 2등상은 『난징향토역사(南京鄕土歷史)』, 상하이시 쟈딩현(嘉定縣)의 『쟈딩역사(嘉定歷史)』 등 21종, 장려상은 산둥성 랴오청지구(聊城地區)의 『둥창역사(東昌歷史)』 등 31종이 받았다. 『쫑산역사』가 1등상을 차지한 이유는 향토사의 내용 전개가 맥락적으로 잘 연결되고 해당 지역의 역사가 전체 중국사의 전개에 미친 영향을 학생들이 이해하기 쉽게 서술되어, 일반 역사교재와 함께 사용하기에 편리하다는 것이었다.13)

---

12) 姚錦祥, 「鄕土史的敎學規範問題」 『歷史敎學』 2003-5, 20쪽.

13) 『쫑산역사』는 고대, 근대, 현대의 3장으로 구성된 통사 편년체로 각 장별로 3개의 절을 배치하였다. **제1장 고대의 향산(香山)** 제1절 "사퇴인(沙堆人)" - 향산인(香山

1991년 3월 9일 근현대사와 국정교육(國情敎育)을 강화하라는 장쩌민의 지시 역시 향토사 교육이 강화되는 계기를 제공하였다. 장쩌민은 "가향은 눈앞에 펼쳐진 조국이며, 조국은 가향이 확대된 것이다"라며 국정교육을 강조하였다. 그의 지시에 호응하여 국가교육위원회(國家敎育委員會)는 「초중등학교의 중국근현대사와 국정교육 강화 방안(關于中小學加强中國近代·現代史及國情敎育的總體綱要)」을 마련하고 각 행정구역 별로 향토교재를 만들도록 하였다.

1999년 국무원은 국가·지방·학교 수준의 3단계 교육과정을 시행할 것을 결정하였다. 이후 향토사 교육은 보다 활발하게 전개되었다. 지방과 학교의 교육과정도 국가의 전체 교육과정 체계 속에서 중요한 부분이며, 지방과 학교도 교육과정을 개발하고 관리하는 주체임을 명확히 한 것이다. 지방 교육과정의 실현은 향토교재의 개발을 요구하였고 각지에서 향토교재 편찬 작업이 이루어졌다. 내용적인 측면에서도 다양한 시도가 이루어진 가운데 일부 민간 기구들이 향토교재의 개발과 연구에 참여하는 사례들도 보이고 있다.[14] 2006년 10월 8일 교육부 민족교육사(民族敎育司)는 「소수민족지구의 향토교재수집 협조에 관하여」(關于協助收集少數民族地區敎材函)라는 지침을 발표하였고, 교육부 민족교육사와 중앙민족대학(中央民族大學)에서 전국적으로 산재한 방대한 양의 향토교재에 대한 수집활동을 전개하고 있다. 중앙민족대학의 중국향토교재 수집·연구센터(中國鄕土敎材收藏與硏究中心)는 청말(淸末)부터 발행된 향토교재를

人)의 조상/제2절 "와요문화(瓦窯文化)"-향산 문명의 요람/제3절 향산(香山)현의 유래. **제2장 근대의 향산** 제1절 아편전쟁 시기 향산 인민의 반침략 투쟁/제2절 몸은 이방(異邦)에 있으나 마음은 조국에 있는 향산 화교(華僑)/제3절 향산의 신해혁명. **제3장 현대의 쭝산** 제1절 대혁명 시기의 노동자·농민 운동/제2절 우꾸이산(五桂山)의 항일 근거지/제3절 쭝산의 해방 전쟁.

14) 대표적인 단체가 베이징천하계교육자문센터(北京天下溪敎育咨詢中心)이다. 이들의 활동은 http://www.brooks.ngo.cn 참조.

수집하여 2017년 현재 4,113종의 향토교재 4,506권을 소장하고 있다.[15]

3. 다양한 유형의 향토사 교재

중국에서 향토사 교재는 기본 교과서에 대한 보조교재의 역할을 부여
받는 측면이 크다.[16] 해당 지역의 향토사를 통해 교과서의 내용을 좀 더
이해하기 쉽게 한다는 것이다. 가령『중국역사』7학년 상책의 제1과 '조
국 경내(境內)의 먼 옛날 사람들(遠古居民)'에서는 중국의 구석기 인류인
위안모우인, 베이징인, 산딩둥인의 생활이 나온다.[17] 그리고 네이멍구자
치구의 향토사 교재인『네이멍구역사』에는 구석기 유적인 다야요문화(大
窯文化) 유적에 대해 소개하고 있다. 학생들은 내몽골 자치구의 수도 후
허하오터(呼和浩特) 외곽에 있는 다야오문화 유적을 통해서 구석기 문화
에 대한 심화 학습을 할 수 있고 나아가 중국의 구석기 문화에 대한 이해
의 폭을 넓힐 수 있다는 것이다.[18]

향토사 교재의 구성은 크게 통사식 편제(章節體)나 주제식 편제(綱目
體)를 취하고 있다. 대체로 향토의 규모에 따라 서술 체제를 택하는 것으
로 보인다.[19] 즉 성, 직할시, 자치구 등 1급 행정구의 향토사 교재는 통사
식 편제를 이용한다. 상대적으로 큰 행정구역이기 때문에 사료가 풍부하

---

15) 滕星·羅銀新,「中國鄕土敎材的開發收藏与硏究」『當代敎育與文化』2018-1 참조
16) 熊守淸,「鄕土敎材在歷史敎學中的作用及其運用」『廣西師範大學學報(哲學社會科
　　學版)』1987-1, 112~113쪽 ; 趙寅松,「略談鄕土歷史敎材的編寫和敎學」『課程·敎
　　材·敎法』1988-4, 42~43쪽.
17)『中國歷史』(7上), 人民敎育出版社, 2007, 2~6쪽.
18) 李斯琴,「歷史課程資源的開發與利用 — 以呼和浩特地區爲例」『內蒙古師範大學學報』
　　2006-12, 101쪽.
19) 許友根, 앞의 글, 100쪽 ; 勞云展·王作仁,「歷史敎學的社會功能與國情敎育設想」
　　『寧波師範學報(社會科學版)』14-4, 1992, 93쪽.

고 인물과 사건이 비교적 많아 시대별로 장절을 구성하기가 용이하기 때
문이다. 가령 안후이성(安徽省)『안후이역사(安徽歷史)』와 충칭시(重慶
市)『충칭역사(重慶歷史)』의 목차를 보자.

> □ 안후이 정구연혁(政區沿革)
> □ 고대 편
> 원고(遠古), 하·상·주, 삼국·양진(兩晉)·남북조, 송·원, 명·청(아편전쟁 이
> 전), 주제 활동 1(역사강연 - 내가 생각하는 가향명인(家鄕名人))
> □ 근대 편
> 아편전쟁, 태평천국운동과 회군(淮軍)의 홍기, 민족자본주의 경제의 완만한
> 발전, 신해혁명, 5·4운동과 제1차 국공합작, 토지혁명전쟁, 항일전쟁, 해방전
> 쟁, 근대문화, 주제 활동 2(역사고찰 - 가향(家鄕) 근대 백년의 회고)
> □ 현대 편
> 사회주의로의 길, 시련 속에 전진하는 사회주의 건설, 사회주의 현대화 건
> 설의 새로운 시기, 사회주의 시기의 문화, 주제 활동 3(역사조사 - 우리 주변의
> 풍토 변천)[20]

> ①원시 사회의 충칭, ②노예제의 파왕국(巴王國), ③전국·진한 시대의 충
> 칭, ④삼국·양진(兩晉)·남북조·수당 시대의 충칭, ⑤양송(兩宋) 시대의 충칭,
> ⑥농민정권 대하국(大夏國), ⑦명·청 시대의 충칭, ⑧아편전쟁에서 신해혁명
> 에 이르는 시기의 충칭, ⑨5·4운동 전후의 충칭, ⑩대혁명(大革命) 시기의 충
> 칭, ⑪만주사변 전후의 충칭, ⑫항일전쟁 시기의 충칭, ⑬인민해방전쟁 시기의
> 충칭[21]

안후이성의『안후이역사』는『중국역사』와 매우 유사하게 단원을 편성
하였고, 충칭시의『충칭역사』의 목차를 보면 총 13장으로 시대별 중단원

---

20) 徐貴亮 主編,『安徽歷史』, 中國地圖出版社. 2008년(제4판). 대부분의 향토사 교재
　　가 지방에서 출판되고 있는데,『안후이역사』와 함께 장쑤성의 향토사 교재인『장
　　쑤역사(江蘇歷史)』(劉克明 主編)는 중국지도출판사에서 발행하고 있다. 두 교재 모
　　두 12~16차시의 분량이며 해당 성(省)의 심사를 거쳐 사용되고 있다.
21) 重慶市敎育科學硏究院 編,『重慶歷史』, 廣西師範大學出版社, 2001.

체제이다. 현(縣)이나 향진(鄕鎭)처럼 비교적 범위가 작은 지역은 주제식 편제를 채택하고 있다. 참고할 만한 사료가 적어 통사 방식으로 구성하기에는 역사상의 공백이 적지 않기 때문이다.

한편 향토사 교재를 편찬하는 작업이 오랫동안 진행되면서 여러 문제점들이 노출되었고 논의가 진행되는 가운데 대체적인 해결 방향도 잡혀간 듯하다. 제기되었던 문제점들은 다음과 같다. 첫째, 향토사 교재와 교과서의 관계 문제다. 향토사 교재에서 흔히 나타날 수 있는 문제로 지역의 인물이나 사건을 과도하게 현창하는 것이 자칫 중국사의 이해를 왜곡시킬 수 있다는 것이다. 임의로 교과서의 전국적 사건을 축소하고 향토사 교재의 국지적 사건을 과대 포장하여 전체 중국사와 향토사의 역사적 지위가 주객전도 되는 일이 없도록 하자는 쪽으로 의견이 모아졌다.[22] 아울러 향토사 교재의 관점과 내용이 교과서와 배치되지 않도록 할 것을 요구했다. 가령 교과서는 노예제 사회와 봉건제 사회의 분기(分岐)에 대해 꿔모러의 춘추전국설(春秋戰國說)을 수용하고 있는데 향토사 교재가 이와 다른 관점을 적용해서는 안 된다는 것이다.[23] 향토사 교재와 교과서 간의 관점을 통일하는 문제는 용어의 사용에서도 나타났다. 예를 들어 교과서에서 민족영웅은 외세의 침략에 맞선 인물을 가리키고, 중국 내의 민족 간 전쟁에 등장하는 인물은 민족영웅이라 부르지 않는다. 중국이 다민족 통일국가임을 강조하려는 입장이 반영된 것이다. 자칫 향토사 교육이 지역과 지역, 민족과 민족이 충돌할 수 있는 여지를 제공할 수 있기 때문이다. 그에 따라 푸젠성(福建省) 진쟝(晋江)의 향토사 교재가 왜(倭)에 맞써 싸운 유대유(兪大猷)를[24] 민족영웅이라 부르는 것은 합당하지만, 만일 허난성 탕

---

22) 劉道軍, 「論鄕土歷史敎學的意義」, 『文敎資料』 2007-10, 127쪽.

23) 고대사의 시대 구분 문제에 대해서는 閔斗基·朴漢濟, 「中共에서의 '古代史' 區分論爭 Ⅰ」, 『中國史時代區分論』, 창작과비평사, 1984, 116~129쪽 참조.

24) 유대유(1504~1580)는 명대 무관으로서 척계광(戚繼光)과 함께 동남해안에 출몰하던 왜구를 격퇴한 인물이다.

양(湯陽)의 향토사 교재를 편찬할 때 금의 군대에 맞서 싸웠던 남송의 악
비(岳飛)를 민족영웅으로 부를 수 없다는 것이다.25)

둘째, 향토사 서술에 사용되는 자료의 고증 문제이다. 향토사 자료는
문헌 자료, 유물과 유적, 구전 자료 등이 있다. 문헌 자료는 정사, 지방지,
각종 문서 자료 등이 있는데 주로 정사나 지방지의 자료를 활용한다. 변
경 지역이나 경제가 낙후된 지역에서는 정사 자료가 부족해 지방지 자료
의 활용 비중이 큰데, 지방지 자료는 정사에 비해 오류가 많다. 한편 민간
전설이나 민요 등 구전 자료를 인용할 때는 더 많은 주의가 요구된다. 자
기 지역의 역사를 과장하거나 축소하면서 신화로 채색하거나 와전시켜 역
사적 사실과 멀어지게 되는 경우가 적지 않기 때문이다. 가령 제갈량(諸
葛亮)이 남방 지역을 공략하였기 때문에 구이저우(貴州), 쓰촨(四川), 윈
난(雲南) 일대에는 제갈량과 관련된 많은 유적과 전설이 남아 있는데 대
부분 정사와 부합하지 않는다. 나관중의 『삼국지연의』에 나오는 7종7금
(七縱七擒)의 맹획(孟獲) 이야기는 허구일 가능성이 높은데 윈난의 소수
민족 중에는 맹획이 제갈량을 4종4금(四縱四擒)했다는 이야기도 전해져
내려온다. 이러한 자료들은 엄밀한 검토를 거치지 않으면 잘못된 지식을
전달할 수 있다는 지적이다.26)

---

25) 馮一下·李洁, 「試論鄕土歷史敎材的基本特徵」 『課程·敎材·敎法』 1995-1, 27~28
    쪽. 그러나 악비 문제는 중국에서 쉽게 정리되지 않는 것으로 보인다. 2002년에 발
    표된 「전일제보통고급중학역사교학대강(全日制普通高級中學歷史敎學大綱)」 시험
    수정판(試驗修訂版)에서 왜구를 격퇴한 척계광이나 타이완을 차지하고 있던 네덜
    란드를 몰아낸 정성공은 민족영웅이라 할 수 있지만, 악비나 문천상은 민족영웅의
    범주에 넣을 수 없다고 하였다. 이러한 내용이 보도로 알려지자 악비의 민족영웅
    여부를 둘러싸고 사회적인 논쟁이 일어났다. 충성과 애국의 상징인 악비를 민족영
    웅에서 제외한다는 것을 납득하기 어렵다는 여론이 상당히 컸다. 「岳飛文天祥"民
    族英雄"桂冠被摘 各方展開討論」 『北京靑年報』 2002년 12월 9일 참조.
26) 黃萬潤, 「中學歷史敎學中的鄕土史敎學」 『六盤水師範高等專科學校學報』 17-4,
    2005, 69쪽.

셋째, 소수민족을 포용하는 문제이다. 현재 중국 역사상 소수민족을 외족(外族)이나 이족(異族)으로 표현하지 않으며 중국 내의 민족분규를 침략(侵略)이라 표현하지도 않는다. 중국 내의 각 민족을 중화민족의 한 구성원으로 보기 때문이다.27) 향토사 교재는 학생들에게 중국사는 '하나로 통일된 다민족'의 역사이며, 한족과 각 소수민족은 불가분의 관계라는 인식을 심어주려고 한다. 향토사 교재를 편찬하면서 특히 변강지구의 소수민족을 배려할 것을 요구하고 있다. 가령 회족(回族) 자치구의 향토사 교재는 역사상 회족과 한족 간 친교의 사례를 서술함으로써 민족단결 의식을 고취시키도록 하고 있다. 가령 명대 양명학자인 이탁오(李卓吾)나 해외 원정에 나섰던 정화(鄭和) 등을 내세워 회족이 중국의 역사 발전에 지대한 공헌을 하였음을 강조한다.28)

넷째, 정치뿐만 아니라 경제나 문화 등 다양한 영역의 내용을 서술하는 문제이다. 상하이시(上海市) 지아띵구(嘉定區)의 경우를 일례로 들면 향토사 교재의 내용선정 과정에서 정치사 중심의 계급투쟁을 강조하는 경향으로부터 자유롭지 못했다. 경제 분야의 지역 특산물을 넣는 문제로 논쟁이 일어났고, 더 큰 논란은 지아띵 출신의 유명한 실업가 우윈추(吳蘊初)와 파리강화회의에 중국측 대표로 참가했던 꾸웨이쥔(顧維鈞)을 명인록(名人錄)에 올리는 문제였다. 우윈추는 자산계급에 속하고 꾸웨이진은 북양 정부와 난징 정부에서 요직을 역임했기 때문이다. 최종적으로 계급투쟁의 관점을 완화하고 두 사람을 명인록에 편입시켰다.29) 경제 부분을 강조하는 것은 개혁·개방 이후 중국의 경제 발전 상황을 반영하는 것으로

---

27) 이른바 '통일적 다민족국가론'은 白壽彝의 「論歷史上祖國國土問題的處理」(「光明日報」 1951년 5월 5일)에서부터 확인되는데 중국의 역사와 강역(疆域)이 한족(漢族)을 비롯한 각 민족의 융합에 의해 형성되었다는 것이다. 관련된 논의로서 정하현, 앞의 글, 2001, 333~334쪽 참조.
28) 唐克秀, 「歷史課的鄕土史敎學」, 『寧夏敎育』 1988-Z1, 63쪽.
29) 嘉定鄕土史編寫組, 「鄕土史敎材編寫當議」, 『歷史敎學問題』 1995-8, 27~28쪽.

보인다. 해당 지역의 경제 발전을 보여줌으로써 학생들이 졸업 후 적극적으로 지역의 경제활동에 참여하도록 동기부여하려는 의도도 반영되어 있다.[30] 문화 부분에도 유형의 문화재뿐만 아니라 무형의 문화인 민간 전래음악, 무용, 풍속 등을 향토사 소재로 활용할 것을 요구한다.

다섯째, 가독성을 살릴 수 있는 문체와 학습활동이 용이한 형태의 교재를 요구한다. 이는 교재가 사장되지 않고 잘 활용되기 위해 해결해야 할 문제로 지적된다. 전문 학술 용어나 문헌 자료상의 용어가 아닌 학생들의 수준을 고려한 스토리텔링이 생동감 있게 이루어져야 가독성이 높아진다는 것이다. 사마천의『사기』가 역사서이면서도 문학적인 요소를 많이 갖추고 있듯이 향토사 교재를 편찬할 때 의식적으로 사마천의 문사통일(文史統一) 정신을 이어받자는 의견도 제시된다.[31] 또한 학습과제가 학습자의 수준을 뛰어넘거나 추상적으로 제시될 경우 활용도가 떨어지기 때문에 학습과제도 적절히 제시되어야 한다는 것이다.

다음은 향토사 교재의 구체적인 형태를 세 가지 유형으로 나누어 살펴보기로 한다. 첫째, 현재 중국의 중등학교에서 사용되는 가장 보편적인 형태의 향토사 교재로서 광저우시(廣州市)의『광저우역사(廣州歷史)』를 사례로 들 수 있다. 둘째, 향토사가 국가 혹은 지방 수준의 교육과정과 결합된 형태이다. 상하이의 향토사 교재가 대표적인 경우로 정규 교육과정 속에 향토사가 포함되어 있다. 셋째, 소수민족의 향토사 교재이다. 옌볜(延邊) 조선족자치주(朝鮮族自治州)의『중국조선족역사』와 신장위구르자치구의『신장·지방역사편(地方歷史編)』을 통해 중국의 소수민족 정책이 향토사 교육에 어떻게 반영되고 있는지 살펴본다.

---

30) 駱永壽,「應當重視四川鄕土歷史敎學」『四川師範大學學報』 1989-1, 96~99쪽.
31) 嘉定鄕土史編寫組, 위의 논문, 28쪽.

1) 광둥성(廣東省)의 향토사

〈그림 14〉   〈그림 15〉   〈그림 16〉

〈그림 14〉『광둥향토역사교과서(廣東鄉土歷史敎科書)』(1908). 황푸이(黃佛頤)가 집필
하고 국학보존회(國學保存會)에서 발행하였다. 모두 4책으로 구성되었고 각 책은
18개 과로 구성되었는데 각 과는 130자 내외의 분량이다. 내용은 광둥의 중요 역사
사건, 저명 역사인물 유적, 민간 풍속, 수륙 교통, 관할구역 등을 다루고 있다.
〈그림 15〉『광둥역사(廣東歷史)』(1978). 총 7과로 구성되어 있고 근현대 부분의 내용
만으로 구성되어 있다. '광둥성의 혁명투쟁과 해방 후 사회주의 건설의 성취'를 강
조하고 있다.
〈그림 16〉『광저우역사(廣州歷史)－근대(近代)·현대(現代) 부분』(2017).

광둥성은 오래전부터 다양한 향토사 교재를 편찬해 온 지역의 하나이
다. 1906년부터 이미 향토사 교재가 편찬되었다. 당시 광둥성의 향토사
교재는 주로 전통 지방지 체제에 맞춰 편찬된 향토지와 근대적 교과서의
형태를 갖춘 향토 교과서로 나눌 수 있다. 교재가 다루는 지역의 범위에
따라 3종류(성·부·현)로 나뉘는데, 성급(省級) 교재로는『광둥향토역사교
과서(廣東鄉土歷史敎科書)』(〈그림 14〉 참조)가 있었고 부급(府級) 교재
로는『차오저우향토교과서(潮州鄉土敎科書)』가 있었다. 양적으로 볼 때
현급(縣級) 교재가 가장 많이 만들어졌는데『시씽현향토지(示興縣鄉土

志)』,『씽닝현향토지(興寧縣鄕土志)』,『광닝현향토지(廣寧縣鄕土志)』등
이 제작되었다.

〈표 16〉 광둥성 향토사 교재(2006년 기준)

	지방교재명칭	교재형식	사용 대상	편찬단위	사용 범위
1	광저우 역사(廣州歷史)	향토사 교재	초중 1,2년	광저우시교연실 (廣州市教研室)	광저우시 (廣州市)
2	물은 맑고 꽃은 향기롭다(水秀花香): 팡춘(芳村)	종합향토 교재	3~8년	광저우시팡춘구교연실 (廣州市芳村區教研室)	팡춘구 (芳村區)
3	물은 맑고 꽃은 향기롭다(水秀花香): 새 팡춘(新芳村)	종합향토 교재	유아원	광저우시팡춘구교연실 (廣州市芳村區教研室)	
4	더 역사(順德歷史)	향토사 교재	초중 2년	푸산시 더구교연실 (佛山市順德區教研室)	더구 (順德區)
5	주하이 역사(珠海歷史)	향토사 교재	초중	주하이시교연실 (珠海市教研室)	주하이시 (珠海市)
6	나는 주하이를 사랑한다(我愛珠海, 1~4책)	종합향토 교재	소학	주하이시샹저우구교연실 (珠海市香洲區教研室)	
7	후이저우시 역사 (惠州市歷史, 전1책)	향토사 교재	소학· 초중	후이저우시교연실 (惠州市教研室)	후이저우시 (惠州市)
8	허위엔(河源) : 나의 집(我的家)	종합향토 교재	3~8년	허위엔시교연실 (河源市教研室)	허위엔시 (河源市)
9	양장향토역사 (陽江鄕土歷史)	향토사 교재	초중	양장시교연실 (陽江市教研室)	양장시 (陽江市)
10	메이저우시향토역사 (梅州市鄕土歷史)	향토사 교재	초중	메이저우시교연실 (梅州市教研室)	
11	예젠잉 원수의 고향 (葉劍英元首的故鄕): 메이저우시(梅州市)	종합향토 교재	소학	메이저우시교연실 (梅州市教研室)	메이저우시 (梅州市)
12	객가 문화의 수도 (客家文化之都): 메이저우(梅州)	종합향토 교재	3~6년	메이저우시교연실 (梅州市教研室)	
13	쟈오링 역사(蕉岭歷史)	향토사 교재		메이저우시쟈오링현 교연실 (梅州市蕉岭縣教研室)	쟈오링현 (蕉岭縣)

14	쫑산 문화(中山文化)	향토사 교재	초중	쫑산시교연실 (中山市教研室)	
15	손쫑산의 고향 (孫中山的故鄉): 쫑산(中山)	종합향토 교재		쫑산시교연실 (中山市教研室)	쫑산시 (中山市)
16	향토 쫑산(鄉土中山)	종합향토 교재	4~9년	쫑산시교연실 (中山市教研室)	
17	동관지방 역사독본 (東莞地方歷史讀本)	향토사 교재	초중 1년	동관시교연실 (東莞市教研室)	동관시 (東莞市)
18	선전 사화(深圳史話)	향토사 교재	초중	선전시교연실 (深圳市教研室)	(深圳市)
19	샤오관 향토역사 (韶關鄉土歷史)	향토사 교재	초중	샤오관시교연실 (韶關市教研室)	(韶關市)
20	산토우(汕頭): 나의 고향(我的故鄉) -산토우의 변천(汕頭的變遷)	향토사 교재	중학 각학년	산토우시교연실 (汕尾市教研室)	산토우시 (汕尾市)
21	지에양 문화(揭陽文化)	향토사 교재	3~8년	지에양시교연실 (揭陽市教研室)	지에양시 (揭陽市)
22	마오밍 향토역사 (茂名鄉土歷史)	향토사 교재	초중	마오밍시교연실 (茂名市教研室)	마오밍시 (茂名市)
23	차오저우 문화(潮州文化)	종합향토 교재	고중 1~2년	차오저우시교연실 (潮州市教研室)	차오저우시 (潮州市)
24	나는 칭위엔을 사랑한다. (我愛淸遠)	종합향토 교재	3~6년	칭위엔시교연실 (淸遠市教研室)	칭위엔시 (淸遠市)
25	사랑스런 고향(可愛的家鄉): 윈푸(雲浮, 1~4책)	종합향토 교재		윈푸시교연실 (雲浮市教研室)	윈푸시 (雲浮市)
26	짠장 문화(湛江文化)	종합향토 교재	7~8년	짠장시교연실 (湛江市教研室)	짠장시 (湛江市)

2006년 기준 광둥성에서 사용되고 있는 향토교재는 78종으로 파악되며, 그 중 향토사의 내용을 담고 있는 교재는 〈표 16〉과 같이 26종으로 향토교재의 33%를 차지하고 있다.[32] 다양한 종류의 향토사 교재가 개발되었으나 몇 가지 문제점도 드러난다. 첫째, 교재 개발의 주체가 대부분

---

32) 朱光文, 「廣東省地方歷史敎材編寫槪貌」 『廣東敎育』 2008-2, 31쪽 참조.

각 지급시(地級市) 교연실(敎硏室)에 집중되어 있고 현장의 교사가 개발에 참여한 경우는 극히 적다.[33] 둘째, 구(區)·현(縣)과 향진급(鄕鎭級)의 향토사 교재가 거의 없다는 점이다. 〈표 16〉을 보면 구현급(區縣級) 교연실(敎硏室)에서 개발한 교재는 광저우시(廣州市) 팡춘구(芳村區)의 『물은 맑고 꽃은 향기롭다(水秀花香): 팡춘(芳村)』을 비롯하여 4종뿐이다.

광저우시의 향토사 교재인 『광저우역사』는 고대 부분과 근대·현대 부분의 두 권으로 구성되어 있고 대상은 광저우시의 초중 1·2학년이다. 『광저우역사』가 처음 출판된 것은 향토교재의 편찬이 폭발적으로 이루어지던 1988년이다. 초판이 나온 이래 여러 차례 수정하였고, 현재는 2009년 광둥성중소학교재심사위원회(廣東省中小學敎材審査委員會)의 심사를 거친 교재를 사용하고 있다. 『광저우역사-고대부분』은 1840년의 아편전쟁 이전까지의 시기를, 『광저우역사-근대·현대 부분』은 아편전쟁 이후의 시기를 다루고 있다. 각각 80여 쪽, 120여 쪽의 분량이고 컬러인쇄다. 광저우시는 초중 1~2학년의 역사 수업시간 중 1/10을 향토사 수업에 할애하도록 권장하고 있다. 목차는 다음과 같다.[34]

> 역사연혁 편 제1과 진시황의 영남(嶺南) 통일
> 　　　　　 제2과 "3조10제(三朝十帝)"[35]
> 도시발전 편 제3과 2천년의 고성
> 상무발전 편 제4과 해상 실크로드의 출발항

---

33) 광둥성에는 중심도시인 광저우시(廣州市)를 포함하여 선전시(深圳市), 주하이시(珠海市), 산토우시(汕頭市), 쫑산시(中山市), 차오저우시(潮州市), 후이저우시(惠州市) 등 21개의 지급시가 있다.

34) 廣州市敎育局敎學硏究室 編, 『廣州歷史—古代部分』, 『廣州歷史—近代·現代 部分』, 廣州出版社, 2017.

35) 3조(三朝)는 광저우 지역에 수립된 왕조로서 진(秦)이 망한 이후의 남월(南越), 5대 10국 시기의 남한(南漢), 명이 망한 이후 세워진 남명(南明)을 말한다. 10제(十帝)는 세 왕조를 다스린 황제로 남월의 5명, 남한의 4명, 남명의 1명의 황제를 합한 것이다.

역사유적 편 제5과 남월왕(南越王) 묘와 남월국 궁궐
　　　　　　제6과 위에시우산(越秀山)에서 옛 정취를 찾다
민속풍정 편 제7과 민속풍정
역사명인 편 제8과 역사명인

영웅도시 편 제1과 반영(反英)투쟁의 3대 사건
　　　　　　제2과 쑨원(孫中山)이 건립한 혁명정권
　　　　　　제3과 국공합작과 광저우(廣州) 기의
　　　　　　제4과 침략에 반대하고 해방을 위한 투쟁
도시발전 편 제5과 현대화된 도시로의 변화
상무발전 편 제6과 시대를 이끄는 번영의 상업 도시
문화교육 편 제7과 영남 문화·교육의 중심
도시건축 편 제8과 전통과 창조의 도시 건축
역사명인 편 제9과 근대 광저우의 역사명인

　구성은 목차에서 보이는 것처럼 크게 6개의 영역으로 나누고 각 영역
마다 1~2개의 과를 배치하였다. 통사 체제가 아닌 중요한 역사사건, 주요
유적, 민속, 인물을 중심으로 한 주제사로 구성되었다. 이 교재의 주요한
특징은 지면 구성에서 볼 때 학생들의 가독성과 활동성을 고려한 것이다.
제1과의 1쪽을 보자.

　　제1과 진시황의 영남 통일
　　진시황은 6국을 통일한 후 중원에서 멀리 떨어진 영남(嶺南)도 진의 판도
　속에 넣고자 결심하였다. 기원전 219년 진시황은 도휴(屠睢)로 하여금 대군을
　이끌고 영남으로 진군케 하였다. 식량과 군수물자 보급의 곤란에다가 도휴의
　전략 실패, 영남 지역의 저항 때문에 전쟁은 3년간이나 지속되었고 도휴도 전
　사하였다. 이러한 국면에 진시황은 어떻게 이 어려운 문제를 해결했을까? 성목
　자(醒目仔)와 성목녀(醒目女)의[36] 이야기를 참고해 토론해 보자.
　　　　🧑 진시황은 영남을 통일하면서 전에 없던 어려움을 만났어. 자연 환경과
　인위적 요인이라는 두 가지 측면을 생각해 볼 때, 주요한 원인은 무엇이라고

---

36) 광저우의 총명한 남자아이와 여자아이에 대한 호칭.

생각하니?

📷 일단 중원인(中原人)은 영남의 고온다습한 기후에 적응하지 못해 질병으로 많은 군사들이 생명을 잃었어. 다른 한편으론 진의 군대가 상대했던 고대 영남 토착민들이 매우 거칠었지.

📷 나름대로 일리가 있네. 역사서의 기록에 의하면, 고대 월족(越族)은 머리가 짧고 문신을 하였으며, 난간을 두른 2층집에서 살았대. 그들은 자기에게 익숙한 지형을 이용해 산을 잘 타고 수전(水戰)의 장점을 잘 알고 있어서 낮에는 높은 산과 깊은 숲에 몸을 숨기고 있다가 늦은 밤에 진의 군대처럼 변장하고 진의 군대를 공격했다.

과의 도입부를 간단한 배경 설명과 함께 발문(發問)을 던지면서 시작하고 있다. 본문의 텍스트는 역사 내용을 설명하는 것이 아닌 남녀 학생이 서로 대화하는 형식이다. 지도와 유물 삽화의 비중이 큰 편이며 이를 활용하여 학습이 이루어질 수 있도록 배려하였다. 본문의 날개 부분에는 본문의 이해를 도울 수 있는 다양한 읽기 자료를 배치하였다. 과의 말미에는 한쪽 분량으로 학습내용을 정리하고 마무리용 문제를 넣었다.

광저우의 지역적 특징을 반영한 것으로는 전근대나 근현대 모두 도시발전과 상무발전의 단원이 있다. 도시발전에서는 광저우가 유구한 역사를 지닌 도시라는 점을 강조하고 있다. 상무발전에서는 '조국의 남대문'이라 칭할 만큼 광저우가 근현대에는 남부 해안의 대표적인 무역 도시의 하나로 발전해 왔으며, 전근대로 거슬러 올라가면 해상 실크로드의 출발지였다는 점을 강조하고 있다. 한편 진(秦)의 관리였던 조타(趙佗 혹은 찌에우다)가 진이 망하자 세운 남월(南越 혹은 남비엣)이 중국사인가 또는 베트남사인가하는 문제가 있다. 13세기 후반 레 반 흐우(黎文休)가 집필한 『대월사기(大越史記)』는 진정한 의미의 베트남사가 남월로부터 시작된다고 보았다.[37] 현재 베트남에서는 남월을 베트남사에 편입시키고 있지만,

---

37) 유인선, 『새로 쓴 베트남의 역사』, 이산, 2002, 37쪽.

중국의 입장에서 남월은 중국의 한 지방 정권이라는 시각이다. 중국의 향
토사 교재로서『광저우역사』역시 남월을 중국사의 일부로 이해하고 있다.

2) 상하이의 향토사

상하이 지역은 중국에서 처음으로 지방 차원의 독자적인 교육과정을
개발·운영한 지역으로서 타 지역에 비해 좀 더 향토사 교육을 강조하였
다. 타 지역의 향토사 교육이 정규 교육과정에 별도로 추가된 형태이나
상하이는 교육과정에 포함되어 있다는 점이 특징이다. 향토사 교재도 여
러 형태가 존재한다.

〈그림 17〉『상하이향토역사』(왼쪽)과『상하이향토역사도책』(오른쪽)

첫째, 초중 1학년 과정의 『상하이향토역사(上海鄕土歷史)』가 있다. 이 교재는 컬러로 인쇄된 『상하이향토역사도책(上海鄕土歷史圖册)』과 함께 세트로 발행하였다. 다른 지역에서는 대개 향토사 교재만 발행하고 그것도 흑백 인쇄로 된 경우가 대부분이다. 상하이 지역이 경제적으로 여유가 있는 지역인 만큼 컬러판의 향토사 교재와 역사부도가 함께 발행될 수 있는 것으로 보인다. 상하이시 교육과정에 학습 내용과 10시간의 이수 시간을 명시하고 있다. 교재의 구성을 보면 다음과 같다.[38] 사실 다른 지역의 향토사 교재와 비교해 볼 때 내용 구성 방식이 크게 다르지 않다. 그러나 교육과정을 통해 향토사 교육을 강제한다는 면에서 큰 차이가 있다.

제1장 상하이 역사의 유년기 – 푸취엔산(福泉山) 유적, 신(申)·호(滬)[39], 어촌에서 소도시로, 도시 건설

제2장 상하이 도시 지역의 발전 – 조계(租界), 대상하이계획(大上海計劃), 푸동(浦東)개방

제3장 중국 산업의 중심 – 상하이기기직포국(上海機器織布局), 룽가기업(榮家企業), 바오산강철공사(寶山鋼鐵公司)

제4장 중국 근대 문화의 발원지 – 신식교육, 도서출판, 영화와 텔레비전

제5장 중국 혁명의 전개 – 중국동맹회, 중국 공산당의 성립, 주공관(周公館)

제6장 근대화 도시의 건설 – 공용사업, 도시교통

제7장 다양한 종류의 건축 – 석고문(石庫門), 와이탄(外灘) 건축군, 류지아주이(陸家嘴)의 변모

제8장 문화 예술인 – 서광계(徐光啓), 루쉰(魯迅), 쪼우타오펀(鄒韜奮), 바진(巴金)

---

38) 상하이의 교육과정에 대한 자세한 내용은 上海敎育委員會 編, 『上海市中學歷史課程標準(試行稿)』, 上海敎育出版社, 2004 ; 김유리, 「역사교학대강에서 역사과정표준으로」『歷史敎育』 제96집, 2005, 81~90쪽 참조.

39) 신(申)과 호(滬)는 상하이의 별칭이다. 상하이는 전국시대 4군자의 한 명으로 일컬어지는 초(楚)의 춘신군(春申君)이 봉해진 지역으로 신(申)은 춘신군에서 유래하였다. 어로 도구인 호(滬)와 강이 바다와 만나는 곳을 의미하는 독(瀆)을 합하여 쑹강(松江) 하류 일대를 호독(滬瀆)이라 불렀는데 후에 호(滬)로 고쳐 부르고 이것도 상하이의 별칭이 되었다.

둘째, 심화(拓展型) 과정의 교재인 고중 3학년의 『고중역사』이다.[40] 상하이시 교육과정에서 고중 1·2학년의 기초과정에서는 중국사와 세계 역사를 공부하고, 고중 3학년의 심화과정에서는 아래의 목차에서 보는 것처럼 중국사와 세계사 그리고 향토사의 내용을 혼합시켰다. 지역의 역사인 향토사에서 세계사까지 하나의 교과서에 아우르는 것은 특이한 구성 방식이다. 『상하이향토역사』를 포함하여 대개는 향토사 교재가 중심적인 교재와 분리된 일종의 보조 교재의 형태인데, 이 경우에는 중심적인 교재 안에서 향토사가 독립된 단원으로 설정되어 있다.

심화 과정의 특징을 살려 보다 심화된 내용을 담고 있는데 문화사, 현대화 그리고 향토사를 강조하고 있다. 9개의 대단원 중 무려 6개의 단원이 문화사이고, 현대화와 향토사에 각각 1개의 단원을 배정하고 나머지한 단원은 전근대의 제국(페르시아 제국, 알렉산드로스 제국, 로마 제국, 비잔티움 제국, 아랍 제국, 오스만 제국)이다. 향토사의 내용을 살펴보면 초중의 『상하이향토역사』의 내용과 큰 차이는 없다. 비슷한 내용을 초중과 고중에 반복해서 배우고 있기 때문에 내용의 차별성을 확보하는 문제가 있다.

제1단원 유교 문화와 고대 중국
제2단원 서학동점(西學東漸)과 근대 중국
제3단원 선진적 사상 이론과 현대 중국
제4단원 상하이 역사의 변천
　제15과 개항 이전의 상하이－숭택(崧澤) 문화, 현(縣)의 설치와 도시 건설,
　　　　 "강해통진(江海通津)"
　제16과 근대 상하이 시정(市政)의 변천－상하이의 개방과 조계(租界)의 시정
　　　　 (市政), 청말 화계(華界)의 시정(市政), 상하이특별시
　제17과 근대 상하이의 경제 발전과 도시 건설－경제 발전, 도시 건설의 추진,
　　　　 대상하이계획(大上海計劃)

---

40) 余偉民 主編, 『高中歷史』(3학년), 華東師範大學出版社. 2010.

제18과 근대 상하이의 문화적 발전-동서 문화의 융합, 변화와 창조의 예술
　　　문학, 새로운 시민생활
제19과 발전하고 있는 새로운 상하이-계획 경제에서 개혁·개방으로, '4개
　　　중심'의 건설, 2010년 상하이국제박람회
제5단원 중국 역사학의 발전
제6단원 고대 세계의 제국
제7단원 세계 3대 종교
제8단원 17~18세기의 계몽사상
제9단원 세계 여러 나라의 현대화 과정

　셋째, 화동사대판 『중국역사』(7학년)이다.[41] 이 교재는 엄밀한 의미에
서 향토사 교재라 볼 수 없다. 국가에서 공표한 교육과정에 의거하여 만
들어진 일반 교과서이기 때문이다. 그러나 상하이 지역의 특수성을 반영
하여 중국 역사 속에 상하이 향토사의 내용을 결합시켰다. 책의 목차를
보면 다른 교과서와 크게 다르지 않다. 그러나 구체적인 서술을 살펴보면
중국사 속에 향토사가 결합되어 있음을 확인할 수 있다. 특히 근대 이후
의 역사를 다루는 『중국역사』(7하)에 상하이 향토사의 내용 요소가 많이
반영되었다. 중국의 근현대사 속에서 상하이가 차지하는 비중을 반증하는
것이기도 한데 전근대사가 중심인 『중국역사』(7상) 교재는 인교판 교과
서와 크게 다르지 않다. 이는 상하이의 본격적인 발전이 19세기 중반부터
시작된 사실과 밀접한 관련이 있을 것이다.

　화동사대판 『중국역사』의 구체적인 내용을 살펴보면 제2과 중체서용
(中體西用) 단원에 '북양해군', '강남제조국', '전보와 철도'라는 소단원이
배치되어 있다. 푸저우선정국(福州船政局)을 비롯하여 양무운동 시기의
다른 많은 기업이 있지만 특별하게 강남제조국을 하나의 소단원으로 만들
고 비중 있게 서술한 것은 상하이 교재임을 감안한 것으로 보인다.[42]

---

41) 初中 『中國歷史』(7학년), 華東師範大學出版社, 2007.
42) 初中 『中國歷史』(7학년), 華東師範大學出版社, 2007.

　(강남제조국은) 이홍장이 1865년에 상하이에 세운 최대 규모의 양무사업이었다. 무기제조뿐만 아니라 번역관(飜譯館)과 광방언관(廣方言館) 등 문화교육기관으로서의 역할을 하였다. 번역관에서는 초빙된 프라이어(John Fryer), 알렌(Young Allen) 등의 선교사와 중국의 과학기술 전문가가 서양 근대과학기술서적 120여종을 번역하고 30여종의 역사·정치·군사 등 다양한 서적을 출판해 서양 학문을 수용하였다. 광방언관에서는 학생들이 외국어를 공부하고 자연과학 지식을 습득함으로써 양무인재를 육성하였다.

　삽화 역시 이홍장, 강남제조국 정문, 강남제조국 번역관의 사진을 넣었다. 지면 한쪽을 강남제조국의 내용으로 채우고 그 다음 쪽의 활동 코너에 "상하이 지도를 펴고 황푸강 주변에 강남제조국과 연관된 도로 이름(2개)과 기업(1개)을 찾아보고 강남제조국의 위치를 알아보자"라는 과제를 부여하였다. 그리고 삽화로 강남제조국에서 제작한 총포의 사진을 배치하였다.[43] 이처럼 단원마다 일정량의 향토사 관련 서술을 확보하고 있다.

　화동사대판『중국역사』의 향토사 부분은 크게 세 가지 내용으로 분류할 수 있다. 첫째, 중국의 근대화에 기여한 상하이의 모습이다. 양무운동 시기 강남제조국을 시작으로 상하이 조계(22쪽), 중국 최초의 상업은행으로 1897년 상하이에 설립된 중국통상은행(中國通商銀行)(46쪽), 상하이의 대표적 백화점으로 1917~1918년에 문을 연 상하이선시공사(上海先施公司)와 영안공사(永安公司) 그리고 화련상하(華聯商廈)(48쪽)를 들 수 있다. 둘째, 근대의 문화 발전에 기여한 상하이의 모습이다. 경극의 탄생과 상하이 그리고 1920년대 상하이 학생이 연출한 활극(49쪽), 상하이를 근거지로 한 근대 중국의 대표적 언론과 출판사인 신보(申報)와 상무인서관(商務印書館)(50~51쪽), 민국 초기 가장 영향력이 컸던 과학단체인 중국과학사(中國科學社)(58쪽), 신문화 운동(64쪽) 등이다. 셋째, 중국 공산당의 성립과 발전에 지대한 역할을 했던 상하이의 모습이다. 5·4운동(66

---

43) 初中『中國歷史』(7下), 華東師範大學出版社, 2007, 14~15쪽.

쪽), 천두슈(陳獨秀)가 중국 공산당을 창립했던 상하이(67쪽), 중국 공산
당 제1차 전국대표회의가 개최되었던 터와 기념관이 있는 상하이 홍업로
(興業路)와 쟈싱남로(嘉興南路)(69쪽), 5·30사건 당시 노동자 파업과 영국
과 일본 상품에 대한 불매운동이 크게 일어났던 상하이(71쪽) 등이 있다.

상하이의 향토사는 다른 지역의 향토사에 비해 근현대사가 차지하는
비중이 상당히 크다. 물론 다른 향토사 교재에서도 근현대사를 강조하는
경우가 있는데 대개 제국주의 침략에 의한 피해나 해당 지역의 영웅적인
반제국주의 투쟁을 언급하는 경우가 많다. 그런데 상하이의 향토사나 앞
서 언급한『안후이역사』는 근현대사의 현대화와 관련된 부분을 강조한
다. 상하이나 안후이성 모두 동남연안에 위치해 있으면서 중국에서 상당
히 높은 수준의 경제력을 보유한 지역으로 손꼽힌다. 경제가 발달한 만큼
현대화에 대한 자신감을 갖고 향토사에 반영한 것이다. 전근대의 역사문화
적 전통이나 근현대의 반제국주의 전통을 통해 지역 의식을 공유케 하는
중국 내의 일반적 향토사와는 상당히 다른 경우라 할 수 있다. 현재진행형
의 현대화를 지역적 특징으로 보고 이를 향토사에서 부각시키고 있다.

3) 소수민족의 향토사

소수민족의 향토사는 여러 민족이 함께 만들어 온 중국사라는 대전제
를 바탕으로 구성된다. 따라서 각 민족이 민족의 경계를 넘어 중국사의
발전을 위해 함께 노력해온 역사로 그려진다. 중국사의 발전을 위해 소수
민족이 공헌해 온 역사가 강조될 수밖에 없다.[44] 민족단결이라는 큰 구호
아래 소수민족의 향토사가 기획되면서 소수민족의 역사 중 전체 중국사와
의 교집합을 이룰 수 있는 부분이 강조된다. 소수민족의 향토사가 외형상

---

44) 騰久文,「鄕土『歷史』敎材編寫中的幾個民族問題」『中國民族敎育』1995-4, 55~
57쪽.

소수민족의 고유한 특성과 독자적 면모를 강조할 것으로 생각되지만 중화
민족사의 한 부분집합으로서 바라보고 있는 것이다. 본래 민족 정체성은
다른 민족과 구별되는 그 민족만의 독특성과 연결될 수 있다. 그런데 중
국정부는 사전적 의미대로 소수민족의 전체를 포괄하는 중화민족 내의 소
수로서 귀속적 측면을 강조한다. 향토사 교육이 소수민족의 정체성을 재
정립하려는 정치적 의도를 내포하고 있다. 결국 소수민족의 향토사 교육
은 소수민족의 분리·독립 문제에 대한 적극적인 방어책의 성격을 가지고
있다. 소수민족사에 대한 관점을 조선족의 향토사 교재를 통해 살펴보자.

『중국 조선족 역사』는 초중 향토사 교재로서 옌볜교육출판사에서 발행
하였다.[45] 동북 3성의 조선족을 대상으로 하는 교재로서 한글로 제작되
었다.[46] 대부분의 향토사 교재는 해당 교육단위의 교연실(敎硏室)에서 주
로 편찬되는데, 이 교재는 집필자가 옌볜대학 교수인 박금해 개인이다.
총 16개 과로 구성되었고 분량은 150여 쪽이며 흑백 인쇄다. 제1과와 제2
과를 제외한 나머지 14개 과는 20세기의 역사이다. 교재의 목차를 보면
다음과 같다.

제1과 조선족의 이주와 중국 동북 변강의 개발
제2과 동북수전개발과 조선족인민들의 반봉건투쟁
제3과 일제 세력의 침입, 구민주주의 시기의 조선족 인민들의 반일운동
제4과 조선족 인민들의 반일무장투쟁-봉오동 전투와 청산리 전역
제5과 20년대 민족주의운동의 재기와 쇠퇴

---

45) 박금해, 『중국조선족역사』, 옌볜교육출판사, 2006.
46) 소수민족의 언어로 구성된 교재는 두가지 경우이다. 첫째는 소수민족 지역의 향토
   교재이다. 둘째는 한족의 학생들이 배우는 동일한 내용을 다양한 언어로 보급한다
   는 목표아래 편찬된 몽고어문(蒙古語文) 교재, 티베트어문(藏文) 교재, 이문(彝文)
   교재, 그리고 조선어문(朝鮮語文) 교재 등이다. 가령 역사교재의 경우 인민교육출
   판사에서 발행하는 중국어로 쓰인 교재를 이들 언어로 번역하여 보급하고 있다. 章
   光洁, 「西部少數民族基礎敎育課程改革試析」『高等師範敎育硏究』14-2, 2002, 61~
   63쪽.

〈그림 18〉『중국조선족역사』

제6과 조선족 집거지구에서의 마르크스-레닌주
　　　의의 전파와 인민혁명운동의 고양
제7과 중국 공산당 령도 하의 '붉은 5월 투쟁'
　　　과 '8·1 길돈 봉기'
제8과 일제의 동북3성 강점과 항일무장투쟁
　　　의 홍기
제9과 항일무장투쟁의 발전
제10과 항일전쟁의 종국적인 승리를 위한 조
　　　선족 인민들의 투쟁
제11과 중국관내에서의 조선족 혁명가들의
　　　투쟁
제12과 동북 근거지를 창설하기 위한 조선족
　　　인민들의 투쟁
제13과 해방구에서의 토지개혁과 조선족 인
　　　민들의 번신
제14과 전국해방전쟁의 승리와 조선족 인민들의 투쟁
제15과 조선족 집거지구에서의 민족구역자치의 실시
제16과 조선족의 문화

　목차와 내용 구성을 보면 옌볜대학 민족역사연구소 소장이었던 박창욱
교수가 중심이 되어 1985년에 펴냈던『조선족 약사』를 모본으로 삼았음
을 알 수 있다.[47] 교재의 전체적인 내용과 방향을 이해할 수 있도록 머리
말 부분을 요약해 본다.

　　중국의 조선족은 조선반도에서 이주하여 온(遷入) 민족이다. [……] 명조말
　기 청조초기부터 여러 가지 원인으로 중국에 건너 온 조선인들의 일부는 점차
　중국에 정착하기 시작하였다. [……] 중국 조선족의 이주 초기의 역사는 피눈
　물의 역사이며 개척의 역사이다. 청조 봉건 통치배들의 가혹한 착취와 민족동

---

47) 조선족약사편찬조,『조선족 약사』, 백산서당, 1989 참조.『조선족 약사』의 편찬 과
　　정에 대해서는「공화국창립 60돐 기념 특별기획 60주년에 만나본 60인－중국 조선
　　족력사의 '살아있는 사전' 원 옌볜대학 민족력사연구소 소장 박창욱 교수를 만나본
　　다」,「인민일보 조문판(朝文版)」2009년 11월 17일 참조.

화정책의 시달림 속에서도 조선족 인민들은 갖은 고난과 수모를 무릅쓰고 기타 형제민족 인민들과 더불어 몇백년 동안 잠자고 있던 동북 변강의 황폐한 땅을 옥답으로 개척하였다. [……] 조선족의 역사는 또한 빛나는 투쟁의 역사이기도 하다. 이주 초기 조선족 인민들은 청조 정부의 가혹한 봉건 통치와 동화정책을 반대하고 싸웠으며 20세기 초에 이르러 일제의 침략 마수가 옌볜을 비롯한 중국의 동북 일대에 미치자 조선족 인민들은 또 일제의 침략을 반대하는 투쟁에 궐기하여 싸웠다. [……] 1931년 9·18사변 후 조선족 인민들은 중국 공산당의 영도 하에 기타 형제민족 인민들과 어깨 걸고 무장 항일의 길에 올라 항일유격대와 항일유격 근거지를 창설하고 일제침략자와의 피어린 항쟁을 전개하였다. 조선족 인민들이 많이 투신했던 동북항일연군의 간고한 투쟁은 [……] 중국혁명의 3대 간고한 투쟁으로 일컬을 정도로 어려웠다. [……] 1945년 9월 3일 광복을 맞이한 조선족 인민들은 결연히 중국 공산당을 따라 중국의 해방전쟁에 뛰어들었다. [……] 조선족 인민들은 적극적으로 참군참전 및 전선지원사업에 나섰다. 전선에 나간 조선족 인민의 자제 병들은 남정북전하면서 중국의 대서남과 해남도에까지 진격하였으며 싸움마다 용맹과 슬기를 떨쳐 새 중국의 탄생에 크나큰 기여를 하였다. 중화인민공화국이 창건된 후 당의 민족정책의 빛발아래 조선족 인민들은 중화민족의 당당한 일원으로 구역자치를 실시하면서 나라의 주인으로서의 권리를 충분히 행사하고 있다.

[……] 역사를 배움에 있어서 올바른 자세와 민족역사에 대한 인식의 방향이 자못 중요하다. 첫째, 조선족 역사의 발전과정을 통하여 열악한 생존환경에서 민족의 얼을 드팀없이 지켜왔던 조상들의 업적을 올바르게 이해함으로써 [……] 둘째, 우리 민족의 우수한 문화유산 및 이 같은 우수한 문화유산을 창조한 우리 조상들의 슬기와 잠재력에 관한 이해를 깊이하고 민족문화에 대한 사랑과 긍지를 가짐으로써 [……] 셋째, 우리 민족의 사회생활의 발전 속에 흐르는 중국의 기타 형제민족과의 협동과 상부상조의 전통, 특히 중국 공산당의 민족정책을 올바르게 이해함으로써 중화민족의 일원으로서의 주인공의식과 공동체의식을 확고히 하여야 한다.48)

중국내 조선족 역사의 시작을 고구려나 발해 등으로부터 시작하지 않고 명말·청초 조선의 이주민으로부터 시작함으로써 조선족 역사를 중국에 유입된 소수민족사로서 규정하고 있다. 기존에 중국에서는 조선족 역

---

48) 박금해, 2006, 앞의 책, 머리말(1~4쪽).

사의 출발점을 1860년대 한반도의 자연재해로 인한 이주로부터 보고 있
었다. 그러나 민족의 기준을 언어와 문자의 사용에 둘 것인가(19세기 중
엽설) 아니면 민족의식에 둘 것인가(명말·청초설)의 문제로 1990년대에
논쟁이 전개되었다.[49] 옌볜대학의 박창욱은 후금으로 끌려간 조선인들이
고유의 언어와 문자를 사용하지 않아도 민족으로서의 유대의식을 유지하
고 있었으므로 민족으로 볼 수 있다 보고 명말·청초설을 주장하였다. 박
창욱의 견해를 따르고 있는『중국조선족역사』는 천입(遷入) 민족으로서
의 조선족 역사의 출발점을 1630년대로 보고 이를 서술에 반영하였다.[50]

전체적으로 혁명운동사가 강조되는데 조선인 중심의 조선독립운동사
가 아니라 중화민족의 해방을 위해 헌신적으로 투쟁한 조선족 그리고 조
선 민족의 해방을 위해 아낌없이 지도·지원한 중국 공산당의 영도를 중심
으로 한 서술이다. 결국 머리말의 마지막 부분에서처럼 '중국 공산당의 민
족정책을 올바르게 이해하고 중화민족의 일원으로서의 공동체 의식을 확
고하게 한다'는 중국정부의 입장을 향토사 교재에 반영하고 있다.

분리·독립 문제가 여전히 불씨로 남아 있는 소수민족 지역에 대해서는
향토사 교육이 민족단결교육이라는 형태로 이루어지고 있다. 민족단결교
육은 1994년부터 초중등학교에서 시작되었다. 국가교육위원회와 국가민

---

49) 劉智文,『東疆民族關系史研究-以朝鮮族爲中心』, 東北師范大學博士學位論文, 2008,
　　14~15쪽. 명말·청초설과 19세기 중엽설을 대표하는 논저로서 朴昌昱,『中國朝鮮
　　族歷史研究』, 延邊大學出版社, 1996, 韓俊·金元石 主編,『中國朝鮮族歷史』, 黑龍
　　江朝鮮民族出版社, 1992 참고.
50) "1627년과 1636년 후금국은 두 차례의 대규모적인 조선침략전쟁을 도발하여 수만
　　명에 달하는 조선의 군대와 백성들을 강제적으로 청나라에 납치하여 왔다. [……]
　　17세기 초엽 강제적으로 청나라에 끌려온 조선의 군대와 백성들이 왕공귀족들의
　　농장에 배치되면서부터 우리나라에서의 조선족의 정착 생활이 시작되었으며 [……]
　　장기간의 역사의 흐름 속에서 자민족의 문자, 언어, 풍속 등 민족적 특징을 대부분
　　상실하였지만 그래도 강렬한 민족의식으로 갖은 수난과 고초를 겪으면서 오늘까지
　　민족의 맥을 간신히 이어왔다." 박금해, 앞의 책, 1~3쪽.

족사무위원회(國家民族事務委員會)가 개발한『민족상식(民族常識)』을 시용(試用) 교재로 매주 1~2시간 수업을 실시하도록 하였다. 1999년에는 신장, 광시, 네이멍구, 헤이룽장 등에서 민족단결교육이 시범적으로 진행되었다. 2004년에는 난창(南昌)에서 열린 전국중소학민족단결교육경험교류회(全國中小學民族團結經驗交流會)를 계기로 교육부는 초중등용 민족단결교육 교육과정을 개발하기로 결정함으로써 민족단결교육이 전국화하였다. 신장위구르자치구의 경우 2008년 신장위구르자치구교육청(新疆維吾爾自治區敎育廳)이 편찬하여 신장교육출판사가 발행한『민족정책과 민족단결교육』이 교재로 사용되었다. 초중 3학년 2학기의 10시간 분량으로 계획된 지방교재였다. 고중의 경우에는 특별한 교재 없이『신장지방사(新疆地方史)』를 활용하였다. 이 교재는 원래 신장위구르자치구고교역사교재조(新疆維吾爾自治區高校歷史敎材組)가 편찬하여 1992년에 출판된 대학생용 교재였다.[51]

2009년 8월 국가 교육부는 민족단결교육의 강화를 위해 매 학년 10~12 시수를 확보하도록 했다. 그리고 초중 3학년(9학년) 학생의 학업 수준 측정과 고중 선발 시험을 겸하는 초중학업수평고시(初中學業水平考試, 보통 쫑카오(中考)로 약칭. 대입시험은 까오카오(高考)의 평가 항목으로 반영하도록 하였다. 이에 따라 신장에서는 2010년 2월「신장위구르자치구 민족단결교육조례」를 제정·발표하여 민족단결교육을 체계화하였다.[52]

---

51) 정치성이 강하게 반영된 책으로 '민족분열주의자와 싸우고 조국의 통일을 자각 옹호한다'는 목표 아래 발간되었다. '신장은 자고이래로 중화민족 대가정의 떼려야 뗄 수 없는 일부분이며, 신장의 역사는 다민족이 함께 건설한 역사이다. 임의로 역사를 왜곡하고 조국을 분열시키려는 음모는 역사의 흐름을 거스르는 것'이라 규정한다. 나아가 신장 지역이 낙후된 주요 원인의 하나가 민족분열주의자들에 있음을 인식하여 이들의 위험성을 극복하고 신장 진흥의 책임감과 사명감을 갖도록 한다는 것이다. 盖金衛·阿合買提江·艾海提,「關于『新疆地方史』敎學 問題的幾点思考」『新疆師範大學學報』2000-7 ; 甘桂琴,「鄕土史敎 學應更賦鮮活魅力 -『新疆地方史』敎法初探」『新疆敎育學院學報』17-3, 2001 참조.

그래서 초중에 지방 차원의 필수과정으로서 '신장'이 정식 교과로 설치되었다. 8학년 2학기에『신장·지방역사편』을, 9학년에서『신장·민족단결편』과『중국 신장·발전편』을 배우도록 하고 있다.[53]

『신장·민족단결편』은 신장의 회족(回族)을 비롯한 중국내 민족 상황, 신장은 오래 전부터 중국과 관계를 맺어왔다는 점, 다민족 통일국가인 중국에 대한 회족의 역할, 특히 항일전과 국공내전의 참여로 중화인민공화국 수립에 기여한 바가 크다는 점, 여러 민족의 평등과 공동 번영을 내세우는 중국의 민족 정책 등의 내용을 담고 있다.[54]『중국 신장·발전편』에서는 신장이 중화인민공화국이 수립되기 전까지는 경제가 낙후하고 생활물자가 부족하였지만 당과 국가 그리고 이웃한 '형제' 성시(省市)의 협력과 지원에 힘입어 경제가 발전하고 의식주 생활에 변화가 왔다는 점을 강조한다. 한편 신장의 평화로운 발전을 위해서는 '삼고세력(三股勢力)', 즉 종교극단세력, 민족분열세력, 폭력공포세력의 근절이 필요함을 언급하고 있다.[55] 전체적으로 중국정부의 소수민족 정책에 대한 홍보와 함께 분리·독립 세력이 신장 지역의 발전과 중국의 평화를 해치는 존재라는 점을 부각시키려는 다분히 의도적인 교과라 할 수 있다.

『신장·지방역사편』의 목차는 다음과 같다.[56]

제1단원 **선진(先秦) 시기의 신장(新疆)**
제2단원 **한 대의 서역** 한의 서역 통일, 후한의 서역 통치, 한 대 서역의 경제와 문화
제3단원 **위·진·남북조 시기의 서역** 서역 형세의 변화와 민족융합, 고창왕국

---

52) 孫延賓,「新疆中學民族團結敎育課程硏究」『新疆敎育學院學報』32-3, 2016, 33쪽.
53) 고중 1~2학년 과정에는『중화민족대단결(中華民族大團結)』이 개설되어 있다.
54) 新疆維吾爾自治區敎育廳,『新疆·民族團結篇』(試用)(全一冊), 新疆敎育出版社, 2017.
55) 新疆維吾爾自治區敎育廳,『中國新疆·發展篇』(試用)(全一冊), 新疆敎育出版社, 2017.
56) 新疆維吾爾自治區敎育委員會新疆歷史敎材編寫組編,『新疆·地方歷史篇』(試用), 新疆敎育出版社, 2017.

(高昌王國)과 돌궐한국(突厥汗國), 위·진·남북조 시기 서역의 사회경제
와 문화

제4단원 **수·당 시기의 서역** 수·당 시기의 서역 경영, 회흘한국(回紇汗國)과
회골(回鶻)의 서천(西遷), 수·당 시기의 경제와 문화

제5단원 **5대·요·금·송·금 시기의 서역** 고창회골(高昌回鶻)과 카라한왕조(喀
喇汗王朝), 5대·요·금·송·금 시기 서역의 경제와 문화

제6단원 **원·명 시기의 서역** 원·명 시기 서역의 관리, 원·명 시기 서역의 문화

제7단원 **청대의 신장** 청조의 톈산(天山)남북 통일, 근대 신장 각 민족 군민(軍
民)의 외래 침략자에 맞선 투쟁, 청대 신장 경제의 회복과 발전, 청대 신
장의 문화와 교육

제8단원 **민국 시기의 신장** 신장의 신해혁명, 민국 시기 신장의 정국(政局), 신
장의 평화적 해방, 민국시기 신장의 문화와 교육

　내용을 보면 전반적으로 학생들이 신장은 자고이래 중국과는 떼려야
뗄 수 없는(不可分割) 일부분임을 인식해야 한다는 기조이다. 그래서 중
국의 신장에 대한 관계가 한 대부터 확립되기 시작하였다는 점이 강조된
다. 기원전 60년 한은 서역도호부(西域都護府)를 설치하였다. 서역도호에
임명된 정길(鄭吉)은 오루성(烏壘城, 현재 룬타이현)에 머물면서 서역 전
체를 다스렸다. 서역도호부의 설립은 한이 서역에서 국가 권력을 행사하
기 시작하였으며 신장이 중국이라는 통일적 다민족 국가를 구성하는 일부
라는 점을 알려주는 중요한 지표라는 것이다.

　한 대 이후로 중국 역대 왕조의 신장에 대한 통치를 설명함으로써 변강
의 신장과 내지인 중원이 떼려야 뗄 수 없는 관계임을 지속적으로 강조한
다. 즉 역대 중앙 정권의 신장에 대한 행정 관리, 신장에 설립한 군사 기
구 및 주둔군, 신장에 실시한 부세(賦稅)제도와 법률제도 그리고 신장에
거주하는 각 민족이 중국에 대해 공동체 의식을 지니고 있었다는 점을 인
식하도록 내용을 배치하고 있다.

　신장과 내지의 관계성은 거의 매 단원마다 정치적 관계뿐만 아니라 경
제와 문화 부분에도 초점이 맞추어져있다. 신장과 내지의 경제 관계, 신

장과 내지의 문화 교류가 지속적으로 진행되었다는 것이다. 신장은 지리
적으로 아시아 대륙의 중심에 있어 서양의 대항해 시대 이전에는 중국의
내지 경제와 지중해 경제의 연결 통로였으며 중국의 비단을 주요 상품으
로 하는 무역 노선, 즉 육상 실크로드를 형성하였다는 것이다. 이와 동시
에 육상 실크로드는 네이멍구 초원, 타림분지 북록과 남록을 따라 갈라져
중원의 상공업, 몽골의 목축업 그리고 서역의 농업이라는 세 갈래의 경제
적 의존관계를 형성함으로써 중국 내지, 서북 그리고 서역의 경제가 긴밀
하게 결합하여 중국 각 민족과 각 지역 경제의 일체화를 촉진하고 상호
협조하면서 발전하는 관계가 만들어졌다는 것이다.

신장 향토사의 학습은 신장과 내지의 관계가 긴밀한 관계이므로 신장
의 평화와 안정이 조국통일과 중화민족에 미치는 의미가 상당히 크다는
점을 인식하며, 학생들로 하여금 조국통일의 의미를 되새겨 보게 한다는
것이다. 결국 애국주의 정신의 배양이라는 목표로 귀결된다.

4. 향토사 수업의 사례

향토사 수업의 형태는 우선 교실수업과 현장학습으로 구분할 수 있다.
다시 교실 수업은 『중국역사』에 삽입하는 형태와 향토사 특별수업으로
나눌 수 있다.

첫째, 『중국역사』 시간에 향토사 내용을 삽입하여 수업하는 경우를 보
자. 중국의 학교 현장에서 가장 일반적으로 사용되는 형태로 보인다. 교
사는 교과서의 내용에 맞춰 향토사의 내용을 선택한다. 가령 초중 『중국
역사』의 '씨족사회' 부분에서는 '반포씨족(半坡氏族)', '허무두씨족(河姆
渡氏族)', '다원커우씨족(大汶口氏族)' 등을 예로 원시인류를 서술하고 있
다. 그런데 후베이는 '창양인(長陽人)', 광둥은 '마바인(馬 垻人)', 산시(山

西)는 '딩춘인(丁村人)', 쓰촨은 '지양인(資陽人)', 광시는 '리우장인(柳江人)' 등 해당 지역의 원시인류를 수업 시간에 활용한다.[57] 혹은 1925년 상하이에서 일어난 5·30운동을 네이멍구 지역에 가르친다고 하자. 교사는 5·30운동의 전체적 상황을 설명한 후 당시 네이멍구자치구의 수도 후허하오터에서는 상하이의 움직임에 맞춰 대규모의 군중대회를 조직하고 파업과 시위를 전개하였음을 소개한다.[58] 또한 교사는 향토사 내용의 선정뿐만 아니라 어느 시점에 향토사 내용을 투입할 것인가를 결정한다. 즉, 수업의 도입 부분에서 동기 유발 차원에서 발문의 형태로 제시하거나 전개 부분에서 보충 설명 차원에서 활용한다. 가령 광둥성 차오저우시(潮州市)의 초중 교사인 짱지아후이(張嘉輝)의 수업 사례를 보자. 그는 당의 문화에 대한 수업의 도입부에서 학생들에게 "왜 차오저우(潮州)의 한산(韓山), 한장(韓江), 한무(韓木), 한팅(韓亭) 등에 '한(韓)'이라는 글자가 들어갈까?"라는 질문을 던졌다. 그리고 학생들에게 당송 8대가의 한명인 한유(韓愈)가 차오저우의 자사(刺史)로 있으면서 질병구제 사업을 펼치고 학문을 진흥시켜, 차오저우 사람들이 그를 위해 비석과 사당을 세웠고 그의 이름을 빌어 산과 강 등의 이름을 바꾼 이야기를 소개함으로써 학생들의 흥미를 유도하였다.[59]

교과서의 내용에 맞춰 체계적으로 향토사 내용을 접목시킨 사례들도 많이 보인다. 야오찌쭝(姚治中)은 『중국역사』의 전체 내용을 분석하고 안후이성과 관련하여 이미 교과서에 서술된 내용과 보충할 만한 향토사 내용을 〈표 17〉과 같이 구성해 보았다.[60]

---

57) 熊守清, 앞의 글, 1987, 110쪽.
58) 李斯琴, 앞의 글, 2006, 102쪽.
59) 張嘉輝, 「試論鄕土史課程資源在新課程敎學中的作用」 『前沿探索』 2007-1, 40~41쪽. 潮州의 韓愈와 관련된 지명에 관해서는 劉曉東, 「作爲文化象征的韓愈與潮州」 『韓山師範學院學報』 1999-3 참조.
60) 姚治中, 「加强我省鄕土歷史敎學的幾点看法」 『安徽史學』 1987-4, 70~71쪽.

〈표 17〉 안후이성 관련 교과서 내용과 지역 향토사 내용

시대	시기	교과서 서술 내용	보충 내용
원시 사회	40만년 전		룽탄동인(龍潭 洞人)
	4~5천년 전	하(舜)·우(禹) 전설	슈에쟈강문화 (薛家岡文化)
노예 사회	하·상	동이(東夷)	고도(皐陶)의 전설
	서주		
	춘추	관중, 노자, 채후묘(蔡侯墓)	
봉 건 사 회	전국	장주(莊)	
	진	대택향(大澤鄕) 봉기	
	초한전쟁	해하(垓下)의 전투	
	전한		회남국(淮南國), 문옹(文翁)
	후한	왕경(王景), 조택(曹澤), 화타(華佗), 주유(周瑜), 황 건적의 봉기	재풍기의 (哉風起義), 안풍(于安風)
	위진 남북조	비수(淝水)의 전투	
	수	대운하, 강회기의군(江淮起義軍)	회남도행태상서령 (淮南道行台尙書 令), 장진주 (張鎭舟)
	당	쉬엔저우(宣州) 제지업, 이백의 환남(皖南) 행적, 황 소군의 전투	
	오대십국	주온(朱溫)	양행밀(楊行密)
	북송	차, 추저우(滁州) 태수(太守) 구양수, 방랍(方臘)의 봉기	포증(包拯)
	남송		순창대첩(順昌 大捷)
	원	유복통(劉福通) 홍건군, 곽자흥(郭子興), 주원장 호 주(濠州) 기의	
	명	주원장 유적, 척계광, 항왜(抗倭), 명말 농민전쟁과 중도(中都)함락	
	청	오경재(吳敬梓)	

반 식 민 지 반 봉 건 사 회 (상)	1840 ~ 1870 년대	태평천국운동: 진옥성(陳玉成)의 안후이성 전투 이홍장과 회군(淮軍), 염군(捻軍): 치하(雉河) 회맹 (會盟), 장락행(張樂行, 뇌문광(賴文光)의 투쟁 양무운동: 중국번의 안징내군계소(安慶內軍械所),이 홍장의 양무 활동, 엔타이조약(煙台條約)	
	1880 ~ 1890 년대	청프전쟁: 유명전(劉銘傳)의 대프랑스항쟁(타이완), 이홍장의 투항 청일전쟁: 정여창(丁汝昌)의 항일, 이홍장의 투항 협력 과분(瓜分)의 위기: 이홍장의 청러밀약(淸露密約) 체결	
	19세기 말~ 20세기 초	8개국연합군: 이홍장의 신축조약 체결 신해혁명: 서석린(徐錫麟)의 안칭기의(安慶起義) 2차혁명: 안후이도독(安徽都督) 바이원웨이(柏文蔚) 북양군벌시기: 돤치루이(段祺瑞)와 환계군벌(皖系 軍閥), 천두슈(陳獨秀)와 신문화운동, 후스(胡適)	1911년 11월 7일 수주 기의 (壽州 起義)
반 식 민 지 반 봉 건 사 회 (하)	제1차 국내혁명 전쟁	천두슈(5·4운동 주도, 마르크스주의 전파, 공산당 창당, 우경 투항활동), 차오웬(曹淵), 돤치루이의 선 후회의(善後會議)	
	제2차 국내혁명 전쟁	악예환(顎豫皖)근거지, 왕밍(王明)과 좌경모험주의, 왕지아시앙(王稼祥)	교육학자 타오싱 지(陶行知), 항일동맹군 광쩬 우(方振武)
	항일전쟁	환동(皖東) 항일근거지, 회북(淮北)·회남(淮南)· 환중(皖中)·악예환(顎豫皖) 해방구, 완난사변(皖南 事變)	신4군의 항일활동
	제3차 국내혁명 전쟁	국민당의 전면 내전, 리우덩(劉鄧) 대군의 다비에산 구(大別山區), 악예환(顎豫皖) 소비에트해방구의 확 대발전, 회해전역(淮海戰役), 짱찌쫑(張治中), 도강 전역(渡江戰役)	

교과서 안에서 향토사 내용을 소화할 수 있는 것과 별도로 향토사 내용을 끌어들어야 하는 경우를 한 눈에 파악할 수 있다. 이를 통해 수업을 준비하는 교사는 내용에 따라 수업 시간에 향토사의 비중을 어느 정도로 할 것인지도 가늠할 수 있다.

둘째로, 향토사를 주제로 특별수업을 하는 경우이다. 앞선 경우는 향토
사 지식이 파편화된 형태로 중국사 속에 삽입되기 때문에 향토사가 자기
완결성을 갖기 힘들다. 따라서 향토사 특별수업은 이러한 문제를 일정 부
분 보완할 수 있는 것으로 보인다. 우선 장춘시우(蔣存秀)의 사례를 보면
『중국역사』에 향토사 교재인 『칭하이역사(靑海歷史)』의 내용을 삽입하
여 수업하는 것과는 별도로, 『중국역사』의 진도를 마친 후에 4~6시간을
확보하여 향토사 수업을 실시하였다. 학생들이 그동안 수집해 온 방공전
(方孔錢), 청과 민국시기의 은원(銀圓), 생활용품 등 다양한 유물을 활용하
여 수업을 전개하였다.[61] 향토사 수업시간을 따로 확보해 수업을 한 점은
주목할 만하나 주제를 정해서 짜임새 있게 진행한 것으로 보이지는 않는다.

〈표 18〉 후저우시(湖州市) 우싱고중(吳興高中)의 향토사 수업 사례

학습 단원	'강남(江南)으로 경제 중심의 이동'
문제 제시	우선 학생들에게 적절한 문제를 내서 학생들의 학습 동기를 자극한다. (1) "소호숙 천하족(蘇湖熟 天下足)"이라는 속담을 이해하는가? (2) 강남 경제의 개발은 어떤 과정을 거쳤는가? (3) 각 과정에서 후저우(湖州) 경제의 발전과 어떤 관계가 있는가? (4) 경제 중심지가 강남으로 완전히 이동한 후 후저우의 경제 특징은 무엇 인가? (5) 과거 후저우 경제의 발전으로부터 오늘날 후저우의 새로운 발전을 보면서 우리들은 어떠한 기회와 도전에 직면해 있는가?
교재 학습 및 정보 수집	학생들은 문제를 염두에 두고 스스로 교재를 공부한다. 이때 교사는 관련 자 료를 보충해 학생이 교재를 이해하는 것을 도와주며 학생이 관련된 정보를 수 집하고 문제를 분석할 수 있도록 안내한다.
문제	질의가 나올 수 있게 자극하고 토론이 활발하게 이루어지도록 격려한다. 학생 과 학생 사이 그리고 학생과 교사 사이의 상호 토론으로 학생들이 깊이 있게 학습하도록 한다. 토론 주제로는, (1) 강남 경제 개발 중에 후저우는 어떻게 기회를 잡게 되었는가?

---

61) 蔣存秀, 「也談鄕土歷史教學」 『靑海教育』 2005-3, 34쪽.

토론	(2) 그것이 오늘날의 우리들에게 어떤 의미를 던지고 있는가? (3) 개혁·개방 이래 후저우의 경제 발전 상황은 어떠한가? (4) 상하이를 중심으로 하는 이른바 '장삼각경제권(長三角經濟圈)')이 빠르게 성장하고 있는데 후저우는 어떻게 '장삼각경제권'이라는 급행열차를 타고 새롭게 경제 성장을 이룰 수 있을 것인가?[62]
문제 해설	교사가 학생들이 해결하기 어려운 문제에 대해 해설한다. 학생 스스로 공부하는 교재와 토론 문제로부터 교사는 학생이 학습하기 어려운 부분을 파악한다.
결론	교사와 학생의 공통 탐구와 토론을 거쳐 학생은 본 수업의 지식 내용에 대해 개괄적으로 정리하고 결론을 낸다. 그럼으로써 전체적인 지식의 얼개를 이해하고 역사적 사고력을 신장시킨다.

일정한 주제를 가진 향토사 수업의 형태로 저장성 후저우시(湖州市) 우싱고중(吳興高中)의 사례 〈표 17〉을 보자.[63] 송대 강남의 경제개발과 현대 상하이 중심의 장강 하류 지역의 경제개발을 함께 묶어서 이해하는 방식인데, 역사뿐만 아니라 지리 등 종합적 능력을 필요로 한다. 향토사를 통해 교과 통합의 종합적 접근이 가능함을 보여주는 대목이기도 하다.

향토사를 주제로 한 전문 강좌를 실시하는 방식도 있다. 현실적으로 강사를 확보하는 문제 등을 감안해 보면 쉽지 않아 보인다.

〈표 19〉 헤이룽장성(黑龍江省) 이춘사범학교(伊春師範學校)의 사례

학과 수업의 세부 항목 내용	학과 수업 외의 전문 강좌 제목
다민족 통일국가의 형성과 발전	헤이룽장성 고대 민족의 변화
수·당 다민족 국가의 발전	당대 발해국의 흥성
주요 유물과 유적	샤오싱안링(小興安嶺)의 고대 문화 유적
쑨원과 우창봉기	헤이룽장성의 신해혁명
5·4운동	5·4운동 중의 헤이룽장성 청년

62) 창장강 하류 지역의 상하이를 중심으로 난징, 쑤저우 등 장쑤성의 9개시, 항저우, 닝보, 후저우 등 저장성의 8개시, 허페이, 안칭 등 안후이성의 8개시 등 26개시를 포함한 경제 구역이며, 2016년 기준으로 약 1억 5천명의 인구가 거주하고 있다.
63) 閏風霞, 「鄕土史的敎學實踐與硏究」『上海敎育科硏』 2004-7, 54~55쪽.

만주사변	마짠산(馬占山)과 장치아오(江橋) 항전
전국적 항일운동의 발전	샤오싱안링의 항일연합 투쟁
세균무기의 연구와 사용	중국을 침략한 일본군 731부대의 내막
국민당의 음모로 내전이 일어나다	이짜오린(李兆麟)장군의 시련
전면전쟁의 폭발	전설적인 영웅 양쯔롱(陽子榮)

〈표 19〉와 같이 헤이룽장성 이춘사범학교(伊春師範學校)의 샹푸쿠(項福庫)와 인예홍(尹業紅)의 사례를 보자.[64] 이들은 다양한 방식의 향토사 수업을 시도하였다. 우선 이들은 중국사 교재를 분석하고 '향토사를 삽입한 교수학습 계획'을 만들어 향토사 교육을 실시하였다. 그러나 이러한 강의실 수업으로 학생들이 얻은 향토사 지식은 분산적이고 체계적이지 못하다는 문제점이 노출되었다. 그래서 과외(課外) 활동과 결합하는 방안을 모색하면서 강의실 수업과 함께 진행할 '향토사 과외활동 계획'을 만들었다. 그 계획과 함께 향토사 전문강좌를 실시하고 현장학습과 연계시켰다.

셋째, 현장학습이다. 교육과정 상에서도 현장학습과 관련된 '활동건의'를 하고 있다. 가령 중국근대사 4단원 '중화민족의 항일전쟁'에서는 "항일전쟁의 역사 유적을 고찰하거나 항일전쟁에 참가한 인물을 방문하며 일본군이 저지른 범행의 피해자와 목격자를 찾아보자"고 제안하고, 근대사 6단원 '경제와 사회생활'에서는 "가정과 학교 부근의 노인을 방문해보자. 박물관과 시청각 자료 등 다양한 경로를 통해 근대 사회생활을 체험하도록 하자"고 한다. 현장학습의 결과물은 탐구(답사) 보고서 제작, 향토사 신문 만들기, 사진 자료 전시, PPT발표, 역사 연극 등으로 제출하거나 표현한다.[65] 더 나아가 지역 문제와 관련된 문제를 제기하기도 한다. 베이

---

64) 項福庫·尹業紅, 「中師鄕土史敎學方法新探」『敎學與管理』1999-8의 내용 참조. 일반 초중이나 고중 학생을 대상으로 한 수업사례를 찾지 못해 중등의 직업학교인 사범학교 학생을 대상으로 실시했던 사례를 참고하였다.

65) 劉金虎, 「新課程環境下鄕土史資源開發應用的策略與思考」『現代中小學敎育』

징 싼판중학(三帆中學)에서는 베이징의 전통 가옥인 사합원(四合院)의 특
징, 사합원 형성의 자연환경 요인과 문화적 배경, 사합원의 역사적 가치에
대해 공부하고 보존이 잘 된 지역과 보존이 잘 되지 않은 지역을 비교 고찰
한 후, 사합원 보존의 절박성과 필요성을 제기하였다.[66] 유물, 건축, 음식,
민속 등 지역문화에 대한 탐구활동을 전개한 후, '유실된 민간문화를 어떻
게 보호할 것인가', '개발과 문화재 보존은 어떻게 조화를 이룰 것인가' 등
의 문제를 토론하고 자신의 시각에서 해결 방안을 모색해 본 것이다.

〈표 20〉 징추시(荊楚市) 샤시예술중학(沙市藝術中學)의 사례

과제명			형초(荊楚) 고문화(古文化) 탐색		
학년	초중 3년	참여학생	리우잉푸(劉應璞) 등 7명	지도교사	린푸친(林富琴)
연구목적			1. 자기 주도적 탐구능력을 배양한다. 2. 형초 문화의 우수성을 이해하고 인문 소양을 제고한다. 3. 봉황(鳳凰) 문화와 그 정신을 널리 알린다.		
연구목표			1. 초족(楚族)의 기원, 건국과 흥성을 탐색한다. 2. 봉황문화의 연원을 탐색한다. 3. 봉황정신의 함의를 탐색한다.		
연구내용	형초 역사 문화		초족의 기원, 조상, 건국과 흥성		
	형초 역사 유물		고대 유적지, 출토 유물 등		
	형초 역사 명인		정치가, 군인, 철학자, 문학가, 의술인 등		
	형초 문학예술		초사(楚辭), 초가(楚歌), 음악, 무용, 악기		
	형초 명산대천과 명문장		명산대천에 남겨진 각 시대의 유명 작품: 시(詩), 사(詞), 부(賦), 산문 등		
	형초 민속 문화		용주절(龍舟節), 춘절(春節), 원소절(元宵節), 중추절(中秋節), 중양절(重陽節)		
	형초 민간 고사		용의 전설, 봉황의 전설 등		
연구	유물 조사: 고대 유적지와 출토 문물에 대해 조사한다.				

2006-5, 6쪽.
66)「走進四合院, 看古城保護」,『北京市初中生實踐活動案例選編』, 中國地圖出版社,
    2002, 122~125쪽.

방법	문헌 자료 조사: 관련 서적, 보도 간행물, 잡지, 인터넷의 자료를 조사한다. 인터뷰: 관련 전문가의 자문을 구한다.
연구 절차	연구 방향 확정 → 연구 과제 선정 → 소과제 나누기 → 과제 방안의 초안 수립 → 과제 방안 논증 → 과제 연구 실시 → 분석 자료 정리 → 연구 성과 만들기 → 성과물의 교류 및 전시 → 전문가의 평가와 감정
예상 성과	논문, 연구보고, 주제 활동 설계

향토사 현장학습의 한 유형으로서 〈표 20〉과 같이 후베이성 징추시(荆楚市) 샤시예술중학(沙市藝術中學)의 수업 사례를 보자. 주(周)~전국(戰國) 시기에 남방의 초(楚) 지역에 형성되었던 형초문화(荆楚文化)의 특징을 이해하는 수업이다. 형초시의 상징인 봉황이 어디에서 기원하며 역사·문화적으로 어떻게 표현되고 있는지 다양한 각도에서 조명해 보는 수업이었다.[67]

현장학습은 다양한 형태로 이루어지는 데 가족사를 통해 접근하는 사례도 보인다. 가족의 사진 자료를 수집하고, 조부모와 부모를 대상으로 가족의 과거 생활모습을 파악할 수 있도록 인터뷰를 실시한 사례이다.[68] 가족 구성원의 변화를 포함하여 옛 학교의 모습은 어떠했으며 유년 시절에 어떻게 놀았고 어떤 유행가가 있었으며 어떤 책을 읽었는지 등에 관한 자세한 인터뷰를 진행하였다. 이렇게 수집한 자료를 바탕으로 가족사를 만들어 보았다. 이 과정을 통해 학생들은 현대사를 가깝게 느낄 수 있었으며 인성적인 측면에서는 연장자의 과거 역경을 간접 체험하고 가족과의 유대 관계를 돈독히 해나갈 수 있었다는 것이다. 푸젠성 난핑시(南平市) 시아따오중학(夏道中學)의 교사 천리치엔(陳禮仟)은 앞의 구술사에 의한 가족사와는 달리 집안 가계도 조사를 통한 접근을 시도하였다.[69] 그는 학

---

67) 「荆楚古文化研究」『初中研究性學習實驗課例』, 湖北教育出版社, 2002, 76~85쪽.
68) 方偉君, 「鄉土史教學的實踐與思考」『延邊教育學院學報』 2004-6, 31쪽.

생들로 하여금 족보(族譜)를 입수해 자신의 조상을 찾아보도록 했다. 한 학생이 조사한 후 "우리 조적(祖籍)은 허난(河南)에 있다"고 말했다. 어떤 학생들은 조적이 산둥, 산시(山西), 장시(江西) 등에 있었다. 토론을 통해 학생들은 각자의 조상들이 피란 혹은 유배 등의 이유로 원래 미개발지였던 푸젠 지역에 이주해 왔음을 알게 되었다. 그리고 학생들에게 족보 속의 역사인물들을 찾도록 하였다. 자료 조사 후 쭈야오후이(朱耀輝) 학생은 자신이 주희(朱熹)의 후손이며 항렬자는 '조(祖)→요(耀)→종(宗)→광(光)'의 '요(耀)'로서 같은 반의 쭈꽝원(朱光文)이 손자뻘임을 확인하였다. 학생들은 족보를 통해 자기 조상에 대해 깊이 이해하고 향토사에 접근한 사례이다. 다양한 형태로 향토사 수업이 진행되고 있음을 알 수 있다.

---

69) 陳禮仟, 「鄕土歷史敎學中素質敎育初探」 『南平師專學報』 2001-1, 89쪽.

Ⅵ. 중국 근현대사 인식의 변화와 교과서

1. 문제의 제기

중국에 사회주의 정권이 들어선 이후, 마르크스주의 역사학은 중국 정부가 사회주의 이데올로기를 관철시키기 위해 공인한 연구 방법론이었다. 그리고 아편전쟁에서 중화인민공화국 수립까지의 역사를 반(半) 식민지·반(半) 봉건 사회로 파악하는 견해를 공식화하였으며 이러한 관점이 역사 교육에도 적극적으로 반영되었다.

중국 사회주의 체제의 정당성을 설명하기 위해 근현대사가 중요하다고 보았으며 근현대사를 이해하는 핵심어는 계급투쟁이었다. 계급투쟁을 중심에 놓고 혁명과 반동이라는 이분법적 논리로 역사를 설명하였다. 즉 두 개의 정치노선을 설정하였는데 하나는 태평천국운동→의화단운동→신해혁명으로 이어지는 중국 인민의 반제·반봉건 혁명노선이었고, 다른 하나는 봉건 세력이 제국주의와 결합하여 대내적으로 민중운동을 탄압하고 대외적으로 투항의 입장을 취해 중국을 반(半) 식민지로 전락시키는 반동노선이었다. 양무운동, 변법운동, 신정 개혁 등은 반동 혹은 개량 노선으로 평가받았다.

그러나 문혁을 거쳐 개혁·개방으로 정치노선의 변화가 일어나면서 중국 근현대사를 이해하는 관점에 변화가 나타났다. 역사발전의 원동력을 계급투쟁으로 설정하던 기존의 틀을 깨고 생산력을 동력으로 이해하는 견해가 주류를 이루면서 역사를 해석하는 방식이 바뀌기 시작하였다. 근현대사를 계급투쟁사나 반제·반봉건의 혁명투쟁사로 해석하던 관점이 퇴조하고 현대화라는 새로운 이해의 틀이 제시되었다.

본 장에서는 이러한 변화의 양상에 대해 주목하면서 교과서의 중국 근현대사 서술에 나타나는 경향성을 검토해보고자 한다. 이를 위해 근현대사를 망라하는 방식이 아니라 쟁점이 되고 자료의 수집 등에서 접근이 용이한 몇 가지 주제에 국한시켜 접근할 것이다. 근대사에서는 태평천국운동(민중 운동)과 양무운동(개혁 운동)을 중심으로 살펴볼 것이다. 개혁·개방을 기준으로 이전 시기에는 계급투쟁사(혁명사) 입장에서 민중 운동이 중시된 반면, 이후 시기에는 현대화를 강조하면서 개혁 운동으로 무게 중심이 이동하는 점을 고려하였다. 여기서 민중운동으로서 태평천국운동은 의화단운동, 개혁 운동으로서 양무운동은 변법운동과 각각 평가가 연동되는 측면이 있다. 그리고 현대사에서는 중국 공산당 승리의 발판이자 정당성 제시에 결정적으로 작용한 항일전쟁을 검토 대상으로 한다. 그리고 계급투쟁사, 현대화, 민족의 논리가 근현대사 서술에서 어떻게 반영되고 있는 지 살펴 볼 것이다.

사회주의 정권이 수립된 이후의 중화인민공화국사는 근현대사 지면의 절반 이상을 차지할 정도로 중요하게 다루어진다. 사회주의 건설 과정과 개혁·개방 이후의 급속한 발전 모습을 보여주는데 많은 지면을 할애하고 있다. 중국 사회주의 정권의 업적, 개혁·개방이라는 국가 정책 방향의 정당성을 학생들에게 홍보함으로써 사회주의 체제의 우월성을 홍보하고 정당화하려는 것이다. 사회주의 정권 수립 이후의 역사에 대해 교과서는 자신의 체제를 현창하는 것이 일관된 목표였기 때문에 서술에 커다란 변화가 없음을 감안해 본 장의 분석 대상에서 제외하였다.

중국의 역사 교사들은 아편전쟁에서 항일전쟁 이전의 역사보다 항일전쟁 이후의 역사가 교육하기 용이하다는 반응이다.[1] 후자는 사회주의와 공산당의 정당성을 제시한다는 일관된 관점을 가지고 서술되어 있음에 비해, 전자에 대한 관점과 해석은 문혁을 기점으로 많이 변해 왔으며 논쟁

---

1) 彭衛의 「關于改進中學歷史敎學的若干思考」(『歷史敎學』 1986-7)에 의하면 1985년 8월 허난성의 역사교사 86명을 대상으로 중국사 학습에서 어려운 시기를 조사한 결과 42.5%가 근대로 답했다. 정하현, 「최근 中國 역사교육의 동향」 『역사와 역사교육』 제3·4호 합집, 1999, 283쪽에서 재인용.

적 주제들을 포함하고 있기 때문이다. 한편 근래에는 국민당에 대한 재평
가가 이루어지면서 항일전쟁 서술에도 변화가 일어나고 있다. 역사 연구
와 교과서 서술의 변화를 중심으로 본장을 논지를 전개하기로 한다.

2. 계급투쟁사 중심의 연구와 교과서 서술

1) 중국 근현대사 연구 경향

중화인민공화국 성립 이후 마르크스주의 역사학이 주도적 지위를 확립
하고 사적 유물론이 광범위하게 보급되었다. 그런데 사적 유물론의 입장
에서 중국 근현대사를 연구하기 시작한 것은 1920년대 후반으로 거슬러
올라간다. 그리고 1939년 겨울 마오쩌둥은 당시 옌안(延安)에 있던 몇몇
마르크스주의 역사학자들과 함께 사적 유물론에 기초하여 『중국혁명과
중국 공산당』을 펴냈다. 마오쩌둥은 이 책에서 '아편전쟁 이후의 중국은
반식민지·반봉건 사회로 변했으며, 중국 인민이 제국주의와 그 주구(走
狗)에 저항하는 과정'이라 규정하였다. 중국이 반식민지·반봉건 사회라는
양반론(兩半論) 그리고 '제국주의와 중국의 봉건주의가 서로 결합하여 중
국을 반식민지－반봉건 사회로 만드는 과정'과 '중국 인민이 제국주의와
봉건제에 맞서 투쟁하는 과정'인 2개 과정론(兩個過程論)이 이후 중국 근
현대사 이해의 기본 틀이 되었다.[2] 그래서 중국에서의 근현대사 연구는
반제·반봉건 혁명의 필연성과 정당성을 해명해야 하는 것이 주요 임무라
여겨졌다.

선언적인 마오쩌둥의 이론을 구체적인 역사에 적용한 판원란의 『중국

---

2) 蔣大椿, 「八十年來的中國馬克思主義史學(一)」『歷史教學』 2000-6, 10쪽.

근대사』(1946)와 후성(胡繩)의 『제국주의와 중국정치』(1948)가 1940년대 후반에 출간되었다. 이 두 권의 책은 근현대 중국의 방향을 둘러싼 '2개 과정'의 대립을 마오쩌둥의 이론에 근거하여 구체화 하려는 의도에서 집 필되었으며, 이후 근현대사 인식의 길잡이 역할을 하면서 장기간에 걸쳐 영향력을 행사하였다.[3] 특히 판원란의 책은 마오쩌둥의 이론에 충실한 근대사로서 '마오(毛)-판(范) 근대사 체계'는 이후 각급 학교의 교재에도 적용됨으로써 역사교과서 서술에도 많은 영향을 미쳤다.[4] 판원란과 후성 은 서구 자본주의가 중국에 이식되는 과정이 제국주의의 침탈과정이었으 며 이에 대한 중국의 대응은 두 갈래였다고 설명하였다. 하나는 대내적으 로 민중을 탄압하고 대외적으로 제국주의에 투항하는 반동적 매국적 노선 이고, 또 하나는 대내외적으로 반제·반봉건 투쟁을 벌이는 혁명적 애국적 노선으로 규정하였다.[5] 태평천국운동, 의화단운동, 신해혁명은 혁명노선 이고 양무운동, 광서신정 등은 매국 반동 노선이라는 입장이었다.[6]

사회주의 국가가 들어서자 국가 정체성을 확립하려는 요구에서 국가의

---

3) 후성의 입장을 확인할 수 있는 국내 번역서로 후성 저, 박종일 역, 『아편전쟁에서 5·4운동까지 - 중국 근대사』, 인간사랑, 2013이 있다.

4) 沈渭濱, 「前言」, 蔣廷黻 撰, 『中國近代史』, 上海世紀出版集團, 2007, 46~47쪽.

5) 范文蘭, 中國近代史』(上册), 人民出版社, 1955(『范文瀾全集 第9卷 - 『中國近代史』 (上册)』, 河北人民出版社, 2002), 62쪽.

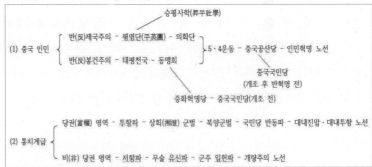

6) 范文瀾, 『中國近代史』, 人民出版社, 1946, 78쪽, 胡繩, 『帝國主義與中國政治』, 人 民出版社, 1948, 序言 참조.

건국이념인 마르크스주의의 이론과 방법에 따라 역사 연구가 진행되었다. 그리고 마르크스주의 역사학의 연구 진영을 구축하기 위하여 대대적인 마르크스주의 학습도 이루어졌다. 후스(胡適)나 구지에강 등의 비마르크스주의적 연구 방법에 대해서는 비판이 가해짐으로써 마르크스주의 방법론으로 일원화되었다.[7] 그리고 마르크스주의에 입각한 중국근현대사 연구를 체계화하려는 작업이 이루어졌다. 후성은 1954년『역사연구』창간호에「중국근대사의 분기문제」를 발표하여 중국 근대사 분기의 기준을 제시하였다. 아편전쟁부터 5·4운동 이전까지의 시기를 근대사로 보고 1개 중심선(一根主線) - 2개 과정(兩個過程) - 3차 혁명고조(三次革命高潮) - 8대사건(八大事件)이라는 틀로 정리하였다. 1개 중심선은 계급투쟁, 2개 과정은 제국주의와 봉건주의를 공고히 하려는 움직임과 그에 맞선 투쟁, 3차 혁명고조는 태평천국운동·의화단운동·신해혁명, 8대 사건은 아편전쟁·태평천국운동·제2차 아편전쟁·청프전쟁·청일전쟁·변법운동·의화단운동·신해혁명을 말한다. 후성의 이론은 3차 고조론(三次高潮論)으로 불렸으며 이후 중국 근현대사 연구의 기준이 되었다.

계급투쟁을 지칭하는 후성의 1개 중심선은 사적 유물론의 계급투쟁론을 비롯하여 "중국 봉건 사회에서 농민의 계급투쟁과 농민전쟁만이 역사 발전의 진정한 원동력이다"라고 말한 마오쩌둥의 영향을 받은 것이었다. 그래서 역사학자들에게 농민 봉기는 중요한 연구 주제가 되었다. 그 중에서도 태평천국에 관한 연구가 활기차게 이루어지면서 연구자들은 발생원인, 전개과정, 특징, 성격, 역사적 영향 등에 천착하였다. 그리고 다음과 같은 서술이 태평천국 서술의 주류를 이루게 되었다.[8]

---

7) 李玠奭, 「현대중국의 역사학(1949-1999): 사회주의 역사학의 모색과 좌절, 그리고 새로운 지평」『동아시아역사연구』제6집, 1999, 49~50쪽.
8) 姜濤, 「晚淸政治史」, 曾業英 主編, 『五十年來的中國近代史硏究』, 上海書店出版社, 2000, 25쪽.

　　혁명의 영웅들은 국가를 세우고 강력한 무장을 조직하였으며 각종 혁명 정책을 시행하였다. 수많은 농민들은 봉건적 토지제도를 폐지하기 위한 투쟁에 나섰으며 외국 자본주의 침략 세력에 맞서는 임무를 수행하였다. 그들의 영웅적인 행동은 중국사의 화려한 한 페이지를 장식하였다. 그러나 태평천국은 노동계급이 영도하지 않은 단순한 농민전쟁으로 국내외 반혁명 연합군의 공격에 실패로 돌아갔다. 그러나 태평천국이 펼친 중국 인민의 영광스런 혁명 전통과 숭고한 애국주의는 영원히 중국인들이 자랑스러워할 만한 것이다.

　　그리고 태평천국운동의 성격에 관해서는 혁명적 성격의 농민전쟁이라 인정하면서도, 부르조아적 농민혁명이나 부르조아 혁명 등 다양한 의견이 제시되었다.9) 판원란은 태평천국운동의 의의에 관하여 "태평천국혁명에서부터 중국 구(舊) 민주주의 혁명의 서막이 열렸으며, 진승·오광 이후의 수천 수백 차례의 농민기의의 면목을 크게 변화시켰다"고 하였다. 또한 중국 역사상 처음으로 정치·경제·민족·남녀의 4대 평등 혁명운동으로서 그 영광스러운 업적은 영원불멸할 것이며, 위대한 정신도 영원히 살아남을 것이라고 강조했다.10) 판원란, 후성 등의 영향 아래 태평천국운동에 대한 평가는 반제국주의·반봉건의 애국운동으로서 그 자리를 확고하게 굳혔다.

　　태평천국운동이 근현대사 분야의 최대 관심 영역이었던 반면에 양무운동은 관심을 끌지 못했고 부정적인 평가를 받았다. 즉 반식민지·반봉건 사회론에 입각하여 양무운동은 제국주의 열강과 결탁한 봉건계급의 자구책으로 인식되었다. 양무파가 외세와 결탁하여 봉건적인 지배 체제의 유지와 당면한 이해관계에 급급하여 본질적인 개혁을 도외시한 봉건적·매

---

9) 태평천국의 혁명적 성격을 인정하는 가운데 판원란과 후성의 단순 농민전쟁(혹은 농민혁명)설, 꿔이셩(郭毅生)의 부르조아적 농민혁명설, 짱카이위엔(韋開沅)의 부르조아 민주주의 혁명설이 제기되었다. 夏春濤,「太平天國運動史」, 曾業英 主編, 『五十年來的中國近代史研究』, 上海書店出版社, 2000, 457~458쪽.
10) 范文蘭, 『中國近代史』(上冊), 人民出版社, 1951, p186, 191~192쪽.

판적 운동으로 평가되었다. 양무파가 내세운 자강(自强)은 민중 운동을 탄압하기 위한 군사력의 강화였을 뿐이며, 그들이 추진한 공업화 정책도 그들의 사적인 이익을 위한 도구에 불과하였다는 것이다. 또한 양무파는 제국주의 세력의 중국 침략에 대해서는 타협과 양보로 일관하였으며, 매판을 매개로 서구자본주의 세력과 결탁하여 중국 민족자본의 발전을 저해하고 왜곡시킨 것으로 평가받았다. 결국 양무운동은 봉건 체제를 유지하고 반(半) 식민지화를 촉진한 것으로 규정되었다. 양무파의 핵심인물이자 청말 최대의 실력자였던 이홍장은 봉건 매판관료의 전형으로 이해되었고,[11] '매국적(賣國賊)'과 같은 극단적인 평가가 내려졌다.[12] 판원란은 『중국근대사』(상책)의 부록에 증국번에 관한 별도의 글을 실었다. 그리고 서문에 이 글을 쓰게 된 동기를 밝혔다.[13]

> 「한간(漢奸) 망나니(劊子手) 증국번」은 내가 1944년 옌안에서 쓴 것이다. 증국번은 근백년래 반동파의 스승(開山祖)으로 그의 위선적인 변장한 모습은 중국 사회에 큰 악영향을 미쳤다. 그의 계승자이자 인민의 공적(公賊)인 장제스는 그를 성인(聖人)으로 추앙함으로써 청년들의 판단력을 흐리게 하고 대중을 기만하면서 우상으로 만들었다. 당시 이러한 사람들의 혼란한 사상을 일소하기 위해서는 증국번이 본래 한간(漢奸) 망나니라는 진면목을 드러낼 필요가 있었다.

반동파의 연원을 증국번에서 찾고 그에 대한 비판이 단순히 증국번 개인으로 그치는 것이 아니라 장제스에 대한 비판을 겸하고 있다. 증국번을 농민전쟁을 압살한 매국노로서 단죄하고 망나니로 표현한 것은 개혁·개

---

11) 후성은 증국번을 '친미파(親美派) 관료', 이홍장을 '생애 전반부는 친영(親英), 후반부는 친러시아(親俄)', 증국번을 '프랑스인과 함께 공장을 합작한 (매판관료)'로 묘사하였다. 胡繩, 『帝國主義與中國政治』, 人民出版社, 1948, 33쪽 참조.
12) 胡繩,『賣國賊李鴻章』, 新知識出版社, 1955.
13) 范文瀾, 「九版說明」, 앞의 책, 1955, 4쪽.

방 이전 시기의 증국번에 대한 평가의 전형이었다. 좌종당에 대해서도 농민전쟁과 민족투쟁에 대한 탄압자라는 부정적 평가가 내려졌다. 양무운동의 반동성이 강조되면서, 이러한 연구의 영향으로 중국 근현대사를 서술할 때 양무운동은 적은 분량만이 할애되었다.[14]

항일전쟁에 관한 저작은 1970년대 말까지 매우 적은 편이었고 본토의 학계와 타이완의 학계가 서로 정반대의 주장을 펼치고 있었다. 가령 타이완의 학계는 항일전쟁의 국민당 주도설을 주장하였다. 반면에 본토의 학계는 항일전쟁이 본질적으로 공산당이 주도한 것이었으며 국민당은 대일항전 과정에서 오히려 부정적 역할을 한 것으로 간주하였다. 즉, 국민당의 편면항전(片面抗戰) 노선과 국민당군의 패배를 강조하였다. 그러면서도 일부 관병(官兵)의 영웅적인 항전에 대해서는 긍정적으로 평가하였다.[15] 또한 장제스의 '선안내후양외(先安內後攘外)' 정책은 완전이 반동적인 것이었으며, 장제스가 항일민족통일전선을 결정한 것도 공산당과 여론의 압력에 못 이겨 기존의 방침을 바꾼 것으로 이해하였다. 국민당과 공산당의 대치와 분열은 국민당이 적극적인 반공 정책을 실시한 것을 주요 원인으로 지목하였다.

2) 교과서 서술

아편전쟁 이후의 중국 사회를 반식민지·반봉건 사회로 규정하고 혁명사적 관점에서 민중운동과 중국 공산당의 역할을 강조하던 학계의 입장은 교과서 서술에 그대로 반영되었다. 1960년대 중반까지 사용된 1956년판

---

14) 范文瀾의 1955년판 中國近代史』(上册)에 태평천국운동은 70쪽에 걸쳐 상세히 서술하는 반면에 양무운동은 27쪽에 그친다.

15) 榮維木, 「抗日戰爭史」, 曾業英 主編, 『五十年來的中國近代史硏究』, 上海書店出版社, 2000, 623쪽.

초중 『중국역사』의 다음 서술은 당시 학계의 입장을 압축적으로 표현하고 있다.16)

　　중국 구(舊) 민주주의혁명의 종결 러시아 10월 혁명의 영향으로 중국 인민은 구(舊) 민주주의 혁명의 암흑 같은 여정을 마치고 신(新) 민주주의 혁명의 길을 달리기 시작하였다. 1840년 아편전쟁에서 1919년 5·4운동 이전까지의 역사는 외국 침략자와 중국 봉건세력이 서로 결합하여 중국을 반식민지·반봉건 국가로 변화시킨 역사이며, 중국의 각족(各族) 인민이 외국 침략자와 중국 봉건세력에 맞서 부단히 싸운 투쟁의 역사이다. 중국근대사에서 중국 각족 인민은 선조들의 영광스런 혁명 전통을 계승하여 영웅적인 투쟁 정신을 표출하였다. 그러나 그들은 잇달아 실패하였다. 중국 각족 인민은 마르크스 레닌주의의 지도 그리고 중국 공산당과 중국 노동자계급의 영도 아래에서만 비로소 제국주의와 봉건 세력에 맞선 최후의 승리를 얻을 수 있었다.(밑줄 및 강조점은 필자)

　반식민지·반봉건 사회로 전락한 역사와 이에 맞서 투쟁한 역사를 대비시켜 설명하고 있다. 즉 2개 과정론을 그대로 표현한 것이며, 반동과 혁명이라는 이분법이 확연하다. 이후 중국 공산당이 승리하는 역사가 전개될 것이라는 암시를 주고 있다.

　극복 대상인 제국주의의 침략성도 강조되었는데, 1956년판에서 인상적인 점은 미국에 대한 서술이 많다는 점이다. 1956년이면 중국이 '항미원조전쟁(抗美援朝戰爭)'이라 부르는 한국전쟁이 끝난 지 3년 밖에 안 되는 시점이다. 자신들에게 직접적인 체제 위협 세력이었던 미국을 상대했던 역사적 경험이 상처로 남아 있는 상황에서 미국이라는 존재를 교과서 속에 부각시킨 것이다. 당시 미국에 대한 중국의 인식이 드러나는 부분이기도 하다. 갑오중일전쟁(청일전쟁)에서 패배한 이후 제국주의 침략이 가속화하는 상황을 서술한 단원의 구성을 보자.

---

16) 初中 『中國歷史』(第3冊), 人民敎育出版社, 1956, 104쪽.

제7장 민족적 위기의 가속
제1절 제국주의가 중국 분할(瓜分)을 기도하다
제국주의가 중국에게 대량의 자본을 수출하다
제국주의가 중국 분할을 기도하다
제2절 미국의 중국 침략을 위한 문호개방 정책
갑오중일전쟁 전후 미국의 중국 침략
미국의 중국 침략을 위한 문호 개방 정책

영국, 프랑스, 독일, 러시아 등 다른 제국주의 국가들의 중국 침략에 대해서는 1절에서 서술하고 미국만을 2절에 별도로 배치하였다. 1절과 대등한 분량으로 미국의 침략상을 상세하게 서술하고 있다.[17]

[……] 갑오중일전쟁(청일전쟁) 이전 미국은 정치상, 군사상의 중국 침략 이외에도 경제상으로 중국에 대한 침략의 방식은 상품 수출이었다. 주요 수출 상품에는 아편, 면방직 제품, 석유 등이 있었다. 갑오중일전쟁 이후 미국은 외국이 중국에 공장을 설립할 수 있다는 시모노세키 조약의 규정을 이용하여 상하이에 설탕 공장, 제지 공장, 정미소, 담배공장을 설립하였다. 이것은 미국의 중국에 대한 제국주의 성질의 침략을 보여주는 증거이다.
미국은 또한 중국에 대해 문화 침략을 가하여 중국 각지에 교회당, 학교 그리고 이른바 자선기관을 설립하여 중국 인민을 현혹하고 간첩활동을 진행하였다. 1900년 미국의 중국에 대한 문화침략 투자는 이미 500만 달러였다. 미국은 문화 침략을 경제 침략과 정치 침략의 보조 수단으로 활용하였다.
갑오중일전쟁 이후 제국주의 국가들이 중국에서 조차지를 약탈하고 세력 범위를 정하려는 경쟁을 하고 있을 때, 미국은 필리핀을 침략하느라 경황이 없어서 중국 침략 경쟁에 참가할 여력이 없었다. [……] (필리핀을 점령한 이후) 미국이 표방한 문호개방 정책은 다른 제국주의 국가들이 이미 획정한 세력 범위 내에서 누리고 있는 이익에 미국이 발을 들여 놓을 수 있도록 한 것이었다.

태평천국운동의 서술을 살펴보자. 제국주의와 봉건세력에 맞선 혁명노선으로 강조되었다. 계급투쟁이 역사의 원동력이라는 관점에서 전근대 시

---

17) 初中『中國歷史』(第3册), 人民教育出版社, 1956, 56~57쪽.

기 농민 봉기를 강조하는 연장선상에 태평천국운동 그리고 의화단운동을 강조하였다. '중국 근대사에서 가장 위대한 반봉건·반침략의 농민운동으로써 국내외 반동 세력에게 심각한 타격을 준 중국 농민전쟁의 최고봉'이라고 판원란이 평가한 만큼 태평천국운동이 차지하는 비중은 상당히 컸다. 교육과정부터 태평천국운동의 독특한 지위를 강조하고 있다.[18]

> 태평천국 혁명운동을 강의할 때 교사는 학생들로 하여금 농민들이 일으킨 농민전쟁이었다는 점을 반드시 이해할 수 있도록 한다. 그것은 외국 자본주의가 중국에 침입하던 시기에 일어난 것이기 때문에 중국 역사상 다른 농민전쟁과 성격이 다르다.

단원 구성을 보자.

제2장 태평천국혁명운동
　제1절 태평천국의 흥기
　　태평천국 이전의 농민기의 / 금전기의(金田起義) / 태평천국이 천경(天京)에 도읍을 정하다
　제2절 태평천국의 토지제도와 대외 정책
　　태평천국의 토지제도 / 태평천국의 여성 지위와 결혼 제도 / 태평천국의 대외정책
　제3절 태평군의 북벌(北伐)과 서정(西征)
　　태평군의 북벌 / 태평군의 서정
　제4절 제2차 아편전쟁과 중국 군민(軍民)의 영웅적 투쟁
　　영프 침략자들이 전쟁을 일으키다 / 톈진조약과 베이징조약 / 중국 군민(軍民)의 반침략투쟁
　제5절 태평군의 창장강 하류에서의 투쟁
　　태평천국 지도부 내부의 투쟁과 분열 / 태평군의 창장강 하류에서의 투쟁
　제6절 천경의 함락
　　청 정부와 외국 침략자의 군사 협력 / 천경 함락과 태평천국혁명운동의

---

18) 課程教材硏究所,「1956年 初級中學中國歷史敎學大綱(草案)」『20世紀中國中小學 課程標準·敎學大綱滙編-歷史卷(이하 滙編)』, 人民敎育出版社, 2001, 142쪽.

실패
제3장 염군(捻軍)과 소수민족의 기의
제1절 염군과 구이저우(貴州) 먀오족민(苗族民)의 반청투쟁
제2절 윈난(雲南) 회민(回民)과 서북 회민(回民)의 반청투쟁

우선 용어상으로 볼 때 '혁명'이란 명칭을 부여하고 있다. 이 명칭이
「1978년 교학대강」부터 '운동'으로 바뀌는 것을 보면 개혁·개방 이전까지
는 태평천국운동을 혁명의 차원에서 이해한 것이다. 분량으로 보면 같은
교과서 안에서 하나의 장(章)이 보통 2~5개의 절(節)로 평균 3개 정도의
절로 구성되어 있다. 태평천국운동은 5개의 절로 구성되어 많은 분량이
할애되어 있다. 태평천국운동의 다음 장인 '제3장 염군과 소수민족의 기
의'도 내용 상 태평천국운동과도 연결될 수 있어,[19] 크게 보면 총 7개의
절이 태평천국운동과 관련된 서술이다.[20]

여기서 특이한 것은 민중운동 차원에서 소수민족의 투쟁이 서술되어
있다는 점이다. 현재와 같이 소수민족의 분리·독립 문제가 사회 문제로
되어 있는 상황에서는 소수민족의 봉기를 긍정적으로 서술하지 않는
다.[21] 특히나 무슬림의 반청 투쟁은 현재의 중국 상황에서는 부담스러운
내용일 수 있다. 혁명사 혹은 계급투쟁사의 시각에서 소수민족의 투쟁에
도 의미를 부여하던 상황을 반영하고 있는 것으로 소수민족의 분리·독립
문제가 심각한 사회 문제로 떠오르기 이전의 분위기를 반영하는 것이다.

---

19) 서울大學校東洋史學硏究室 編, 『講座 中國史 Ⅴ』, 지식산업사, 1989에도 태평천국
운동이 「태평천국과 염군」으로 설정되어 있다.
20) 판원란은 태평천국운동의 여파로 태평군 잔여세력, 염당(捻黨)기의군, 묘족(苗族)
기의군, 윈난 회족(回族) 기의군, 서북 회족(回族) 기의군의 활동을 차례로 서술하
였다. 교과서의 내용 요소와 그 순서가 동일한 것을 보면 교과서 집필진이 판원란
의 책을 참고한 것으로 보인다. 范文蘭, 앞의 책, 1955, 122~130쪽 참조.
21) 참고로 염군과 소수민족의 봉기는 「1986년 교학대강」부터 사라졌다. 이것은 1980
년대 중후반 이후 티베트의 유혈 폭동을 시작으로 신장위구르자치구의 분리·독립
문제가 발생하던 상황과 관계가 있어 보인다.

계급투쟁에 방점을 찍고 있기 때문에 소수민족이라는 것은 크게 개의치 않은 것이다. 이와 관련된 논의로서 박장배는 티베트를 소재로 한 영화를 당시 역사교과서의 서술 맥락과 연관시켜 이해하였다. 1963년에 발표된 영화「농노(農奴)」는 계급투쟁의 관점에서 그려진 영화이다. 인민해방군과 함께 농노이자 주인공인 창빠가 농노주와 활불(活佛, 달라이 라마)이 제국주의 세력과 결탁한 반란 음모를 폭로하고 농노들을 해방시키는 이야기이다. 농노주(봉건세력)와 제국주의는 반동 노선을, 농노(농민)와 인민해방군(중국 공산당)은 혁명 노선을 전형화한 것이다.[22] 여기서 티베트 민중은 소수민족 구성원으로서의 민족적인 입장과 농노로서의 계급적 입장을 동시에 지닌 존재인데 영화에서는 후자가 강조되고 있다.

다음으로 양무운동에 대해 살펴보자. 1956년판 초중『중국역사』에서 양무운동의 경우는 1차시의 분량이었다.[23] 바로 앞 단원에 있는 '태평천국혁명운동'(6차시)과 '염군과 소수민족기의'(2차시)에 비하면 매우 적은 분량이다. 양무운동이 보수·반동적이라는 평가를 받던 시대 상황을 보여준다. 교과서의 서술 내용을 살펴보자.

　　태평천국 혁명운동을 진압하는 과정 중에 일부 관료지주는 자기의 세력을 확대하였다. 중국 각족 인민의 무장 봉기를 지속적으로 진압하기 위하여 그들은 국가의 자금을 이용하여 새로운 군수공업을 일으켰다. 이렇게 해서 '양무운동'이 일어났다. 1862년부터 이홍장은 상하이의 제포국(制炮局)과 강남제조국(江南制造局), 쑤저우의 서양포국(西洋炮局), 난징의 금릉기기국(金陵機器局)

---

22) 박장배,「근현대 중국의 역사교육과 중화민족 정체성2 – 중화인민공화국 시대의 민족 통합 문제를 중심으로」『중국근현대사연구』제20집, 2004, 109~110쪽. 이 논문에서는 1997년에 출품된 티베트에 대한 영화「홍하곡(紅河谷)」도 소개되어 있다. 이 영화의 배경은 1903년 영국 – 티베트 전쟁인데 영국 제국주의 침략 앞에 티베트는 일치단결하여 내부의 계급 갈등은 존재하지 않으며 한족의 호걸과 여장부가 활약하는 모습이 그려진다. 중화민족의 개념이 영화 전편에 걸쳐 투영되어 있다.

23) 初中『中國歷史』(第三册), 人民敎育出版社, 1956, 36~37쪽.

등 총포 공장을 설립하였다. 1866년 좌종당은 푸젠성에 마미선정국(馬尾船艇局)을 설립하였다. 1867년에는 숭후(崇厚)가 톈진에 기기국(機器局)을 설립하였다.

이러한 공장들은 분산된 채로 각 관료 지주 집단이 소유하고 있었다. 이 공장들은 주로 외국인들이 관리하였다. 금릉기기국은 영국인을 그리고 마미선정국은 프랑스인을 고용하였다. 공장의 설비는 완전히 외국의 공급에 의존하여 중요한 무기는 스스로 생산할 수 없었다. 공장의 규모와 생산량 모두 보잘 것 없었고 청 정부가 필요로 하는 무기 대부분은 여전히 영국과 독일로부터 수입하였다. 이로써 군수공업은 자본주의국가의 군수공업에 예속되어 있었으며, 확실히 반식민적 속성을 드러내었다.

이 시기 관료 지주의 근대공업은 군수공업뿐이었다. 관료지주는 외국으로부터 기기를 구입하여 공장을 설립하였는데, 그 목적은 중국의 부강이 아닌 외국 자본주의의 기술을 이용해 봉건통치를 공고히 하려는 것이었다. 관료 지주는 관판(官辦) 공업을 이용해 민간의 상판(商辦) 공업을 억제함으로써 상판공업의 발전을 가로막고 중국사회의 자본주의를 향한 발전을 막았다. 그러나 신식 기기를 이용하면서 산업 노동자의 수가 증가하고 무산계급의 역량이 이전에 비해 상당히 커졌다. 이런 측면에서라면 관판의 군수공업도 진보적 작용을 하였다.

양무운동은 일부 관료지주가 태평천국운동을 비롯한 인민의 무장 봉기를 진압하기 위하여 국가의 자금으로 신식의 군수공업을 도입하면서 시작된 운동으로 규정하면서 봉건성, 매판성, 반동성을 강조하고 있다. 그리고 양무운동 시기의 근대공업이 관료지주 주도의 군수공업이었으며 이러한 관판공업이 민간 자본인 상판공업의 발전을 가로막아 결국 중국 사회가 민간자본에 의한 자유로운 자본주의로 발전하는 것을 방해하였다는 점, 관료지주가 외국에서 기기를 구입하여 군수공장을 연 목적이 중국의 부강이 아니라 외국자본주의의 기술로 봉건통치를 공고히 하려했던 점, 군수공업을 도입하는 과정에서 외국 자본주의 국가에 중국의 군수공업이 예속되어 반식민지 성질을 갖게 되었던 점 등을 서술하고 있다. 전체적으로 판원란과 후성으로 대표되는 당시 학계의 주류 견해를 수용하고 있다.

양무운동에서 군수공업에 관한 내용을 다루면서 양무운동 후반부인 1870년대 이후 민수공업의 성장을 비롯하여 신식 해군의 성장과 신식 학교의 출현 등에 관한 서술은 보이지 않는다. 단원 구성에서 양무운동 바로 직전에 배치된 '제2절 중국 민족자본주의의 발생'에 중국의 지주, 관료, 상인 등의 투자로 민수공업이 시작되고 그 속에서 민족자본주의가 생겨났다는 내용이 담겨져 있다. '군수공업의 성장(전반기) – 민수공업의 성장(후반기) – 민족 자본주의의 발생'이라는 일련의 양무운동 과정에서 군수공업에 관한 내용만을 떼어내 '제3절 양무운동'에서 서술하고 있다. 양무운동을 상당히 제한된 범위 안에서 바라보고 있다.

마지막으로 항일전쟁에 관해 살펴보자. 항일전쟁의 승리는 중국 공산당의 존재 의의와 가치를 드러내는 것으로 매우 중요하게 다루어졌다. 그리고 중국 공산당과 관련된 5·4운동 이후 1949년까지의 이른바 신민주주의혁명 시기는 기본적으로 중국 공산당의 당사(黨史)라 해도 무방할 정도로 중국 공산당의 역할이 강조되어 있다. 가령 「1956년 교학대강」의 국민혁명 부분을 보자.

> 1926년 국민혁명군은 광동으로부터 출병하여 북벌 전쟁을 전개하였다. 북벌 전쟁은 노동자, 도시소자산계급 그리고 일부 민족자산계급이 연합하여 전개한 반제·반봉건의 혁명전쟁이고 그것을 촉진한 역량은 중국 공산당이다.(강조점은 필자)

국민혁명의 국면에서 국민당의 역할에 대해서는 언급이 없어, 북벌을 마치 공산당이 독자적으로 수행한 것처럼 보인다. 반면에 중국 국민당은 혁명과 반동의 이분법에 의해 반동의 대명사가 되었고 항일전쟁에서의 중국 국민당의 역할 또한 축소되어 기술되었다. 1958년판 고중『중국역사』에서 중국 공산당과 항일전쟁 관련 목차를 먼저 살펴보자.[24]

제1편 중국 신민주주의혁명의 개시, 제1차 국내혁명전쟁
제2편 제2차 국내 혁명전쟁
제3편 항일전쟁
　제12장 전국 항일전쟁의 개시
　제13장 중국인민의 항일을 견지하고 일본을 반대한 투쟁
　제14장 해방구의 고난에 찬 투쟁과 국민당의 암흑통치
　제15장 항일전쟁의 승리
　제16장 항일전쟁 시기의 문화교육
제4편 제3차 국내 혁명전쟁

　1919년 5·4운동을 거쳐 중국 공산당의 탄생부터 1927년 장제스가 중국 공산당 세력을 축출하기 위해 일으킨 상하이 쿠데타로 제1차 국공합작이 붕괴되기까지의 1차 국내 혁명전쟁(제1편), 국민당이 혁명을 가로막고 있다면서 중국 공산당이 일으킨 1927년 8월 1일의 난창 봉기로부터 1937년의 시안(西安) 사변을 거쳐 제2차 국공합작에 이르는 시기를 제2차 국내 혁명전쟁(제2편)으로 보았다. 그리고 1945년의 국공내전이 다시 재개되면서부터 1949년 중화인민공화국의 수립까지를 제3차 국내 혁명전쟁으로 설정하였다(제4편). 항일전쟁은 1937년 루거우차오 사건에서 일본의 항복까지를 가리킨다(제3편).

　여기서 유의할 점은 중국 공산당이 항일전쟁의 무대에 등장하지 않은 1931년의 리우탸오후(柳條湖) 사건부터 1937년의 제2차 국공합작까지의 기간은 항일전쟁에 포함시키지 않았다는 점이다. 항일전쟁에서 중국 공산당의 주도성을 관철시키기 위한 계산이 깔려 있는 것으로 제2차 국공합작 이전의 6년의 기간은 마치 항일 전쟁이 전개되지 않은 것으로 되어버린다. 그리고 중국 공산당의 대항 축으로서 국민당에 대해서는 소극적 저항 자세나 단원명의 '암흑 통치'에서 보듯이 국민당의 실정, 4대 가문의 부패상, 중국 공산당에 대한 탄압 등을 강조한다. 반면에 중국 공산당은 수많

---

24) 高中 『中國歷史』(第4册), 人民教育出版社, 1958.

은 곤경을 극복하고 극적인 승리를 이끌어내는 것으로 묘사되었다. 그래서 항일전쟁에서의 중국 공산당의 주도성과 함께 전후 중국 공산당이 정권을 담당해야 한다는 정당성을 각인시키려는 의도가 보인다.

3. 민족과 현대화의 부각 그리고 교과서 서술

1) 중국 근현대사 인식 및 연구 방법의 변화

문혁이 종료된 후, 1978년 12월 중국 공산당 제11기 3중 전회에서 덩샤오핑은 당권을 확립하고 농업, 공업, 과학 기술, 국방 분야의 사회주의 4대 현대화 노선을 채택하고 개혁과 개방을 천명하였다. 이후 문혁 기간에 침체되었던 학술 연구도 활성화되었고 단순화·절대화되었던 마르크스주의로부터 벗어나기 시작하였다. 개혁·개방으로 외국과의 교류를 시작함으로써 서양의 역사이론과 방법론이 중국 학계로 유입되어 역사가의 시야도 넓어지고 정치사 중심에서 벗어나 경제사, 사회사, 문화사 등 연구영역을 확대시켜 나갔다.

이러한 변화의 발단은 전술한 역사동력논쟁이었다. 1979년 10월 23일 『광명일보(光明日報)』 사학판(史學版)이 역사동력 문제와 관련된 토론문을 게재하자 역사동력 문제를 둘러싸고 열띤 토론이 벌어져 1983년까지 300여 편의 글이 신문지상에 발표되었다. 사학계, 철학계, 경제학계의 인사들이 참여하여 생산력과 생산관계의 문제, 생산력의 내재적 동력 문제, 생산력에 있어서 과학기술의 의의 등을 둘러싼 토론을 전개하였다.[25] 그 결과 계급투쟁 유일 동력론이 부정되고 생산력의 역할이 결정적임을 강조

---

25) 자세한 것은 민두기, 「中共에 있어서의 歷史動力論爭－階級鬪爭인가 生産力인가」 『東洋史學研究』 제15집, 1980을 참조할 것.

하는 견해가 주류를 이루었다. 생산력이 역사의 동력으로 중시되면서 계급투쟁의 관점에서 중국 근현대사를 해석하던 방식도 크게 달라질 수밖에 없었다.

한편 1980년대 중반에는 역사 무용론이나 역사학 위기론이 제기되었다. 일련의 젊은 학자들이 중심이 되어 단순화된 역사학 방법론, 기계적인 사적 유물론, 낙후된 연구 방식을 비판하고 정치 편향적인 역사학에서 탈피하여 역사학의 위기를 극복할 것을 주장하였다.26) 이때 새로운 역사학으로 나아가기 위해 넘어야 할 산이 바로 오랫동안 연구의 규범으로 자리잡은 양반론과 3차 고조론이었다. 신성불가침의 영역이었던 양반론과 3차 고조론 역시 비판의 대상에서 제외될 수 없었다. 혁명사와 계급투쟁사의 틀에서 근현대사의 복잡한 역사 현상들을 포괄할 수 없었기 때문이다. 먼저 그 시작은 리시위에(李時岳)로부터 시작되었다. 그는 1840~1919년의 역사를 태평천국운동 - 양무운동 - 유신운동 - 자산계급혁명운동의 4단계로 바라보았다. 3차 고조론의 의화단운동이 빠지고 소극적 평가를 받아왔던 양무운동과 유신운동이 대신 들어간 것이다. 천쉬루(陳旭麓)는 2개과정론을 고수하되, 기존의 1개 중심선(一根主線) 대신 자본주의의 준비·발생·발전을 내용으로 하는 중심선(一條主線)을 주장하였다. 천쉬루의 주장은 일종의 절충주의 입장으로 2개 과정은 기존의 이론과 동일하나 근대사의 흐름을 혁명사가가 아닌 자본주의 발전사로 파악하고 있다. 한편 쨩하이펑은 1840년에서 1949년까지 시기를 넓혀서 태평천국혁명운동 - 변법운동과 의화단운동 - 신해혁명 - 신문화운동과 5·4운동 - 1927년 대혁명 - 1937~1945년의 항일전쟁 - 해방전쟁의 승리와 중화인민공화국의 수립이라는 7차 고조론(七次高潮論)을 주장하였다.27) 쨩하이펑의 주장은 3

---

26) 김희교, 「개혁·개방시대 중국에서 역사학의 위치」, 『역사비평』 제48호(가을호), 1995, 173~174쪽.

27) 張海鵬, 「關于中國近代史的分期及其"沈淪"與"上昇"諸問題」, 『近代史研究』 1998-2

차 고조론의 기본 틀을 유지하면서 시기를 확대해 내용을 추가한 것이다.

마르크스주의 역사학에 대한 반성으로 중국 근현대사를 현대화의 관점
에서 바라보는 연구가 1980년대부터 시작되어 1990년대에 들어서는 하나
의 새로운 흐름으로 정착되기에 이르렀다.[28] 그리고 1930년대에 중국의
근대사를 근대화의 관점에서 파악한 장팅푸(蔣廷黻)에 대한 재평가 작업
이 이루어졌다.[29] 과거 판원란이『중국근대사』를 저술한 목적의 하나는
장팅푸의『중국근대사』를 비판하기 위한 것이었다.[30] 판원란이 학계의
주류가 되면서 장팅푸는 한동안 잊어진 존재였으나 연구 경향이 바뀌면서
다시 소환된 것이다.[31]

이러한 분위기 속에서 부정적·개량적이라는 평가를 받았던 정치 운동
이나 자본주의 발생에 적극적 의미를 부여하기 시작하였다. 그리고 사회
주의 중국 수립 이래 판원란과 후성의 틀에 갇혀 부정적으로 평가되었던
많은 역사적 사실들을 역사의 주류로 복권하려는 시도가 나타났다. 그래
서 진행된 대표적인 재평가 작업의 하나가 양무운동이었다. 중국 자본주
의 공업의 출발점으로서 양무운동을 재해석하면서 반동적·반민족적인 것
으로 여겨지던 양무운동이 진보적이었다는 견해가 대두되었다.[32] 이러한

의 내용 참조.

28) 새로운 연구 경향을 정리해서 펴낸 책이 馮林 主編의『重新認識百年中國－近代史
熱點問題硏究與爭鳴(上·下)』, 改革出版社, 1998이다. 근현대사의 중요 사건과 인
물, 주제에 관하여 새로운 견해를 제시했던 李時岳, 蘇功秦 등이 1980~90년대에 발
표한 논문 모음집이다.

29) 장팅푸의 근대사 연구에 대해서는 歐陽軍喜, 「蔣廷黻與中國近代史硏究二題」『復
但學報(社會科學版)』, 2001-2를 참조할 것.

30) 張海鵬, 「20世紀中國近代史學科體系問題的探索」『近代史硏究』2005-1, 19쪽.

31) 장팅푸의 학풍은 1949년 이후 타이완의 학계로 이어졌는데, 타이완에 근대사연구
소를 건립하고 소장으로 근무한 역사학자 궈팅이(郭廷以)가 장팅푸의 영향을 받은
대표적인 학자이다. 정문상, 「냉전과 타이완 학계의 중국근대사 연구」『中國近現
代史硏究』제54집, 2012, 211~213쪽.

32) 양무운동을 긍정적 시각에서 평가한 것으로서, 국내에 소개된 책으로는 趙矢元 主
編, 『新編中國通史綱要,』, 吉林文史出版社, 1987의 근대 부분을 번역한 중국역사

견해를 대표하는 인물이 전술한 리시위에였다. 그는 후성의 3차 고조론을
비판하면서, 양무운동을 긍정적으로 평가하고 의화단운동을 중국근대사
의 중심 흐름에서 제외시켜야 한다는 견해를 제시하였다. 그는 자본주의
경제 발전을 중국 근현대사의 중심 흐름으로 규정하였다.[33] 리시위에의
글을 시작으로 그의 견해에 동조하는 글들이 잇달아 발표되었다. 군수·민
수 양 부문에서 근대 자본주의적 성격의 기업 창설, 교통·통신·운수 수단
의 개혁 등을 근거로 양무운동은 '진보적인 성질을 가진 운동으로 봉건
중국에 서구 자본주의적 생산양식의 서막을 열었으며 양무파와 봉건 완고
세력의 투쟁은 본질적으로는 생산력 발전을 둘러싼 투쟁이었다'고 보는
견해도 등장하였다.[34] 그리고 '양무운동은 진보운동이다'라는 논문 제목
처럼 양무운동이 중국 근대사의 첫 진보 운동으로서 중국자본주의 발전의
출발점으로 보는 시도도 나타났다.[35] 이들은 양무운동이 변법운동, 신해
혁명과 함께 근대 개혁운동의 하나로 파악되어야 한다고 주장하였다.

　양무운동에 대한 긍정적 평가와 함께 양무파 관료에 대한 평가도 변화
하였다. 먼저 좌종당에 대해서는 야쿠브 벡의 반란 진압과 신장 회복을
강조하면서 영국과 러시아에 대한 반외세의 측면을 높이 평가하였다.[36]
그리고 증국번, 이홍장 등 양무파 관료를 진보적으로 평가하는 견해가 나
타났다. 1988년 안후이성 허페이(合肥)에서 '이홍장과 근대 중국경제'라
는 주제로 열린 학술회의에서 참석자 다수는 이홍장이 이끈 양무운동이
중국 근대화에 미친 영향을 긍정적으로 평가하였고, 현대화라는 각도에서
양무운동이 당시 중국의 경제 발전을 촉진시킨 측면을 강조하였다. 리시
위에는 홍인간(洪仁玕)이 『자정신편(資政新編)』에서 제창한 근대 공업,

　　연구회 역, 『중국근대사』, 청년사, 1990이 있다.
33) 李時岳, 「從洋務,維新到資産階級革命」『歷史研究』 1980-1, 40쪽.
34) 徐泰來, 「也評洋務運動」『歷史研究』 1980-4, 24쪽·33~34쪽.
35) 王惠祖, 「洋務運動是進步運動」『遼寧師範學院學報』 1980-6, 42~47쪽.
36) 夏東元, 「再論洋務派」『文匯報』, 1979년 2월 9일.

광업, 철도, 항운, 통신 등의 흥기는 바로 양무파 관료에 의해 실행되었다
면서, 태평천국의 지도이념인『자정신편』의 내용을 양무운동이 계승하였
다는 견해를 내 놓았다. 그리고 양무파가 태평천국운동을 진압했다 해서
양무운동이 전면 부정될 수 있는가하고 반문하였다.[37] 리시위에·후빈(胡
濱)은 양무파 관료가 역사 발전의 조류에 맞춰 자본주의로의 완만한 이행
을 지향하고, 객관적으로는 중국의 독립과 진보를 위한 물질적 기반을 정
비하였다거나 증국번, 좌종당, 이홍장 등이 멀리는 고염무, 왕부지, 황종
희 그리고 가깝게는 임칙서, 공자진, 위원을 계승하여 양무운동을 이끌었
고, 서양으로부터 부국강병의 방법을 배워 실천하였다고 평가하였다.[38]
양무파 관료를 개혁적인 모습으로 그려 놓고 있는 것이다.

  그동안 중국 근대사에서 가장 홀대받은 분야로서, 특히 태평천국에 집
중된 열기에 비해 양적으로도 빈곤했던 양무운동 연구는 1980년대 이후
중국 근대사에서 주목받는 분야로 급성장하였다. 그리고 양무운동에 대한
재평가 작업이 진행되면서 마침내 중국 최초의 근대화 운동으로 인정받았
다. 양무운동에 대한 재평가와 더불어 부르조아 계급의 미숙한 개량적 정
치 운동으로 평가되었던 변법운동 역시 양무운동에서 신해혁명으로 이어
지는 일련의 흐름 속에서 진보적인 가교 역할을 수행한 측면이 강조되었
다.[39]

  양무운동에 대한 재평가가 이루어지면서 혁명노선으로 분류되었던 태
평천국운동에 대한 시각에도 변화가 일어났다. 덩샤오핑 시대가 열리면서
태평천국의 성격을 둘러싸고 격렬한 토론이 전개되었고 결론적으로 사회
주의 운동의 선구로서 인식되었던 태평천국운동의 위상이 추락하였다. 태

37) 李時岳,「從洋務,維新到資産階級革命」『歷史研究』 1980-1, 31~33쪽.
38) 李時岳·胡濱,「論洋務運動」『人民日報』, 1981년 3월 12일.
39) 보다 자세한 논의는 조병한,「중국에서의 양무운동과 변법운동에 대한 재평가」『역
    사비평』 제28호(봄호), 1995를 참조할 것.

평천국운동의 혁명성에 대한 의문이 제기되었다. 태평천국은 청조와 마찬가지로 봉건적 전제 정권에 불과하고 천조전무제도(天朝田畝制度)는 생산력 발전을 억압해서 역사를 후퇴시키고 인민을 예농화(隸農化)했다는 봉건정권설이 새롭게 등장하였다. 태평천국은 기본적으로 봉건 전제정권으로서 지주계급과 지식인층이 국가의 통치 지위에 있었으며 천경(天京)에 도읍한 이후 멸망할 때까지 지속적으로 지주제를 승인하고 보호함으로써 지주계급을 위한 봉건정권이었다는 것이다.[40]

또한 근대 중국의 진보적 인물들은 모두 서양을 학습하려고 하였는데, 홍수전과 태평천국이 서양으로부터 들여오고자 한 것은 서양 중세의 신권정치였다는 것이다. 만일 홍수전과 태평천국이 전국을 통일하였다면 중국은 몇 세기 퇴보하였을 것이며, 홍수전이 기독교를 선전하고 신권정치를 행함으로써 객관적으로 서방의 침략에 호응하는 결과를 빚었다는 신권국가설도 등장하였다.[41] 급기야 "태평천국이 결코 태평(太平)의 나라가 아니었다"며 태평천국 '본래의 모습'을 돌려줄 것을 요구하면서 기존에 태평천국이 과도하게 미화되어 현실 정치의 이데올로기로서 이용되었던 측면도 지적되었다.[42] 의화단운동에 대해서도 중국 인민의 반제 애국운동이면서 한편으로는 농민의 보수성과 낙후성도 지니고 있었다는 측면이 논의되었다.[43]

그런데 현대화의 입장에서 민중 운동사를 낮게 평가하고 개혁 운동에 높은 점수를 주는 경향에 대한 반발도 만만치 않았다. 쑨커푸(孫克復) 등은 태평천국이 격렬한 계급투쟁 중에 농민들의 요구를 수용하여 단기간에

---

40) 孫祚民, 「判斷太平天國正權性質的標準－五論關于"農民正權"問題」『學術研究』 1981-5.
41) 馮友蘭,『中國哲學史新編』(第6冊), 人民出版社, 1989, 自序, 66~72쪽.
42) 김성찬, 「신세기 초두(2000~2012년) 중국 태평천국사학계의 고뇌와 실험적 도전」 『中國近現代史研究』 제55집, 2012, 1~2쪽.
43) 林甘泉, 「二十世紀的中國歷史學」『歷史研究』 1996-2, 23쪽 참조.

세운 그렇지만 견고하지 않았던 노동자 정권이었다는 농민혁명정권설을
제기하였다. 이 견해는 기존의 학설과 같은 맥락으로 태평천국의 천조전
무제도와 혁명적 실천이 태평천국이 청조와 10여년간 대치할 수 있던 동
력이었음을 강조한다. 그리고 농민이 태평천국의 중앙과 지방의 정권을
장악하고 있었고 농민 대다수와 많은 노동자들의 지지를 받았던 농민혁명
정권이라는 점을 피력하였다.44) 과거의 혁명사 패러다임을 현대화 패러
다임으로 교체하는 것도 문제가 많다는 지적이 일었다. 우선 근대사 연구
의 권위자 리이따니엔(劉大年)이 태평천국을 신권국가로 이해하는 학계
의 원로 평요우란(馮友蘭)을 정면으로 반박하였다.45) 의화단운동을 폭력
성과 무지몽매의 측면에서 이해하는 것은 영국인들이 인도의 세포이 항쟁
을 야만적으로 묘사하는 것과 같은 논리이며 당시의 역사적 조건과 농민
상황을 고려하지 않은 것이라는 반론도 제기되었다.46) 1842~1949년의 기
간을 반식민지·반봉건 사회의 특수성을 무시한 채 근대사의 기본 모순을
현대화와 비(非) 현대화로 설정할 수 없으므로, 혁명사 패러다임을 기본
전제로 하면서 필요에 따라 현대화의 문제를 수용하자는 절충안이 마련되
어 현재의 역사교과서도 이 입장을 수용하고 있는 모양새다.47)

한편, 항일전쟁 연구 역시 변화가 큰 부분이었다. 1980년 덩샤오핑이
"우리들은 국민당과 두 차례 합작(合作)한 역사를 가지고 있다"고 언급하

---

44) 孫克復·關捷,「太平天國政權性質商權」『社會科學輯刊』, 1981-1.
45) 劉大年,「方法論 問題」『近代史研究』 1997-1, 8~13쪽.
46) 吳劍杰,「關于近代史研究"新範式"的若干思考」近代史研究』 2001-2, 272~278쪽.
47) 중국학계에서는 패러다임의 적용 문제를 놓고 여러 의견이 존재한다. 대표적인 견
    해로는 ① 리우따니엔(劉大年), 쌍하이펑(張海鵬) 등의 혁명사 패러다임을 중심으
    로 현대화 패러다임을 결합시키자는 주장, ② 리우위엔징(劉遠靖) 등의 혁명사 패
    러다임을 현대화 패러다임으로 교체하자는 주장, ③ 동쩡화(董正華) 등의 다양한
    종류의 패러다임을 혼용하자는 주장, ④ 쌍리엔꾸오(張連國)의 패러다임을 사용하
    지 않는, 즉 패러다임이 없는 패러다임 등이 있다. 簡婷,「中國近代史範式研究綜術」
    『湖南大衆傳媒職業技術學院學報』 8-5, 2008의 내용 참조.

자 제3차 국공합작의 전망까지 나오면서, 항일전쟁 시기의 국공합작의 역사를 보다 긍정적 시각에서 해석하였다. 1985년 항일전쟁 승리 기념 40주년 행사를 맞이하여 항일전쟁사 연구가 활발히 일어나 1990년까지 국공합작사(國共合作史) 연구에 많은 성과를 냈다. 또한 많은 사료가 공개되면서 깊이 있는 연구가 진행되었다.[48] 연구 성과를 세 가지 측면에서 살펴보자. 첫째, 항일전쟁의 주도권 문제이다. 기존의 중국 공산당 주도설에 대해 국민정부가 당시 정치권력을 장악하고 있던 입장에서 정면 전쟁의 주도적 역할은 국민당이 수행하였다는 주장이 제기되었다. 다른 한편에서는 항일전쟁의 주도권이 국민당에서 점차로 중국 공산당으로 이동했다는 주장을 펴기도 했다.[49] 사실 국민당과 장제스는 전국적인 권력을 장악하고 있었기 때문에 그들의 동의와 참가 없이는 항일민족통일전선을 결성할 수도 없었고 전민족 차원의 항전도 일어날 수 없었다. 따라서 국민당과 장제스가 항일민족통일전선에서 수행한 역할을 인정하는 것이 실사구시(實事求是)의 원칙에 맞는다는 의견이 설득력을 얻게 되었다. 중국 공산당 주도설을 펴면서 국민당의 역할을 폄하하던 분위기로부터 상당한 반전이 이루어진 것이다. 둘째, 중일전쟁 이전 국민정부의 항일 전략 문제이다. 시안사변 이전에는 국민당이 대외 타협을 견지하면서 내적으로 초공(剿共)의 방침을 세우고 있었기 때문에 중일전쟁이 발발하기 직전까지는 항일 준비가 없었다는 것이 1980년대 이전 학계의 일치된 견해였다. 그러나 만주사변 직후 국민당은 이미 항일 준비에 착수하여 국방 구역을 획정하고 국방설계위원회를 구성하여 군인과 물자의 운송과 보급 등에 대

---

48) 타이완에서도 민주화의 영향으로 1990년대 이후 관련 문서 자료가 다량 공개되면서 국민당사 연구가 활기를 띤 측면도 고려해야 할 것이다. 타이완의 국민당사 연구에 대해서는 呂芳上(김세호 譯), 「'政治史學'의 學術化 - 中國國民黨史 연구의 현상과 전망」『中國近現代史研究』제33집, 2007을 참조할 것.

49) 馮林 主編, 『重新認識 百年 中國 - 近代史熱點問題硏究與爭鳴(上)』, 改革出版社, 1998, 244~255쪽.

한 준비를 하고 군사훈련도 진행하였다.[50] 항일전쟁과 관련해서 국민당의 활동에 대한 구체적인 분석작업이 이루어졌다. 셋째, 국민당의 전략방침에 관한 것이다. 앞의 두 문제와 연관되어 있는데 과거에는 일반적으로 국민당의 편면항전이 강조되었다. 그러나 현재는 국민당의 항일전쟁방침을 지구(持久) 소모전의 측면에서 이해하고 있다. 그러한 이해는 1932년 국민당 4기 2중전회의의 일본에 대한 장기항전 결의, 이어진 장제스의 "장기항전은 길면 길수록 유리하다"는 입장, 1937년 8월 국방회의에 정식으로 제출된 지구 소모전의 전략 방침 등 일련의 과정을 분석함으로써 나왔다.[51] 구체적인 실증적 연구의 진전으로 중국 공산당만의 활동을 일방적으로 강조하던 기존의 항일전쟁 서술은 변화를 맞게 되었다.

2) 교과서 서술

문혁의 종료 이후 중국 정부는 현대화 노선을 표방하였고 역사학계에서는 근현대사를 다른 각도에서 해석하려는 노력이 있었음을 앞서 언급하였다. 이런 변화들이 교과서 서술과 어떻게 연관되어 있는지 우선 태평천국운동에 대해 살펴보자.

(가) 1986년 인교판 초중 『중국역사』(제2책)

제2장 태평천국운동
　제1절 금전기의와 천경으로의 도읍
　　금전기의 / 천경으로의 도읍 / 태평군의 북벌과 서정
　제2절 제2차 아편전쟁
　　영국과 프랑스가 침략 전쟁을 일으키다 / 영·프 연합군의 텐진과 베이징
　　공격 / 서태후의 정변[52] 그리고 중국과 외부 반동 세력의 연합

---

50) 陳謙平, 「試論抗戰前國民黨政府的國防建設」 『南京大學學報』 1987-1.
51) 陳先初, 「關于國民黨初期抗戰幾個問題的再檢討」 『求索』 1994-4.

제3절 태평천국 후기의 투쟁
태평천국 지도부의 내부 투쟁 / 태평천국의 방어전 / 천경 보위와 태평천
국운동 실패

(나) 1992년 인교판 초중 『중국역사』(제3책)

제7과 태평천국운동의 흥기
홍수전이 이끈 금전기의 / 천경으로의 도읍과 천조전무제도 / 북벌과 서정
제8과 태평천국 후기의 투쟁
태평천국 지도부의 내부 투쟁 / 홍인간과 『자정신편』/ 태평군이 중국과 외
국의 반동 군대에 맞서 싸우다
제9과 제2차 아편전쟁
영국과 프랑스가 제2차 아편전쟁을 일으키다 / 영·프 연합군의 톈진 공격
/ 베이징을 공격하고 원명원을 불사르다 / 러시아가 중국의 많은 영토를 점
령하다

(다) 2007년 인교판 초중 『중국역사』(제3책)

제2과 제2차 아편전쟁 기간 열강의 중국 침략 죄행(罪行)
원명원 방화 / 러시아가 중국의 많은 영토를 점령하다 / 태평군(太平軍)이
양창대(洋槍隊)와 싸우다

(가)의 1986년판에서 (다)의 2007년판으로 가면서 태평천국의 위상이
점차로 낮아지고 있다. 수업 시수가 줄어들면서 교과서 분량이 줄어든 것
을 감안하더라도 비중이 약화되는 추세는 확연하다. (가)는 문혁 이전과
큰 차이가 없다. 그리고 (가)와 (나)는 단원 구성 방식에서 차이가 있다.
(가)는 대단원 체제 속에서 태평천국운동이 하나의 장(章)으로 구성되어
있는데, (나)는 중단원 체제로 구성되어 여러 개의 과(課)로 분산되어 있
다. (가)와 (나)는 단원 편성 방식에서 차이가 있다고 하지만 담고 있는
내용 요소가 유사하며 그 내용을 크게 3개의 단원으로 구성하였다는 점도

52) 원문에는 서태후 대신 만주족의 성씨인 那拉氏라 표현하고 있다.

유사하다. 그런데 2000년대 이후에는 (다)처럼 1차시 정도 분량의 한 개 단원으로 간략화 되었다.

주의해서 볼 점은 제2차 아편전쟁의 위치이다. (가)에서는 3개의 단원 중 가운데인 두 번째 단원으로 되어 있어 제2차 아편전쟁이 14년간 전개된 태평천국운동의 와중에 있었던 사건으로 인식된다. (나)에서는 태평천국운동을 배운 다음 제2차 아편전쟁을 배움으로써 별개의 사건으로 인식할 수 있다. 그런데 (다)에서는 전혀 다른 방식의 구성 체제가 등장한다. 태평천국운동은 사라지고 제2차 아편전쟁만 남아있다. 태평천국운동은 문혁 종결 이후 서서히 그 비중이 축소되다가 현재 사용 중인 교과서인 (다)에서는 제국주의 침략전쟁인 제2차 아편전쟁을 공부하는 단원 속의 조그만 소단원으로 전락해 버렸다. 하나의 독립된 장(章)에서 상세히 서술되던 것에 비추어 보면 장절 구성에서 아예 그 명칭이 사라져버려 큰 변화가 일어났음을 실감할 수 있다. 1956년판에서는 4개의 장으로 구성된 태평천국혁명운동 속에서 제2차 아편전쟁이 1개의 장으로 구성되던 것과 비교해 보면 확연히 위상이 역전된 것이다.

〈표 21〉 1956년판과 2007년판의 의화단 내용 구성(인교판)

1956년판 초중 『중국역사』(제3책)	2007년판 초중 『중국역사』(제3책)
제9장 의화단운동 제1절 의화단운동 전야의 중국 사회 제2절 의화단운동의 발생과 발전 제3절 의화단의 제국주의 연합군에 맞선 영웅 　　 적 저항의 전개 제4절 신축조약과 의화단운동의 역사적 의의	제5과 8국 연합군의 중국 침략 전쟁 　 8국 연합군이 베이징을 점령하다 　 / 신축조약

의화단운동 역시 사정은 마찬가지다. 〈표 21〉처럼 1956년판과 달리 2007년판에는 의화단운동이 단원명으로 설정되어 있지 못하고 8국 연합군의 중국 침략 전쟁이란 단원 속에 자리 잡고 있다. 소제목에서조차 의

화단이란 명칭을 찾아볼 수 없다. 태평천국운동이나 의화단운동이 각각 발생, 전개에서 결말까지 자기 완결적 구조로 설명되지 못하고 다른 사건의 일부 구성요소로 전락되었다는 것은 역사 교과서 서술에 커다란 방향 전환이 이루어졌음을 보여주는 것이다.

태평천국운동과 의화단운동 대신에 제2차 아편전쟁과 8국 연합군의 중국 침략을 강조하고 있는데 이는 혁명사적 관점에서 민중의 역동성을 부각시키던 기존의 입장에서 벗어나 제국주의 침략이라는 '상처'를 드러내는데 주안점을 두고 있다는 것을 의미한다. 기존에 중시하던 계급적 대립 구도보다는 민족적 대립 구도를 더 선명히 드러내려는 의도가 반영된 것이다. 계급투쟁사가 퇴조하는 가운데 그 공백을 민족사가 채우고 있는 모습이다.

(가) 1987년 인교판 초중 『중국역사』(제2책)

[……] 제2차 아편전쟁 이후 청조 통치계급 내부에서 양무파가 출현하였다. 양무파는 태평천국운동 진압과 자본주의 국가와 접촉하는 과정에서 출현하였고, 서방의 선진 군사기술을 이용하여 청조의 통치를 유지할 것을 주장하였다. 양무파는 '자강(自强)', '신정(新政)'을 내걸고 서방자본주의 국가의 기술을 채용하고 관판의 근대 군사공업을 설립하였다. 1861년 증국번은 안징내군계소(安慶內軍械所)를 창설하여 중국 노동자를 채용하고 총포를 제조하였다. 양무파가 서양식 무기를 제조한 첫 군사 공업이었다. 이듬해 이홍장은 상하이에 제포국(制炮局)을 설립하면서 외국 노동자를 모집하고 홍콩에서 제작에 필요한 기계를 구입하여 총포를 생산하였다. 몇 년 후 이홍장은 상하이에 강남제조총국(江南制造總局)을 설립하였다. 강남제조총국은 당시 양무파가 건립한 최대의 군사 공장으로서 총포, 탄약, 윤선(輪船)을 제조하고 외국의 군사 서적과 기술 서적을 번역하였다. 그리고 좌종당은 프랑스로부터 기계와 재료를 구입하여 푸젠성에 세운 마미선정국(馬尾船艇局)은 고용된 프랑스인의 감독 하에 윤선을 제작하였는데, 청 정부가 설립한 조선소 중에서 가장 설비가 잘 갖추어져 있었다. 이후 양무파는 계속해서 군사 공업을 세웠고 이렇게 해서 '양무운동'이 출현하였다.

양무운동의 수요를 해결하기 위하여 양무파는 신식학교를 운영하여 번역 인력과 군사 인력을 양성하였다. 또한 유학생을 파견하였다. 1870년대에 해방(海防)을 계획하고 10년 내 남양해군과 북양해군의 건설을 요구하는 의견을 제출하였다. 1884년에 이르러 해군은 처음으로 일정 규모를 갖추었다. 후에 이홍장은 북양해군을 북양함대로 확대 건설하였고 뤼순(旅順)과 웨이하이웨이(威海衛)의 해군 기지를 정비하였다.

1870~90년대에 양무파는 군수 공업을 발전시킴과 동시에 군수 공업을 보조하기 위하여 교통 운수업, 광업, 제련업, 직조업 등 민수 공업을 운영하였다. 민수 공업 중 비교적 규모가 컸던 것은 이홍장이 상하이와 텐진에 각각 설립한 윤선초상국(輪船招商局)과 카이핑탄광(開平煤鑛), 짱쯔동(張之洞)이 후베이성에 설립한 한양제철소(漢陽鐵廠)와 후베이직조국(湖北織造局) 등이었다.

양무운동은 자본주의 국가의 근대 생산 기술을 끌어들임으로써 중국에 기술 연구자와 노동자가 출현하였다. 기업의 이윤은 근대 공업에 대한 관료, 지주, 상인의 투자를 불러왔다. 이로써 양무운동은 비록 중국을 부강의 길로 이끌지는 못했으나 객관적으로 중국 자본주의 발전을 촉진하였으며 외국의 경제 세력이 확장하는 것에 대해서도 어느 정도 억제 작용을 하였다.[53](강조점 필자)

(나) 2005년 북사대판 『역사』(8상)

제6과 근대공업의 흥기
  '자강'에서 '부강'까지/윤선, 철로 그리고 전보업의 출현/장원(壯元) 실업가/
  짠텐요우(詹天佑)와 징짱(京張) 철로

(다) 2004년 화동사대판 『중국역사』(7하)

제2과 중체서용
    태평천국/증(曾), 좌(左), 이(李)/총리아문
제3과 자강신정
    강남제조국/북양해군/전보와 철로
제4과 서학동점(西學東漸)
    동문관/출양(出洋) 유학/조계(租界)

---

53) 初中『中國歷史』(第二冊), 人民教育出版社, 1987, 120~125쪽.

다음으로 양무운동 서술을 보자. 1980년대 이후 양무운동에 대한 긍정
적 평가가 이뤄지면서 차츰 교과서에도 이러한 평가가 반영되기 시작하였
다. (가)의 글은 현재 중국의 양무운동에 관한 교과서 서술의 정형이 된
점을 감안해 서술 내용의 대부분을 옮겨와 보았다. 이전의 교과서와 비교
해 보면 몇 가지 점에서 확연히 다르다. 첫째, 양무운동의 반동성이나 매
판성과 관련된 서술은 이전보다 많이 축소되었다. 이홍장의 제포국과 좌
종당의 마미선정국 부분에서 외국인이 등장하지만 1956년판의 교과서처
럼 예속성의 차원에서 접근하고 있지 않다. 둘째, 많은 분량을 할애하여
양무파가 설립한 공장들을 상세히 서술하고 있다. 셋째, 가장 중요한 특
징으로 양무운동에 대한 평가가 바뀌었다는 점이다. 양무운동이 중국 자
본주의의 발전을 자극하고 외국 경제세력의 중국 진출을 억제하였다는 측
면에서 서술하고 있다. 사회주의 중국 성립 후 30여년 간 양무운동을 부
정적으로 바라보던 시선이 180도 바뀐 것이다. 이러한 평가는 교과서 간
에 약간의 편차가 존재하기는 하지만 현재의 초중과 고중의 교과서에서
기본적으로 견지되고 있는 관점이다.

1990년대 들어 교과서가 국정제에서 검정제로 전환되면서 여러 종의
교과서가 만들어졌고, 2000년대 들어 더욱더 다양한 교과서가 보급되었
다. 그러나 교육과정의 규정성 때문에 큰 차이를 보이지 않는 경우가 많
은데 양무운동의 경우 일부 교과서에서는 색다른 시도를 하고 있다. 대표
적인 사례로 (나)의 북사대판『역사』와 (다) 화동사대판『중국역사』를 들
수 있다.

(나)에서는 단원명에 양무운동이라는 용어 자체가 없다. 양무운동을 따
로 떼어 서술하기보다는 근대공업의 발생과 발전이라는 흐름 속에서 설명
하기 때문이다. 현대화라는 커다란 윤곽 속에서 서술하고 있다. 양무운동
의 진행 과정에 대한 전반적인 이야기는 '자강에서 부강까지'라는 제목 아
래 두 쪽에 걸쳐 압축적으로 설명하고 있으며 '양무파가 일으킨 군수공업

과 민수공업이 이전의 수공업 생산과 어떻게 다른가'라는 학습문제로써
근대적 기계 생산으로 생긴 변화를 학생들이 인식할 수 있도록 하고 있
다. 이어서 '윤선, 철로 그리고 전보업의 출현'에서는 윤선초상국, 카이핑
탄광, 탕산(唐山)-쉬꺼좡(胥各庄) 철로, 텐진전보총국에 관한 내용을 제
시하고 있다. 양무운동을 중국의 현대화와 자연스럽게 연결시키고 있다.

그 다음은 일종의 인물 학습 형태로 쨩찌엔(張謇)과 짠톈요우에 대하
여 각각 한쪽씩 할애하고 있다. 양무운동의 전개를 두 쪽으로 정리한 것
과 비교해 보면 비중이 크다. 인물에 관하여 집중적으로 서술하고 있다.
증국번이나 이홍장 같은 정치적 인물이 아닌 실업가나 기술자가 전면으로
등장하는 것은 중국 교과서가 변화하고 있음을 보여주는 한 단면이다. 쨩
찌엔의 앞에는 '장원 실업가'라는 수식어가 붙었는데 1894년 과거에서 장
원급제하였지만 실업구국(實業救國)의 뜻을 품고 고향으로 돌아가 생사
공장을 열었다. 또한 짠톈요우는 미국에 유학하여 예일대학을 졸업한 후
중국에 돌아와서는 중국인 독자의 기술로 외국과는 다른 '之'자형 철로를
개설하였다. 이처럼 중국에서 근대공업이 발전하면서 외국에 의존하지 않
는 중국 스스로의 기술 인력이 등장하고 있었음을 더불어 강조하고 있다.
양무운동을 근대화 과정의 일환으로 파악하고 있으며 중국의 근대화 즉,
새로운 생산력이 대두하는 모습을 구체적으로 보여주는 데 역점을 둔 서
술이라 할 수 있다.

(다)역시 양무운동이라는 단원명은 존재하지 않으나 세 개의 단원이 모
두 양무운동과 연관되어 있다. 무려 25쪽(9~23쪽)에 걸쳐 양무운동을 다
루고 있다. 북사대판보다 훨씬 더 선명하게 현대화의 입장이 드러난다.
이에 비해 태평천국운동은 독립된 단원으로 편성되지 않고 양무운동 단원
에 편입되어 있다. 앞서 태평천국운동이 제2차 아편전쟁 단원에 속해 있
던 것과는 또 다른 모습이다. 태평천국운동에 관한 시각도 민중운동으로
서의 측면보다는 홍인간의 『자정신편』을 비중있게 다루고 있다. 양무운

동을 중국 근대화의 출발점이라 보고, 그 맹아로서 태평천국운동 시기에 등장한 홍인간의 저작이 언급되고 있는 것이다.

본문의 특징은 첫째, 많은 분량이 할애되면서 양무운동에 대한 좀 더 상세한 설명과 많은 삽화가 들어가 있다. 가령 강남제조국은 한쪽의 지면을 차지하고 있고 다른 교과서에서는 2~3행에 불과한 양무파가 건립한 해군에 관한 내용이 한쪽이 조금 넘는 지면에서 서술되고 있다. 둘째, 서양 지식의 보급과 관련된 '서학동점' 단원의 내용이다. 양무 인재를 육성하기 위해 설립한 동문관에서 미국인 선교사 마르틴(William Martin)이 번역한 『만국공법(萬國公法)』이 양무를 관장하는 중국 관리들의 필독서로 널리 읽혔다는 사실을 소개하고 있다. 그리고 중국 최초로 외국 대학을 졸업한 유학생이자 미국으로 유학생을 파견하였던 롱훙(容閎), 미국 예일대학에서 철도를 전공한 후 중국에 돌아와 징짱 철로를 가설한 짠텐요우, 토마스 헉슬리의 『진화와 윤리』를 번역하여 『천연론(天演論)』을 펴낸 옌푸(嚴復)에 관해 자세히 서술하고 있다. 그리고 단원의 말미에 조계(租界)를 다루고 있다. 기존에는 조계가 '나라 안의 나라(國中之國)'로 중국의 주권을 침해함으로써 중국이 반식민지임을 나타내는 중요한 근거로 제시되었다. 그러나 조계가 중국이 서양의 문화와 제도를 학습하는 통로였다고 서술하고 있다. 조계를 상당히 전향적인 시각에서 바라보고 있다. 결국 제국주의의 침략이라는 시각에서 서양문화의 수용이라는 방향으로 교과서의 서술이 전환되는 것은 지속되고 있는 중국의 개혁·개방이라는 정치노선과 무관해 보이지 않는다.[54] 더구나 이 책이 경제 성장의 상

---

54) 청 말 서양 선교사들의 활동을 제국주의 침략의 일부로 보는 것이 아니라, 중국의 근대화에 기여한 측면에서 조명하는 것도 같은 맥락이다. 王立新, 『美國傳教士與 晩淸中國現代化』, 天津人民出版社, 1997 ; Ryan Dunch, Beyond Cultural Imperialism: Cultural Theory, Christian Missions, and Global Modernity, *History and Theory* 41, 2002 참조. 중국의 학계에서 조계와 선교사 등을 근대화의 관점에서 해석하는 것은 Huaiyin Li, From Revolution to Modernization: The Paradig-

징인 상하이의 교육과정에 근거해 만들어진 교재라는 측면도 고려해야 할
것이다.

그러나 이러한 교과서 서술의 경향에 대한 반론도 적지 않게 존재한다.
중국의 유명 역사교육 잡지인『역사교학(歷史敎學)』은 2002년 창간 50주
년을 맞이해 대담 형식으로 학계의 권위자들로부터 역사교육의 개선 방향
을 들어보았다. 다양한 의견이 제시되었다. 교과서에 좀 더 적극적으로
현대화의 맥락에서 중국 근대사를 서술하자는 주장이 있는 반면에 이에
대한 반대 의견도 있었다. 근대사 전공자로 베이징사대(北京師大) 교수인
꽁슈뛰오(龔書鐸)는 '근대사=현대화'의 입장에 반대 의견을 표하면서 북
사대판의 교과서가 현대화의 관점을 과도하게 반영하고 있음을 비판하였
다. 민족 독립과 인민 해방이 없었다면 어찌 현대화가 이루어질 수 있었
겠냐고 반문하며 근대사에서 현대화를 강조하는 것을 경계하였다.[55] 그
는『중국통사강요(中國通史綱要)』의 근대사 부분을 집필하면서 양무운동
이라는 표현대신 '양무 활동'이라 는 용어를 사용하고, 양무 기업의 대외
의존적·봉건적 측면을 강조한 바 있다.[56] 반식민지·반봉건 사회론에 입
각한 계급투쟁사나 혁명사의 해석을 버리고 일방적으로 현대화의 관점을
강조하는 것에 대한 문제점을 지적한 것이다.

마지막으로 항일전쟁 서술을 검토해 본다. 교과서의 서술은 1980년대
부터 점진적으로 변하였다. 제1차 국내혁명전쟁·제2차 국내혁명전쟁·항일
전쟁·제3차 국내혁명전쟁이라는 틀로 항일전쟁을 설명하던 방식은 1980년
대까지 지속되다가 1990년대 이후로 사라졌다. 서술 변화의 방향은 크게
다음의 두 가지 측면에서 정리할 수 있다.

---

matic Transition in Chinese Historiography in the Reform Era, *History and
Theory 49*, 2010, 348~350쪽의 내용을 참조할 것.
55)「著名歷史家談中學歷史課程改革 - 龔書鐸」,『歷史敎學』 2002-12, 27~28쪽.
56) 白壽彝 主編,『中國通史綱要』, 上海人民出版社, 1980, 404~407쪽.

(가) 1995년 인교판 『중국역사』(제4책)

제5과 일본이 중국을 침략한 9·18사변
제6과 항일구망(抗日救亡) 운동의 고조
제7과 신성한 항전의 개시
제8과 "적의 후방으로 가라"
제9과 일본침략자의 잔혹한 통치
제10과 국민당의 소극 항전과 적극 반공
제11과 공산당이 후방 항전을 견지하다
제12과 항일전쟁의 승리

(나) 2007년 인교판 『중국역사』(8하)

제4단원 중화민족의 항일전쟁
　제14과 잊을 수 없는 9·18
　제15과 "싸우다 죽어 귀신이 될지언정 망국의 노예로 살지 않겠다."
　제16과 피와 살로 장성(長城)을 쌓다

첫째, 국민당이 항일전쟁에서 수행한 역할을 인정하고 있다는 점이다. (가)의 목차를 보면 '국민당의 소극 항전과 적극 반공'이 있기는 하나 이전보다는 국민당에 대한 비판의 강도가 훨씬 낮아졌고, 국민당이 항일전쟁에 기여한 측면을 구체적으로 서술하고 있다. 1987년판의 서술을 보자.57)

　　전국 인민의 커다란 지지 아래 루거우차오를 수비하던 많은 관병들은 일본 침략자에 맞서 영웅적으로 싸우다가 백병전까지 벌였지만 루거우차오를 빼앗겼다. 반면에 국민정부는 담판을 통해 평화적으로 해결할 수 있으리란 환상을 가졌다. 일본정부는 담판의 시간을 이용해 중국에 지원병을 증파하였다.

루거우차오 사건 이후 국민당의 대응으로써 일본과의 담판이 부적절했음을 기술하고 있다. 그러나 1995년판인 (가)의 '제7과 신성한 항전의 개

---

57) 初中 『中國歷史』(第3冊), 人民敎育出版社, 1987, 64쪽.

시'를 보면 국민당에 대한 부정적 서술 대신 국공 양당의 항일을 위한 노력만이 서술되어 있다. 즉 루거우차오 사건이 일어나자 국공합작에 의해 중국 공산당은 8로군과 신4군을 편성하였으며, 국민정부는 일본의 침략에 맞서 정면으로 여러 차례 전투를 전개하였음을 서술하고 있다.58) 국민당이 거둔 전과에 대해서는 이미 1987년판에도 등장한다.59)

> 1938년 일본군은 쉬저우(徐州)를 포위하기 위하여 산둥에서 두 갈래로 나뉘어 쉬저우의 관문인 타이얼좡을 공격하였다. 제5전구(第5戰區) 사령장관 리쫑런(李宗仁)은 중국군을 지휘하여 일본군의 한 갈래를 린이(臨沂)에서 저지하고, 나머지 한 갈래는 타이얼좡에서 저지하였다. 양측은 타이얼좡에서 서로 밀고 밀리는 치열한 전투를 전개하였다. 이와 동시에 중국군은 타이얼좡에 침입한 일본군을 포위하였다. 4월 초 중국군이 전격으로 반격을 가하자 일본군이 괴멸하여 패주하였다. 타이얼좡의 전투에서 일본군 2만여 명을 섬멸한 것은 항일전쟁 이래 국민정부가 정면으로 충돌한 전장(戰場)에서 거둔 가장 중요한 승리였다.

리쫑런과 타이얼좡 전투에 대해서 긍정적으로 서술하는 것은 큰 변화가 아닐 수 없다. 리쫑런은 1927년에 장제스와 함께 상하이 쿠데타를 실질적으로 지휘한 인물이다. 상하이 쿠데타는 중국 공산당에 큰 피해를 안겨준 사건으로 제1차 국공합작이 결렬되는 계기가 되었다. 「1978년 중학 역사교학대강(시행초안)」까지는 '국민당의 전장에서의 대퇴각(大退却)'이라는 단원 아래 국민당의 편면항전과 패전이 강조되었지만, 「1980년 중학 역사교학대강」부터는 동일한 단원 안에서 타이얼좡 전투가 언급되기 시작하고 이후에는 '국민당의 전장에서의 대퇴각' 단원은 사라지고 타이얼좡 전투 자체를 상세하게 서술하고 있다.60) 이러한 경향은 단순히 국민당

58) 初中『中國歷史』(第4册), 人民敎育出版社, 1995, 50쪽.
59) 初中『中國歷史』(第3册), 人民敎育出版社, 1987, 68쪽.
60) 課程敎材硏究所, 『滙編』, 人民敎育出版社, 2001, 358쪽·417쪽.

에 대한 기존의 입장이 선회한 측면에서 이해할 수도 있지만 항일전쟁을
중화민족사의 일환으로 파악하려는 의도를 반영하고 있다. 이것은 항일전
쟁 서술 변화의 두 번째 특징과 연결된다.

둘째, 항일전쟁을 중국 공산당사가 아닌 '중화민족'의 항전이자 국제
반파시즘 전쟁의 맥락에서 접근하고 있다. 우선 (나)의 목차를 보면 항일
전쟁의 주체를 중화민족으로 설정하고 있다. 그 이하의 단원명을 (가)에
비해 훨씬 더 격정적으로 비장하게 표현하고 있다. 이러한 극적인 전개를
위해서 1980년대부터 강조되는 항목 가운데 하나가 난징대학살이다. 물
론 이전의 교과서에서도 난징대학살은 서술되었다. 그러나 서술 내용과
동원되는 사진 자료를 비교해보면 선정성(煽情性)에서 비교가 되지 않는
다. 난징대학살을 강조하는 것은 항일전쟁의 대상을 명확하게 설정하는
효과가 있다. 기존 중국 공산당사의 입장에서 볼 때 대립축이 두 개, 즉
일본과 국민당이었다. 그러나 앞서 지적한 것처럼 국민당에 대한 부정적
서술이 줄어들고 일본의 죄행을 선명히 하는 속에서 대립 구도가 명확해진
다. 이제 항일전쟁은 중국 공산당이 주도하는 것이 아니라 일본 제국주의
에 맞선 중화민족의 전민항전(全民抗戰)이자 반파시즘 전쟁으로 재설정되
는 것이다. 1987년판 교과서에서 서술된 항일전쟁 승리의 의의를 보자.[61]

> 8년 전쟁에서 중국의 항일(抗日) 군민(軍民)은 130여만 명의 일본군과 118
> 만명 이상의 괴뢰군을 섬멸하고 항일전쟁의 위대한 승리를 쟁취하였다. 그러
> 나 중국 인민도 커다란 민족적 희생을 치렀다. 항일전쟁의 승리는 100여 년간
> 중국 인민의 제국주의 침략에 맞선 투쟁에서 여러 차례 패배한 국면을 전환시
> 킨 것으로 식민지 인민이 잔혹한 제국주의 국가의 침략을 타파하는 길을 처음
> 으로 열었다. 중국의 항일전쟁은 세계 반파시즘 전쟁에서 중요한 부분으로 항
> 전의 승리는 세계 반파시즘 전쟁의 승리에 중요한 공헌을 하였다.

---

61) 初中 『中國歷史』(第3冊), 人民教育出版社, 1987, 90~91쪽.

중국 공산당에 대한 언급은 한 곳도 없다. 대신 민족적 견지에서 서술하고 있다. 인상적인 것은 항일전쟁의 승리 부분에 타이완에 관한 서술이 등장한다는 점이다.[62]

> 1945년 10월 25일 일본 타이완총독부의 총독은 중국정부 대표에게 항복문서를 건네주었다. 이렇게 일본의 타이완 통치 50년여년 만에 타이완은 결국 조국으로 복귀하였다.

청일전쟁의 패배로 일본에게 빼앗겼던 타이완이 제2차 세계대전에서 일본이 패배하자 다시 중국으로 넘어온 것이다. 이러한 서술은 1990년대 이후부터 지속적으로 교과서에 등장한다.[63] 항일전쟁의 승리가 반파시즘 전쟁의 승리이자 국가의 통일과 연결된다는 것을 의식적으로 드러내고 있다. 결국 항일전쟁사를 중국 공산당사에서 중화민족사 내지 민족 통일사로 이해하고 있는 것이다.

---

62) 初中『中國歷史』(第4冊), 人民教育出版社, 1995, 88쪽.
63) 初中『中國歷史』(8下), 人民教育出版社, 2007, 83쪽.

Ⅶ. 세계사 교육

1. 문제의 제기

청말(淸末)부터 현재에 이르기까지 중국의 세계사 교육은 크게 네 개의 시기로 나누어 볼 수 있다.

첫째는 청말부터 사회주의 정권이 수립되는 1949년 이전의 시기로 근대교육의 도입기이다. 서양의 근대식 학제의 도입과 함께 서양의 세계사 구성 체계를 받아들이되 중국이라는 상황에 맞춰 나름의 변화를 시도하였다. 둘째는 사회주의 중국 수립 이후로부터 문혁에 이르는 시기이다. 마르크스와 레닌의 견해를 바탕으로 스탈린이 확립한 역사 발전 5단계설을 골자로 하는 소련의 세계사 구성 체계를 모델로서 수용한 시기이다. 셋째는 문혁 종료 이후로부터 20세기 말에 이르는 시기이다. 개혁·개방 정책의 추진, 소련의 해체와 동유럽 사회주의권의 몰락 등의 격변 속에서 역사 발전 5단계설에서 벗어나려는 시도가 이루어졌다. 일종의 과도기 상황으로 소련 역사학으로부터 탈피해 새로운 대안을 모색하던 시기이다. 넷째는 21세기 들어 현재까지의 시기이다. 역사 인식의 커다란 전환이라 할수 있는 시대 구분법의 변화, 세계사 연구 경향의 변화, 상하이판 역사교과서의 새로운 시도, 다양한 방식의 자국사와 세계사 통합 노력 그리고 학습자인 학생을 고려한 교과서 서술의 변화 등이 특징으로 나타난다.

중국에서 근대적 교육과정이 처음 등장하는 청말부터 교육과정과 교과서를 통시대적으로 살펴보되 초중의 세계사를 중심으로 검토해 볼 것이다. 특히 사회주의 정권 수립 이후 문혁 시기까지 사적 유물론이 엄격하게 적용되던 시기의 세계사 교육과 21세기 이후 현재의 세계사 교육 간에 나타나는 차이에 주목해 보기로 한다.

2. 청말·민국 시기의 세계사 교육

중국의 근대적 세계사 교육은 청말의 내외 위기 속에서 구망의식(救亡意識)과 깊은 연관을 가지면서 출발하였다. 교재는 대개 외국서적을 번역한 것이었다. 1870년에 경사동문관(京師同文館)이 처음으로 세계사 교육을 실시하였고, 외국서적을 번역하여 만든 『각국사략(各國史略)』, 『아국사략(俄國史略)』, 『태서신사람요(泰西新史攬要)』를 교재로 사용하였다.[1] 『아국사략』은 경사동문관의 교사와 학생이 직접 번역한 것으로 러시아사를 번역하여 교육한 것은 당시 중국의 러시아에 대한 위기의식을 반영한다. 『태서신사람요』의 원본은 로버트 맥켄지(Robert Mackenzie)의 『19세기: 역사(The 19th Century: A History)』로 1880년 영국에서 출간되었다. 중국에서 활동하던 선교사 티모시 리처드(Timothy Richard)와 차이얼캉(蔡爾康)이 함께 번역하여 1894년 3월부터 1895년 5월까지 상하이의 『만국공보(萬國公報)』에 연재한 것을 광학회(廣學會)에서 단행본으로 간행하였다.[2] 『태서신사람요』는 중국의 지식인층에서 널리 유행하였으며, 한국에서는 1897년 대한제국의 학부(學府)에서 한문본과 한글본을 간행하였다.[3]

청일전쟁 이후 세계사에 대한 관심은 더 높아졌다. 량치차오(梁啓超)가 호남시무학당(湖南時務學堂)에서 교육할 당시 그는 학생들에게 『태서신사람요』를 비롯하여 『만국사기(萬國史記)』, 『일본국지(日本國志)』 등을 읽도록 하였다.[4] 신정의 실시와 함께 중국의 첫 근대적 교육과정인 「흠정

---

1) 劉雅軍, 「晚淸"世界歷史"敎育略述」 『歷史敎學』 2004-7, 54~56쪽.
2) 張昭軍·徐娟, 「文化傳播与文化增殖－以≪泰西新史攬要≫在晚淸社會的傳播爲例」 『東方論壇』, 2005-4, 65쪽.
3) 『태서신사람요』의 국내 수용에 관해서는 유수진, 「대한제국기 『태서신사』 편찬과정과 영향 연구」, 고려대학교석사학위논문, 2012 ; 허재영, 「광학회 서목과 『태서신사남요』를 통해 본 근대 지식 수용과 의미」 『독서연구』 제35호, 2015 참조.

학당장정(欽定學堂章程)」이 1902년에 발표되었다. 「흠정학당장정」은 이
해의 간지에 따라 임인학제(壬寅學制)로도 불리는데, 중학 과정에서 세계
사 교육을 언급하고 있다. 4년의 기간 동안 각각 외국 상세사(上世史)(1
학년), 외국 중세사(中世史)(2학년), 외국 근세사(近世史)(3학년), 외국 사
법(史法) 연혁의 대략(4학년)을 배우도록 규정하였다.[5] 4학년 과정에 일
종의 사학사(史學史)로서 외국의 역사서 편찬사인 사법(史法) 연혁을 배
우도록 한 것이 이채롭다. 사법(史法)이라는 용어는 원래 청대(淸代) 장
학성(章學誠)이 사용한 말이다. 장학성의 사학 이론이 당대(唐代) 유지기
(劉知幾)의 이론을 모방한 것이라고 사람들이 말하자 장학성은 "유지기가
역사 기술법[史法]을 말했고 나는 역사의 의미[史意]를 말한 것을 사람들
이 모른다.(不知劉言史法, 吾言史意)"고 하였다.[6] 임인학제는 처음으로
마련된 교육과정인 만큼 아직은 정교한 짜임새를 갖추지 못하였으며 사실
상 실시되지 못하였다.

청 정부는 임인학제를 개정하여 1904년 초에 「주정학당장정」을 발표
하였다. 발표 시점이 음력으로는 1903년이기에 계묘학제(癸卯學制)로도
불린다. 계묘학제는 전국적으로 시행된 첫 교육과정이다. 중학 과정에 중
국사와 세계사를 배치하였다. 즉, 중국사(1학년)→중국사와 아시아 각국
사(2학년)→청대사(淸代史)와 아시아 각국사(3학년)→동서양 각국사(4, 5
학년)라는 학습 경로를 설정하였다.[7] 아시아의 역사는 먼저 조선, 일본,
안남, 시암, 미얀마, 인도, 페르시아, 중앙아시아 각국의 연혁을 대략적으
로 수업하도록 하였다. 그중에서도 중국과 가까운 조선, 일본, 안남, 시암,

---

4) 李孝遷, 「淸季漢譯西洋史敎科書初探」『東南學術』 2003-6, 131쪽.
5) 課程敎材硏究所 編, 「1902年 欽定中學堂章程」『20世紀中國中小學課程標準·敎學
   大綱滙編－歷史卷』(이하 『滙編』), 人民敎育出版社, 2001, 4쪽.
6) 장학성 저, 임형석 역, 『문사통의』, 책세상, 2005, 184쪽.
7) 課程敎材硏究所 編, 「1904年 奏定中學堂章程」『滙編』, 人民敎育出版社, 2001,
   7~8쪽.

미얀마는 상세히 다루고 나머지 국가는 간략하게 접근하도록 하였다. 또한 전근대와 근대를 각각 1:9 정도의 비중으로 다룸으로써 근대사를 강조하였다. 특히 1904년을 하한선으로 최근 50년의 역사를 상세히 다루면서 당시 서양의 침략으로 아시아 각국이 위험한 상황에 처해 있음을 언급하도록 하였다. 중국사와 아시아사에 이어 서양사인 유럽과 미국의 역사를 학습하되 '대국(大國)'과 근대사, 특히 19세기 중반 이후의 당대사에 주안점을 두었다.

여기서 아시아 각국 중 중심적으로 다루는 나라들 대부분은 중국의 주변국으로서 지리적으로 가까울 뿐만 아니라 중국이 번속국(藩屬國)으로 여기던 나라들이다. 또한 서양의 대국과 소국을 나누는 기준은 중국과의 관계 정도로 결정되었다. 영국, 프랑스, 독일 등 중국과 밀접한 관계에 있던 나라들을 대국으로 분류하였다. 세계사를 중국과의 관계를 중심으로 접근하고 있음을 알 수 있다. 또한 계묘학제가 발표된 시기를 기준으로 최근 50년 이내의 역사를 강조했던 것은 제국주의의 침략으로 위기에 처해 있던 당시 청조의 정치적 상황을 반영하고 있다. "무릇 역사를 가르치는 사람이라면 [……] (국가가) 강약흥망(强弱興亡)하는 원인을 깨닫게 하여, 국민의 지기(志氣)를 진작시킨다."라고 언급한 것처럼, 계묘학제는 국가의 흥망성쇠를 통한 교훈과 구국의식을 강조하였다. 청일전쟁 이후 『조선망국사(朝鮮亡國史)』, 『월남망국사(越南亡國史)』등의 망국사 저작물이 유행하였고, 량치차오 등 변법파 지식인들이 『만국사기』, 『만국통감(萬國通鑑)』, 『구주사략(歐洲史略)』, 『만국사략(萬國史略)』 등을 교재로 강학 활동을 전개하면서 서양사에 대한 관심이 높아진 시대 상황이 반영된 것이다.[8]

계묘학제에서 마련된 세계사 교육의 내용은 신해혁명 이후에도 큰 틀

---

8) 周建高, 「晩淸癸卯學制之前學校中的世界史敎育」 『靑島大學師範學院學報』 21-4, 2004, 99~100쪽.

의 변화 없이 지속되었다. 그러다가 「1923년 초급중학역사과정강요(初級中學歷史課程綱要)」에 이르러서는 중국사와 세계사를 통합하였다. 초중은 정치사를 중심으로, 고중은 문화사를 중심으로 통합이 이루어졌다. 이 교육과정을 기초했던 창나이더(常乃德)는 "역사적 사실이란 상호 연관되어 있고 중국사는 세계사에서 위대한 가치를 지니고 있다"면서 중국사와 세계사의 통합 이유를 밝혔다.[9] 그리고 교육과정에 통합의 원칙을 다음과 같이 명시하였다.[10]

> 학생들이 중국사와 세계사의 발전 상황을 함께 이해하고, 왕조의 국경선 안에 갇힌 협소한 생각을 타파하기 위해 혼합주의(混合主義)를 취하였다. 전 세계를 강(綱)으로 하되, 중국 부분은 좀 더 상세하게 설명하여 중국사와 다른 나라를 비교함으로써 세계사에서 중국이 얼마나 중요한 위치를 차지하는 지를 수업하는 것이 좋다.

구체적인 초중 역사의 내용 구성은 다음과 같다.

상고사(上古史) 1.인류의 기원 및 원시사회의 모습, 2.중화민족 신화시대의 전설과 우(虞)·하(夏)·상(商)·주(周)의 문화, 3.이집트, 바빌론 및 고대 아시아 서부 각국, 4.그리스의 흥망과 그 문화, 5.중국 춘추전국시대의 정치와 문화, 6.불교의 기원과 인도 문화

중고사(中古史) 7.양한(兩漢)의 내정과 외교, 8.중고(中古) 아시아 서부 제국의 상황, 9.로마의 흥망, 10.삼국·6조시대, 11.중고(中古) 유럽, 12.기독교의 서점(西漸)과 불교의 동점(東漸), 13.회교의 흥성, 14.당송(唐宋)의 내치(內治), 15.일본과 중국의 관계, 16.몽고의 동서 경영

근고사(近古史) 17.신대륙 발견과 유럽인의 탐험 사업, 18.문예부흥과 종교

---

9) 余偉民, 『歷史敎育展望』, 華東師大學出版社, 2001. 45쪽.
10) 課程敎材硏究所 編, 「1923年 初級中學歷史課程綱要」 『滙編』, 人民敎育出版社, 2001, 14쪽.

개혁, 19.명청(明淸) 사적(史迹), 20.미국 독립, 22.민권 사상의 발달과 프랑스 혁명

근세사(近世史) 23. 근백년래 유럽의 대사(大事), 24. 청말(淸末) 대사, 25. 청말 외교, 26.중일 관계, 27.민국 사적(史迹), 28.유럽전쟁의 경과, 29.전후 세계의 대세, 20.근대과학의 발명과 경제 혁명

교육과정이 발표되자 이를 둘러싸고 '국가주의(國家主義)'와 '세계주의(世界主義)' 논쟁이 일어났다. 30개의 항목 중 중국사 관련 항목이 12개이다. 중국사를 중심으로 하는 자국사와 세계사의 통합을 지향하였음에도 세계성(世界性)을 강조하고 국정(國情)을 소홀히 하였다는 비판이 제기되었다. 논쟁에서 결국 세계주의, 즉 중국사와 세계사의 통합을 주장하던 논자들이 패배하였다.[11] 그 영향으로 1929년의 교육과정에 이르러 중국사와 세계사(당시에는 외국사란 명칭 사용)가 다시 분리되었다.[12] 자국사를 제외한 외국의 역사를 세계사로 설정하였는데 그 내용 체계는 〈표 22〉와 같다.[13]

〈표 22〉 1929년 초중 역사 교육과정

시대	내 용
선사	역사의 의의와 세계사의 범위, 지구와 생물의 기원, 인류의 기원, 석기 시대와 문화의 서광, 세계역사 상의 민족, 지구와 문화의 관계
상고사 (동의 사용	이집트와 서아시아 여러 고대 국가와 문화, 페르시아의 흥성과 페르시아 제국, 인도 건국과 불교의 창시, 그리스의 흥성과 그리스 페르시아의 전

---

11) 何成剛, 「國家主義與世界主義 - 20世紀20年代學術界圍繞歷史敎育展開的一場爭論」 『中學歷史敎學參考』, 2004-10.

12) 1929년부터 1948년까지 다섯 차례 교육과정이 바뀌었는데 대략 초중 1~2 중국사, 초중 3 외국사, 고중 1~2 중국사, 고중 3 외국사의 과정이 설치되었고 주당 수업 시수는 대부분 2시간이었다.

13) 課程敎材硏究所 編, 「1929年 初級中學歷史暫行課程標準」 『滙編』, 人民敎育出版社, 2001, 24~26쪽.

즉, 기원전 40~기원후 5세기)	쟁, 그리스의 문화, 알렉산드로스 대왕과 그리스 문화의 전파, 로마의 흥성과 확장, 로마와 중앙아시아 및 중국의 교통, 로마제국의 분열, 로마의 문화와 기독교, 불교의 동방 전파, 조선과 일본의 개화.
중고사 (5세기~ 15세기)	유럽 민족의 대이동과 서로마의 멸망, 프랑크왕국과 분열, 유럽 각국의 건립, 봉건제도와 교회, 동로마 제국과 페르시아의 전쟁, 이슬람의 성립과 이슬람 제국, 크리스트교와 이슬람의 대립(십자군), 몽골의 침략과 유럽, 티무르제국의 흥망과 오스만 제국의 흥성, 중세 유럽의 사회와 학술.
근고사 (15세기~ 19세기 말)	문예부흥, 유럽 각 민족의 건국, 동로마 제국의 멸망과 오스만 제국의 유럽 침입, 종교혁명과 종교전쟁, 신대륙과 신항로의 발견, 유럽 각국의 식민 경쟁과 동서 무역, 미국의 독립과 확장, 17~18세기 영국과 프랑스의 정치, 러시아-프로이센의 흥기와 폴란드의 멸망, 17~18세기 문에 과학 사상의 진보. 프랑스 대혁명, 나폴레옹의 활동과 비인회의, 메테르니히 반동 세력과 유럽 각국의 혁명, 이탈리아와 독일의 통일, 산업혁명과 노동 문제, 제2차 식민 경쟁과 제국주의의 발전, 인도의 멸망과 아시아의 새로운 형세, 일본의 메이지 유신과 세력 확장, 유럽 열강과 중국, 미국의 남북전쟁과 확장. 아메리카 대륙 각국의 독립, 발칸 문제와 베를린 회의.
근세사 (19세기말~ 최근)	19~20세기의 국제 정치, 세계 대전의 경과, 파리평화회의와 국제연맹, 러시아혁명과 소련의 성립, 터키의 부흥·세계 약소민족의 민족운동, 전후 국제 정치와 외교의 흐름, 전후 국제 경제의 흐름, 전후의 일본, 19세기 이후 학술의 진보, 최근 국제 정치 경제의 흐름.

　세계사라 하지만 실상은 유럽사가 중심이다. 게르만족의 이동과 서로마 제국의 멸망 이후를 중세(中古)로, 르네상스 이후를 근대(근고 및 근세)로, 제국주의 성립 이후를 현대로 설정한 것은 유럽사를 설명하는 가장 일반적인 틀이다. 이 틀은 서양사 연구가 거의 이루어지지 않고 있던 당시 중국의 상황에서 외국으로부터 수입된 지식 체계를 그대로 반영한 것이다. 이 시기에는 외국의 연구를 소개하는 수준이었으며, 중국에서 본격적으로 세계사 연구가 시작된 것은 1949년 이후이다. 한편 과목명은 세계사라는 용어보다는 외국사 혹은 서양사라는 용어가 더 보편적으로 사용되었다. 전반적으로 유럽 중심적인 세계사가 주를 이루는 상황에서.[14] 교

---

14) 중국사와 세계사 영역에 많은 글을 남긴 쪼우구청(周谷城)은 『世界通史』(商務印書館, 1949)에서 세계사를 각국사를 합한 것이 아닌 세계역사 자체를 하나의 전체로

육과정도 전체적으로 유럽사가 대부분을 차지하고 있으며 비(非) 유럽사
는 아주 소략하다.

1929년의 교육과정은 사회주의 중국이 수립되기 이전까지 중국 세계사
교육의 기본적인 틀이었다. 당시 대표적인 세계사 교재로는 상무인서관
(商務印書館)에서 펴낸 천헝쩌(陳衡哲)의『서양사(상·하)』(1926), 허빙송
(何炳松)의 『외국사(상·하)』(1934), 양런피엔(楊人楩)의 『고중 외국사
(상·하)』(1934)가 있었다.[15]

3. 사회주의 중국의 수립과 소련의 영향

1949년에서 문혁 이전까지 역사 교육과정을 정리해 보면〈표 23〉과 같다.

1956년에 사회주의 정권 수립 이후 새로운 역사교육의 기본 틀이 제시
되었고 1963년에 보강이 이루어진 것으로 보인다. 문혁이라는 정치적 격
변기에는 교육 분야도 하나의 공백기로서 교육과정 개편이 이루어질 수
없었다. 시수 배정을 보면 1962년까지 초중1~고중3까지 전 학년에 걸쳐
중국사와 세계사가 2:1의 비율로 배치하였다. 그러나 초중과 고중 간 동
일 내용의 반복 학습을 극복하기 위해 1963년 이후 역사과의 수업 시수를
1/2정도로 줄이고 초중에서는 중국사만을 고중에서는 세계사만을 교육하
도록 하였다.

파악할 것을 주장하는 한편, 서구를 세계사의 중심으로 설정하는 것을 반대하며 세
계 각 지역 간의 상호 관계를 중시함으로써 서구중심주의에서 탈피하려는 노력을
보였다. 陶用舒·易永卿,「論周谷城對史學的貢獻」,『湖南城市學院學報』25-5, 2005
참조.

15) 嚴志梁,「我國的歷史敎育和歷史敎科書」,『世界歷史敎材的改革與探索』, 人民敎育
出版社, 2001, 518~530쪽.

<표 23> 1949~문혁 이전의 교육과정

	초중1	초중2	초중3	고중1	고중2	고중3
1950	본국사 (3)	본국사 (3)	**외국사** (3)	본국사 (3)	본국사 (3)	**외국사** (3)
1956	중국 고대사 (3)	중국근대사 (3)	**세계역사** (3)	**세계 근대사** (3)	중국 고대사 (3)	중국 근대사 (3)
		중국현대사 (3)		**세계 현대사** (3)		중국 현대사 (3)
1963		중국고대사 (2)	중국 근대사 (2)			**세계역사** (2)
			중국 현대사 (2)			**세계역사** (3)

마르크스주의의 사적 유물론이 역사 해석의 기본 관점으로 확립됨에 따라, 「1956년 초급중학세계역사교학대강(초안)」에서부터 마르크스주의에 입각한 세계사 교육과정이 마련되었다. 이 교학대강은 이후 문혁이 끝날 때까지 교육과정의 기본 골격이 되었다. 내용 구성은 <표 24>와 같다.[16]

<표 24> 1956년 교육과정의 세계사 내용 체계

시대	내용
원시	1. 원시인의 생활(2차시): 원시 사회, 원시 공동체
고대	2. 고대 아시아와 아프리카의 최초 국가(11차시): 고대 이집트, 양하(兩河) 유역의 고대 국가(바빌로니아와 아시리아) 고대 페르시아, 고대 인도 3. 고대 그리스(9차시): 상고 그리스, 기원전 8세기~기원전 6세기 가장 중요한 그리스 국가(스파르타, 아테네), 페르시아 전쟁과 아테네의 강성·쇠락, 알렉산드로스 제국 붕괴 후의 아시아 국가

---

16) 課程教材研究所 編, 「1956年 初級中學世界歷史教學大綱(草案)」 『滙編』, 人民教育出版社, 2001, 166~181쪽.

		4. 고대 로마(9차시): 로마 노예주 공화국의 발생과 발전, 로마 계급투쟁의 첨예화와 로마 공화제의 흥망, 로마 제국, 기원후 1~5세기의 아시아 대륙
중세	초기	5. 봉건 제도의 수립(10차시): 게르만족과 서유럽의 국가 건립, 동로마 제국, 서유럽 봉건 제도의 성립, 비잔티움 제국, 이슬람 제국, 5~11세기의 동부 아시아 대륙
	중기	6. 봉건 제도의 발전-중앙 집권 국가의 형성(20차시): 11~13세기 유럽의 도시와 상업, 십자군, 몽골 제국의 건설, 12~15세기 유럽 중앙 집권국가의 형성, 오스만 제국의 흥기와 동로마 제국의 멸망, 자산 계급과 자산 계급문화의 맹아
	말기	7. 봉건 제도의 해체와 자본주의 요소의 형성(9차시): 신항로 발견과 식민지 약탈의 시작, 독일의 종교 개혁과 농민 전쟁, 영국 자본주의 발전의 시작, 네덜란드 혁명, 16~17세기의 러시아, 16~17세기의 아시아 국가, 과학과 기술의 발전
근대		8. 자본주의 확립과 쇠락(18차시): 영국 자산계급 혁명과 공업 혁명, 미국 독립전쟁과 미국의 건국, 프랑스 자산 계급 혁명, 19세기 초 프랑스 제국, 과학적 사회주의의 탄생과 무산 계급투쟁의 발전, 미국 내전, 자본주의 침략 아래의 아시아, 파리 코뮌, 제국주의의 형성, 러시아의 혁명운동, 아시아 민족해방운동의 고조, 제1차 세계 대전
현대		9. 사회주의의 승리와 자본주의의 전반적 위기(14차시): 위대한 10월 사회주의 혁명, 소련 사회주의 건설의 성공, 자본주의 위기의 발전, 제2차 세계대전, 제2차 세계 대전 이후의 세계

1949년 이후 중국은 '전반소화(全般蘇化)'를 내걸고 앞서 사회주의 체제를 구축한 소련(蘇聯)을 따라 배우기에 열중하였다.[17] 교육 분야에서도 소련의 교육과정을 모방하여 교육계획을 수립하고, 세계사 교육 역시 소련을 모방하였다.[18] 당시 소련은 세계사를 중시하였다. 처음 사회주의 혁명에 성공한 나라로서 세계 혁명에 뜻을 두고 있었으며, 소련이 강대국으로서 자신의 정치적 영향력을 확대할 목적으로 세계 각지에 관심을 기울

---

[17] 마오쩌둥은 "10월 혁명의 포성은 우리에게 마르크스 레닌주의를 보내왔다. [……] 10월 혁명은 우리를 도왔으며, 무산 계급의 세계관을 통해 국가 운명을 결정하고 우리 자신의 문제를 바라보게 되었다. 소련 사람들의 길을 간다. 이것이 결론이다" 라고 밝히고, 중국 사회주의의 모델이 소련 사회주의임을 내세웠다. 毛澤東, 『毛澤東選集』第4卷, 北京人民出版社, 1966. 1407~1408쪽.
[18] 蘇壽桐 編, 『初中歷史敎材分析與硏究』, 人民敎育出版社, 1989, 8~9쪽.

이고 있었다. 중국은 소련의 세계사 서적을 번역해 소개하였다. 소련과학원의 『세계통사』(삼련서점, 1959~1965)를 비롯하여 예피모프(А.V.Ефимов)의 『근대세계사 교정(敎程)』(인민출판사, 1953), 레부닌코프(В.Г.Рев уненков)의 『세계 근대사 강좌』(고등교육출판사, 1957)가 대표적인 책들로서 문혁시기까지 지대한 영향을 미쳤다.19) 이중 소련과학원의 『세계통사』(전 10권)와 소련의 역사교과서가 중등학교 세계사 교과서의 기본 틀을 제공하였다.

번역되어 소개된 소련의 역사교과서 중 대표적인 것이 코바레프(С.И.Ковалев)의 『세계 고대사』(인민교육출판사, 1956)와 코스민스키(Е.А.Косминский)의 『중세 세계사』(인민교육출판사, 1956)이다. 두 책 모두 당시 교과서를 독점적으로 발행하던 인민교육출판사에서 펴냈다. 코바레프의 책은 기원전 4천년경 문명의 발생부터 기원후 476년 서로마제국의 멸망까지를 다루고 있으며 구성은 다음과 같다.

제1편 원시인의 생활
제2편 고대 동방: 고대 이집트, 고대 티크리스－유프라테스강 유역, 우라르투(소련 영토상의 첫 국가), 고대 페르시아, 고대 인도, 고대 중국
제3편 고대 그리스와 흑해 연안 각 민족: 상고 시대의 그리스, 기원전 8~6세기 가장 중요한 그리스 국가, 기원전 8~7세기 북부 흑해 연안, 페르시아 전쟁·아테네의 강성과 쇠락, 기원전 5~4세기의 그리스 문화, 그리스의 몰락과 알렉산드로스 제국의 붕괴
제4편 고대 로마: 로마 노예제 공화국의 기원과 흥성, 로마 계급투쟁의 첨예화와 공화국의 멸망, 기원전 1세기~기원후2세기 초의 로마제국, 서로마제국의 위기와 멸망

코스민스키의 책은 476년부터 청교도 혁명 이전인 1640년까지를 다루고 있으며, 목차는 다음과 같다. 중세를 세 시기로 나누고 있는데, 교육과

---

19) 陳曉律·于文杰, 「談構建中國世界史學科體系」 『史學理論硏究』 2008-2, 122쪽.

정 역시 동일한 방식으로 중세의 시기를 구분하고 있다.

> **제1편 중고 조기(早期):** 서로마제국과 만족(蠻族), 동로마(비잔티움)제국과 슬
> 라브인, 아랍 칼리프, 프랑크 왕국, 9~11세기 서유럽, 키프로스, 중세기
> 조기 문화, 인도, 중국
> **제2편 11~15세기의 유럽과 아시아:** 11~13세기의 도시와 상업, 십자군 동정(東
> 征), 12~13세기의 생활과 문화, 봉건군주 정치의 공고, 12~15세기의 튀르
> 크, 12~15세기의 체코와 후스의 운동, 13~15세기의 이탈리아, 14~15세기
> 의 동남 유럽과 아시아, 14~15세기 유럽의 문화
> **제3편 중고 후기(後期):** 위대한 지리 발견과 식민지 약탈의 개시, 종교개혁과
> 농민전쟁, 프랑스의 전제 군주정, 16~17세기 초의 영국, 네덜란드 혁명,
> 16~17세기 상반기의 러시아와 네덜란드, 30년 전쟁과 17세기 중엽의 국
> 제 관계, 16세기와 17세기 상반기의 기술, 과학과 예술의 발전, 14~17세
> 기의 중국

근현대사는 예피모프의 『근대 세계사(上·下)』(중국청년출판사, 1953)
가 중요한 참고 자료가 되었다. 목차 구성은 〈표 25〉와 같다.

〈표 25〉 예피모프의 『근대 세계사(상·하)』의 목차

상권	제1편 새로운 시대의 시작(1640~)	17세기 영국자산계급혁명과 영국의 흥기, 프랑스-17세기 중 엽~18세기 중엽, 17세기 하반기와 18세기의 독일·오스트리아· 서방의 슬라브 민족, 17~18세기 러시아의 흥기, 17~18세기의 동 방 각국
	제2편 18세기 말~19세기 초의 유럽과 미국	프랑스 자산계급 혁명 전야의 유럽, 독립전쟁과 미합중국의 형 성, 18세기의 프랑스 자산계급혁명, 1794~1814년의 프랑스
	제3편 비인회의~1848 년 혁명	비인회의와 신성동맹, 프랑스 복벽(復辟)과 1830년 7월 혁명, 공 상적 사회주의(생시몽·푸리에·오웬), 프랑스 7월 제제(帝制), 1815~1848년의 영국, 과학적 공산주의의 흥기·마르크스와 엥겔 스, 프랑스 1848년 혁명, 1848~1849년의 독일 혁명과 반혁명, 1848~1849년의 오스트리아제국 내의 혁명
		유럽의 반동·동방 전쟁·루마니아와 세르비아의 형성, 1850~60

	제4편 1850~60년대	넌대의 영국과 그 식민지, 이탈리아의 통일, 독일의 통일, 미국 남북전쟁, 1850~60년대의 동방 각국, 제1인터내셔널 - 국제노동 자협회의 성립에서 1869년의 바젤대회까지, 18~19세기[1870년 이전]의 기술과 자연과학의 발전, 18~19세기 러시아 문화의 작용
하권		프로이센·프랑스 전쟁과 독일 제2제국의 몰락, 파리 코뮌, 파리 코뮌 후의 제1인 터내셔널, 19세기 말~20세기 초의 독일 제국, 19세기 말~20세기 초의 영국, 19세 기 말~20세기 초의 프랑스 제3 공화국, 19세기 말~20세기 초의 남부와 서부 슬라 브인, 19세기 말~20세기 초의 미국, 19세기 말~20세기 초의 일본, 제2 인터내셔 널, 19세기 말의 국제 관계, 20세기 초의 국제 관계, 제국주의 - 자본주의 최고·최 후의 단계, 제1차 세계대전, 제2인터내셔널의 파산·볼셰비키의 제3인터내셔널 건 립 투쟁, 교전국의 국민 경제와 전시 무산계급의 상황, 1917년의 대전 과정, 위대 한 10월 사회주의 혁명의 국제적 의의.

사회주의 혁명에 성공한 소련의 역사 인식이 중국의 교육과정에 그대
로 반영되었다. 마르크스주의적 관점을 바탕으로 소련의 주요 역사 무대
였던 유럽사 중심의 세계사 체계가 수입된 것이다.

「1956년 초급중학세계역사교학대강(초안)」의 특징을 정리해 보면 다
음과 같다. 첫째, 엥겔스로부터 시작하여 스탈린이 확립한 역사 발전 5단
계설이 적용되고 있다는 점이다. 즉, 인류의 역사가 원시 공산제→노예제
→봉건제→자본주의→사회주의라는 발전 법칙에 따라 움직여 왔다고 보
고 이를 적용하여 시대를 구분하고 있다. 고대/중세의 분기점을 게르만족
의 이동과 서로마제국의 멸망으로 설정하는 것은 기존의 교육과정과 큰
차이가 없다. 차이점은 중세/근대의 분기점과 근대/현대의 분기점에서 드
러난다. 소련과학원의 『세계통사』에서 제시한대로 근대와 현대의 시작을
각각 영국의 청교도 혁명(1640)과 러시아의 10월 혁명(1917)으로 보고 있
다. 영국의 청교도 혁명은 영국 자본주의 제도를 공고히 하고, 그럼으로
써 1860년대에 시작된 영국의 산업혁명을 촉진시켰다는 것이다.[20] 또한
10월 혁명은 구(舊) 자본주의 세계가 새로운 사회주의 세계로 진입하였다

---

20) 課程教材研究所 編, 앞의 책, 2001, 169쪽.

는 근본적 전환의 표시이며, 10월 혁명과 제1차 세계대전 종료 후 세계사는 현대로 접어들었다는 것이다.[21]

둘째, 계급투쟁사가 강조되고 있다. 역사 발전의 기본 동력을 계급투쟁에서 찾고 있기 때문이다. 교육과정의 서문에 해당하는 '초급중학 세계역사 교학의 기본 임무'에서 "지금까지 모든 사회의 역사는 계급투쟁의 역사이다"라는 『공산당 선언』의 글귀를 인용하면서 계급투쟁이 인류 역사 발전의 주요 동력임을 명시하고 있다.[22] 계급투쟁사를 중심으로 정치사와 혁명사의 비중이 크다. 고대의 첫 부분인 고대 이집트부터 노예와 농민의 봉기를 서술하고 있다.[23]

> 노역과 압박에 시달리던 노예와 농민들이 봉기하여 파라오를 무찌르고 관리들을 살해하였다. [……] 노예주들은 연합하여 봉기를 잔혹하게 탄압하고 정권을 다시 장악하였다. 노예와 농민들은 다시 춥고 배고픈 처지로 전락하였다.

고대 이집트의 노예와 농민 봉기를 시작으로 고대사에서는 고대 로마의 시칠리아 노예 봉기, 이탈리아 농민 운동 그리고 스파르타쿠스의 봉기를 서술하고 있다. 이중 스파르타쿠스의 봉기를 비중있게 다루고 있으며, 5세기의 노예 봉기와 이민족의 공격이 로마라는 노예제 사회의 붕괴를 촉진하였음을 강조하고 있다. 중세사에서는 프랑스의 자크리의 농민 봉기, 영국의 와트 타일러의 봉기, 이탈리아 플로렌스의 직공의 봉기, 토마스 뮌처의 독일 농민전쟁, 인클로저 운동에 맞선 케트(Robert Kett)의 봉기, 러시아 스텐카 라친의 농민 봉기 등을 서술하고 있다. 근대사에서는 산업혁명 당시의 초기 노동 운동, 프랑스 리용의 노동자 봉기, 영국 차티스트 운동, 1848년 6월 파리 노동자 봉기, 1871년 3월의 파리 민중 봉기, 파리

---

21) 課程敎材硏究所 編, 앞의 책, 2001, 170쪽.
22) 課程敎材硏究所 編, 앞의 책, 2001, 166쪽.
23) 初中 『世界歷史』(上册), 人民敎育出版社, 1956, 8쪽.

코뮌의 성립 등을 서술하고 있다.

근대사에서는 가장 중요한 사건으로서 마르크스와 엥겔스에 의한 과학적 사회주의 탄생을 들면서, 마르크스주의 이론이 처음 실현된 것은 소비에트 정권 형태인 파리 코뮌이며 이후 국제 노동운동의 중심이 러시아로 옮겨졌다는 설명을 취하고 있다. 즉 과학적 사회주의의 등장→파리 코뮌→레닌 주도의 러시아 노동운동의 구도이며, 나아가 현대사에서는 러시아 10월 혁명→중국 공산당의 창당→중국의 사회주의 혁명이라는 경로를 설정하고 있다.

셋째, 자국사와 세계사의 유기적 관련성을 고려하고 있다. 명칭에서도 기존의 외국사라는 명칭 대신 세계 역사라는 명칭을 사용하고 있다. 중국사를 포함하는 세계사가 진정한 의미의 세계사가 될 수 있다는 인식이다. 교육과정에는 중국사의 우수성과 함께 중국과 다른 지역과의 관계를 강조하고 있다. 관련된 내용을 살펴보면 고대 문명의 발생과 중국 문명, 로마의 발전과 한대 실크로드 개척 이후 동서 교류의 확대, 유럽의 중세 시기 선진적인 중국 문화와 중국 문화의 대외 전파 등이 있다. 또한 이탈리아의 도시와 상업 발전에 따른 자산계급과 자산계급 문화의 성장을 언급하면서, 중국의 인쇄술 전파가 유럽 자산계급의 문화 발전을 촉진하였음을 강조하고 있다. 현대사는 중국사와의 긴밀도가 다른 시기보다 높다. 러시아 혁명의 영향으로 중국 공산당이 탄생하였으며, 소련의 지도하에 중국 공산당과 마오쩌둥이 이끄는 중국혁명이 승리하였다고 언급한다. 그리고 중국 공산당이 이끈 항일전쟁은 전 세계 반파시즘 전쟁의 하나로서 일본 군국주의에 타격을 주었으며, 제2차 세계대전 이후 중국 인민은 미국이 지지하는 장제스에게 승리하여 마침내 중화인민공화국을 수립하였다고 서술하였다.[24]

---

24) 課程教材研究所 編, 앞의 책, 2001, 171쪽.

넷째, 유럽 중심적 시각이 강하다. 기존의 교육과정에 비해 아시아·아프리카·라틴아메리카 지역의 내용이 늘어난 것은 사실이나 여전히 서양사의 내용이 압도적이다. 가령 고대 그리스 단원을 보자.[25]

(1) 상고(上古) 그리스(1차시)
(2) 기원전 8~6세기의 가장 중요한 그리스 국가(2~3차시): 스파르타, 아테네
(3) 그리스 - 페르시아 전쟁, 아테네의 강성과 쇠락(4~6차시): 그리스 - 페르시아 전쟁, 아테네의 번영, 펠로폰네소스 전쟁과 아테네의 쇠락)
(4) 마케도니아(7차시)
(5) 알렉산드로스 제국 붕괴 후의 아시아 국가(8차시)

총 8차시를 배정하고 있는데, 그 중 1~7차시는 그리스사이다. 마지막 8차시가 비슷한 시기 아시아 지역의 역사로 시리아, 박트리아, 파르티아 그리고 중국과 서아시아의 교류이다. 고대 로마 역시 상황은 비슷하다.[26]

(1) 로마 공화정의 발생과 발전(1~2차시): 로마 공화정의 발생과 확장, 시칠리아 섬의 노예 봉기와 이탈리아의 농민운동,
(2) 로마 계급투쟁의 첨예화와 로마 공화정의 몰락(3~4차시): 스파르타쿠스의 봉기, 로마 공화정의 몰락
(3) 로마제국(5~7차시): 1~2세기의 로마제국, 로마제국의 위기, 서로마 제국의 멸망
(4) 1~5세기의 아시아(8~9차시): 파르티아의 멸망과 사산조 페르시아의 흥기, 인도의 굽타왕조와 1~5세기 중국·서아시아의 교류

고대 로마는 총 9차시를 배정하고 있는데 1~7차시가 로마사이고 비슷한 시기 아시아의 역사는 나머지 두 차시에 배우도록 하였다. 시수 배정도 문제이지만 단원의 구조상 비유럽 지역의 역사가 독립된 단원으로 존재하지 못하고 유럽사에 종속되어 있다. 근현대사에 이르러서는 이러한

---

25) 課程敎材硏究所 編, 앞의 책, 2001, 174쪽.
26) 課程敎材硏究所 編, 앞의 책, 2001, 175쪽.

현상이 더욱 심해진다. 근대사는 서구 자본주의의 역사이고, 현대사는 소련사의 비중이 크다. 또한 역사 발전 5단계설 자체가 근본적으로 유럽 중심주의에 기반하고 있다는 점이다. 가령 중세/근대의 분기점을 영국 혁명으로, 근대/현대의 분기점을 러시아 10월 혁명으로 설정하는 것은 유럽사가 곧 세계사의 기준이라는 인식이 반영된 것이다. 교육과정에서 "중세 조기사(早期史)는 서구 봉건제의 성립사"라든가, "중세 만기사(晚期史)는 봉건제가 점차 해체되고 봉건 사회 속에서 자본주의 요소가 점차 형성되는 역사"라며 역사서술의 기준을 유럽에 두는 것은 유럽사의 특수성을 세계사적 보편성으로 치환하는 것이다.[27] 중국이 사회주의 체제로 전환하면서 도입한 소련의 견해가 마르크스주의에 기초하는데, 마르크스의 역사 해석 자체가 유럽사를 기준으로 하였기 때문에 유럽 중심주의로부터 벗어날 수 없었던 것이다.

　1956년 교육과정 이후 유럽 중심주의에 대한 문제점을 극복하기 위한 노력으로서 비유럽 세계에 대한 비중을 높인 것으로 보인다. 특히 제국주의에 맞선 민족 운동의 서술이 늘어났다. 다음은 1963년 교육과정의 비유럽 세계 관련 내용이다.[28]

○ **라틴 아메리카의 독립 투쟁**: 에스파냐와 포르투갈의 라틴 아메리카 약탈, 라틴 아메리카의 독립 혁명, 미국의 먼로주의
○ **아시아 인민의 외국 침략 반대와 반봉건 투쟁**: 인도네시아의 네덜란드 식민지 반대 투쟁, 이란 바브교도의 봉기, 1857~1859년 인도 민족 봉기
○ **아시아·라틴 아메리카 인민의 반제 투쟁**: 조선(강화도 조약, 조선의 식민지 전락, 의병 운동), 베트남(베트남의 프랑스 식민지 전락, 호앙 후아 탐의 반프랑스 유격전, 1908년의 세금 반대 투쟁), 인도(민족 자산 계급의 성장과

---

27) 유럽사를 보편사 혹은 세계 표준으로 설정하고 세계사를 유럽사로 환원시키는 것에 대한 비판은 조지형, 「새로운 세계사와 지구사」, 조지형·강선주 외 『지구화 시대의 새로운 세계사』, 혜안, 2008, 138~141쪽의 내용을 참조할 것.
28) 課程敎材硏究所 編, 앞의 책, 2001, 301~326쪽.

인도국민회의의 성립, 틸락, 1905~1908년의 민족해방투쟁, 1908년 뭄바이 노동자의 투쟁), 쿠바(쿠바 인민의 에스파냐 반대 투쟁, 1895의 혁명전쟁, 호세 마르티의 미국·에스파냐 전쟁을 기회로 쿠바 진입)
○ **10월 혁명 후 민족해방운동의 새로운 시대 개척**: 몽고 인민 혁명의 승리, 조선의 3.1운동, 1919~1920년 인도의 민족해방운동, 이집트의 독립운동, 아르헨티나와 브라질의 혁명운동
○ **제2차 세계 대전 후의 민족 해방 운동**: 인도, 미얀마, 인도네시아.

1956년 교육과정에서 조선, 일본, 베트남, 인도 그리고 중국의 근대 민족 운동을 다룬데 이어 1963년 교육과정에서는 아시아의 민족 운동에 인도네시아, 이란, 이집트의 내용을 추가하고 라틴 아메리카의 민족 운동을 신설하였다. 비동맹운동이 전개되던 시대 상황을 고려한 것으로 보인다. 1956년 교육과정의 기본 골격을 유지하되 비 유럽사의 내용을 보강해 간 것이다.

4. 개혁·개방과 구(舊) 모델의 탈피

문혁이 끝난 후 첫 교육과정 개편은 〈표 26〉에서 보듯이 1978년에 이루어진다. 고중 3년에서 배우던 세계사를 고중 1년에서 배우도록 하는 변화만 보일 뿐 1963년과 큰 변화가 없다. 변화가 있다면 1990년 이후로 역사과의 수업시수가 다시 증가하였다.

「1978년 역사교학대강」은 문혁 이후 처음 발표된 교육과정이었다. 「1963년 역사교학대강」과 같이 초중에는 세계사가 없고 고중 1학년에서 세계사 교육을 실시하도록 하였다. 당시 중국은 4인방이 몰락하고 개혁·개방을 앞두고 있었다. 대외적으로는 소련과 이념 분쟁 및 국경 분쟁으로 사이가 멀어졌고, 1960년 '아프리카의 해' 이후 제3세계가 국제사회에서 부상하고 있던 상황이었다.

〈표 26〉 문혁 이후~2000년의 교육과정

	초중1	초중2	초중3	고중1	고중2	고중3
1978		중국 고대사 (2)	중국 근대사 (2)	세계역사 (2)		
			중국 현대사 (2)	세계역사 (3)		
1986	중국 고대사 (3)	중국 현대사 (2)		세계역사 (3)		
	중국 근대사 (3)	세계역사 (2)				
1990	중국 고대사 (3)	중국 현대사 (2)		중국 근현대사 (2)	세계역사 (2)	중국 고대사 [선택](6)
	중국 근대사 (3)	세계역사 (2)		세계역사 (2)		
1992	중국역사 (2)	중국역사 (3)	세계역사 (2)	세계 근현대사 (2)	중국 근현대사 (2)	중국 고대사 [선택](6)
2000	중국역사 (2)	중국역사 (2)	세계역사 (2)	중국 근현대사 (3)	세계 근현대사 [선택Ⅰ] (2)	중국 고대사 [선택Ⅱ] (2.5)

「1978년 교학대강」의 특징으로 소련에 대하여 비판적으로 서술하고 제3세계에 대한 서술이 증가하였다. 우선 그간 소련에 대한 긍정적 서술 일변도에서 비판적 입장으로 선회하였다. 소련 성립 이전인 '17~18세기 러시아' 단원에서 '제정 러시아의 침략 확장: 유럽에서의 확장, 시베리아와 중국 헤이룽강 유역 침략'의 내용이 추가되었다. 청과 러시아의 국경 문제를 언급한 것으로 중소 국경 분쟁과 연결된 부분이다. 1956년 교육과 정에서만 해도 소련은 "중국이 번영의 길을 걸을 수 있도록 사심 없는 원조를 아끼지 않았다"고 표현하였다.[29] 그런데 이제는 소련이 패권주의 국가로 묘사되어 있다.[30]

---

29) 課程敎材硏究所 編, 앞의 책, 2001, 171쪽.
30) 課程敎材硏究所 編, 앞의 책, 2001, 379쪽.

> 1953년 스탈린이 사망하자 흐루쇼프 - 브레즈네프 반역자 집단이 권력을 찬탈하여, 소련을 하나의 제국주의 초강대국으로 변화시켜 당대 최대의 국제 착취자와 압박자로서 새로운 세계 전쟁의 가장 위험한 발원지로 만들었다.

이 내용을 반영하는 두 개의 단원인 '소련의 제국주의 국가로의 탈바꿈'과 '소련·미국의 패권 쟁탈은 세계가 평안할 수 없는 근원이고 소련은 가장 위험한 세계 전쟁의 근원지이다'를 배치하였다.

그리고 제3세계에 대한 서술이 두드러진다. 미국과 소련이라는 두 패권에 맞서는 존재로서 제3세계를 강조하고 있다. 먼저 '고대 아프리카'와 '고대 아메리카'의 단원을 신설하였다. 고대 아프리카는 사하라 이남 지역에서 등장했던 악슘, 가나, 말리 왕국 등을 서술하고 중국과 아프리카의 교류 관계를 설명하도록 하였다. 고대 아메리카는 마야 문명, 아즈텍 문명 그리고 잉카 문명을 다루도록 하였다. '아시아·아프리카·라틴 아메리카의 민족민주운동'에서는 제국주의 침략에 맞선 아프리카 수단의 마흐디 봉기와 에티오피아의 이탈리아 침략에 맞선 전쟁 그리고 1910~1917년 멕시코 혁명이 새롭게 추가되었다. '1930년대 인민해방운동의 새로운 고조와 자본주의 국가 인민의 반파쇼 전쟁'에서는 조선, 베트남, 중국, 에티오피아, 라틴 아메리카, 에스파냐 등지에서 벌어진 다양한 운동을 소개하고 있다. '제3세계 국가와 인민은 반제국주의·반식민지주의·반패권주의의 주력군이다'는 마지막 단원으로서, 중국이 소련의 영향에서 벗어나 제3세계와 동맹 관계를 구축해 나가던 당시 상황을 반영하는 대목이다.[31]

「1986년 역사교학대강」에서 「2000년 역사교학대강(試用修訂版)」에 이

---

[31] 마지막 단원의 구성은 다음과 같다. 1.인도 차이나 3국 인민의 항미구국전쟁(抗美救國戰爭)의 위대한 승리, 2.아랍 국가와 팔레스타인 인민의 반침략·반제국주의 투쟁, 3.아프리카 국가와 인민의 반제국주의·반식민주의·반패권주의 투쟁, 4.라틴 아메리카 국가와 인민의 반제국주의와 패권주의 반대 투쟁, 5.제3세계 반패권주의 단결의 투쟁. 課程敎材硏究所 編, 앞의 책, 2001, 385쪽.

르는 시기에는 대내적으로 개혁·개방 정책이 본격적으로 추진되고 있었으며 대외적으로 소련과 동유럽 사회주의가 몰락하는 상황이 발생하였다. 이에 중국의 세계사 학계에서는 소련의 세계사 체계로부터 벗어나려는 움직임이 일어났다. 대표적인 것이 1987년 국가교육위원회의 위탁을 받아 우위친(吳于廑)·지시롱(齊世榮)이 진행한 작업이었다. 그 결과물은 『세계사―근대사편(상·하)』(1992), 『세계사―고대사편(상·하)』(1994), 『세계사―현대사편(상·하)』(1995)의 전6권으로 완간되었다. 이들은 계급투쟁사를 위주로 서술된 소련의 『세계통사』에서 벗어나, 세계가 분산 혹은 폐쇄의 상태로부터 상호 밀접한 관계를 맺으면서 '세계가 하나로 묶이는' 과정으로서의 세계사를 주장하였다. 그리고 근대사의 시작을 1640년 영국 혁명이 아니라 1500년경 유럽의 신항로 개척으로 잡았다.[32] 그러나 이러한 새로운 관점이 본격적으로 교과서에 적용된 것은 2001년 이후이다.[33]

---

32) 齊世榮, 「我國世界史學科的發展歷史及前景」『歷史研究』 1994-1, 160과 王方憲, 「我國世界史學科發展的里程碑」『歷史敎學』 1995-9, 14~16쪽의 내용 참조쪽.

33) 현재 중국 학계는 세계 근대사의 시기 설정과 관련하여 대략 다섯 가지의 견해로 나뉜다. ① 구 소련의 영향을 받은 전통적인 견해로서 1640년 영국 청교도 혁명~1917년 러시아 10월 혁명을 근대로 보고 1871년 파리 코뮌을 기점으로 근대 전기와 후기로 나누는 방법. ② ①의 근대 내 두 시기를 다시 4개의 시기로 세분한 자본주의 상승기(1640년 영국 청교도 혁명~1848년 프랑스 2월 혁명/1848년 프랑스 2월 혁명~1871년 파리 코뮌)와 자본주의 쇠락기(1871년~1905년/1905년~1917년). ③ 초기 자산 계급 혁명 단계(1566년 네덜란드 혁명~미국 독립 전쟁 전)/구미 각국의 자본주의 확립 단계(미국 독립 전쟁~1871년 파리 코뮌 전)/자본주의의 전 지구적 확장 단계(1871년 파리 코뮌~1917년 러시아 10월 혁명). ④ 조기(자산계급 혁명이 심화 발전하는 시기: 1566년 네덜란드 혁명~1789년 프랑스 혁명). 자본주의 세계의 혁명이 아시아·아프리카·라틴 아메리카를 차지하며 넓은 범위로 발전하는 시기(1848~1871·1872년). 후기(1873년 세계 경제 위기~1905년 러시아 혁명 전야/1905년 러시아 혁명~1918년 제1차 세계대전 종결). ⑤ 근대사를 1500년 전후~1900년 전후로 설정하고 1500년(각 지역의 고립을 깨고 상호 접촉 시작)/ 1500~1760년(식민지 확장으로 세계 각 지역 간의 연계 강화)/1760~1870년(영국의 산업 혁명과 세계 확산으로 영국 중심의 세계 시장 형성)/1871~1900년(독점 형성이 세계 통일체의 형성 촉진). ①~④는 조금씩 차이가 있기는 하나 청교도 혁명(1640

전체적으로 보면 1986~2000년 시기의 교육과정은 구 소련의 체계로부터 벗어나려는 시도와 함께 1980년대 이후 새롭게 등장하는 세계사 이론의 반영이 점차적으로 이루어지는 일종의 과도기라 볼 수 있다.

　이 시기 교학대강 구성의 특징으로는 다음과 같다. 첫째, 학습 내용이 크게 줄어들었다. 많은 지역을 망라하기보다는 서양사를 중심으로 내용을 구성하였다. 제한된 수업 시수 안에서 세계사가 다루어야 할 내용이 많다 보니 수박 겉핥기식이라는 지적에 대한 대응책이었다.[34] 이 과정에서 「1956년 교학대강」 이후 꾸준히 증가해 오던 아시아, 아프리카, 라틴 아메리카의 역사를 대폭 삭감하여 유럽 중심주의가 심화되었다. 중요하게 다루던 계급투쟁사의 내용이 큰 폭으로 줄었다. 여러 지역의 다양한 사례를 제시하기보다는 스파르타쿠스의 봉기나 독일 농민전쟁 등 대표적인 사례를 중심으로 구성하였다.

　둘째, 정치사나 계급투쟁사 위주에서 벗어나 문화사를 강조하고 있다. 전근대뿐만 아니라 정치, 군사, 경제에 관련된 내용이 많은 근현대에도 문화사가 강조되고 있다. 근현대의 문화사 내용이 적었다는 지적을 수용한 것으로 「1986년 교학대강」에 '근대 유럽과 미국의 자연과학과 문학예술'과 '현대 과학과 문화의 발전' 단원이 신설되었다. 그리고 계급투쟁이나 변혁 운동과 관련된 문화 내용이 아닌 자본주의 사회의 문화도 싣고 있다. 자본주의 사회의 문화도 충분히 이해해야 더 높은 수준의 문화를 창조해 낼 수 있다는 방향에서 접근하고 있다. 이를 잘 보여주는 것이 종교

년)~러시아 10월 혁명(1917년)이라는 구 소련의 틀에서 크게 벗어나고 있지 못한 것으로 보인다. ⑤의 신항로의 개척(1500년 전후)~독점 자본주의의 형성(1900년 전후)은 근대사를 자본주의가 발생하여 독점 자본주의로 이행해 가는 역사로 보는 견해이다. 크게 보면 근대사에 대한 '1640년~1917년' 틀과 '1500년~1900년' 틀이 존재하고 있다. 劉文濤·陳海宏 主編, 『高校世界歷史配套敎材－近代史卷』, 高等敎育出版社, 2001, 11~13쪽·125~133쪽.

34) 李純武, 「對世界近代史前期幾個問題的認識」 『歷史文稿選存』, 人民敎育出版社, 1997, 148쪽.

에 대한 입장의 변화이다. 「1980년 교학대강」까지는 줄곧 종교를 통치 계급의 지배 도구로 보고 '인민의 아편'이라 규정하였다.35) 그러나 「1986년 교학대강」에서는 종교에 대한 부정적 해석을 삭제하고, "세계 고대 시기에는 불교, 기독교, 이슬람교가 생겼다. 이 세계 3대 종교는 인류 문화의 발전에 복잡하고 깊은 영향을 주었다."고 서술하였다.36)

셋째, 과학 기술의 역할을 강조하고 있다. 과학 기술은 개혁·개방 이후 역사의 동력으로서 생산력을 강조하는 흐름과 연결되며 당의 현대화 노선과도 통한다. 과학 기술 중에서도 특히 세 차례의 기술혁명, 즉 1760년대 시작된 산업혁명으로 증기를 동력으로 하는 제1차 기술혁명, 1860년대 이후 전기를 동력으로 하는 제2차 기술혁명 그리고 1940년대 이후의 제3차 기술혁명을 부각시키고 있다. 제3차 기술혁명은 자본주의 세계에 대한 서술의 변화와 연결된다. 「1963년 교학대강」까지만 해도 사회주의 진영은 성장하는 모습으로 서술하면서 자본주의 진영은 나약한 모습으로 그렸다.37)

> 자본주의 진영은 제2차 세계 대전 후 크게 약화되었다. 경제의 불안정, 계급투쟁의 격화는 자본주의 각국의 보편적인 현상이다. [……] 전후의 세계는 이미 더 이상 제국주의의 지배를 받지 않았으며 사회주의 체제는 인류 사회 발전의 결정적 요인이 되었다. 제국주의의 어떠한 발악도 사회의 진보를 가로막을 수 없다.

그러나 「1988년 역사교학대강」에서는 자본주의 체제를 안정적으로 묘사하고 있다.38)

> 제2차 세계 대전 후, 미국이 기반을 닦는 가운데 자본주의 국가의 경제가

---

35) 課程敎材硏究所 編, 앞의 책, 2001, 421쪽.
36) 課程敎材硏究所 編, 앞의 책, 2001, 482쪽.
37) 課程敎材硏究所 編, 앞의 책, 2001, 305쪽.
38) 課程敎材硏究所 編, 앞의 책, 2001, 532쪽.

회복되고 발전하였다. 전후의 과학기술혁명과 자본주의 제도 자신의 조절 능력으로 자본주의 국가들은 상대적으로 안정되고 새롭게 번영하였다.

제3차 기술혁명이 자본주의 체제의 안정화에 큰 역할을 하였음을 서술한 것이다. 「2000년 역사교학대강」에서는 제3차 기술혁명의 역할을 좀 더 크게 부각시키고 있다.

> 1940~50년대부터 시작하여 원자력, 전자 정보, 우주 항공, 생명 공학과 신소재 개발 등 하이테크 기술이 나타나고 인류사회는 제3차 과학기술혁명의 서막을 열었다. 과학기술 혁명이 심화됨에 따라 지식 경제의 시초가 나타났다. 이 과학기술혁명은 사회 생산력과 세계 경제의 발전을 촉진시켰고 세계 면모와 인류 생활의 각 방면을 변화시켰다.

제3차 기술혁명을 단순히 자본주의 세계의 구원자로 국한시키지 않고 인류 전체의 현대화라는 관점에서 이해하고 있다. 여기에서는 과학 기술의 진보와 더불어 자본주의 사회를 바라보는 시각이 변하고 있음을 보여준다. 즉 개혁·개방 이전에는 사회주의 국가로서 중국이 체제 경쟁에서 자본주의 국가들보다 우위에 있다는 측면을 강조하고 있었다. 그러나 개혁·개방 이후에는 자본주의 국가들이 성장하는 모습을 보여주면서 새로운 생산력의 원천인 과학기술의 중요성을 강조하고 있다.

5. 최근의 새로운 세계사 교육 모색

1) 과정표준(課程標準)의 개발과 새로운 시각의 반영

1988년에 30여년간 유지되던 인민교육출판사 주도의 국정제를 검정제로 전환한데 이어 2000년대에 들어서는 국가 주도의 교육과정 편성 방식에 변화가 일어났다. 1999년 교육부는 교육 과정의 연구와 개발을 임무로 하는 기초교육과정 연구센터를 베이징사대(北京師大), 화동사대(華東師大), 동북사대(東北師大), 서남사대(西南師大) 등에 설치하였다. 그리고 공모제 형식으로 심사를 통하여 우수한 팀을 선발하고 이들이 교육과정을 편성토록 하였다. 공모제로 탄생한 첫 교육과정이 바로 2001년 역사과정표준이다.

여기서 교육과정을 지칭하는 과정표준(課程標準)이라는 용어는 1912년부터 중화인민공화국 수립 직후까지 40여년간 사용되었다. 그런데 중화인민공화국이 수립되면서 1940~50년대 소련의 대표적인 교육학자였던 카이로프(I. A. Kairov)의 글을 통해 소련의 교육제도가 소개되기 시작하였다. 1949년 11월 14일『인민일보(人民日報)』에 카이로프의『교육학』일부 내용이 중국어로 번역되어 「소련국민교육제도(蘇聯國民敎育制度)」란 기사로 소개되었다.39) 소련의 영향을 받아 1952년부터 교육과정을 지칭하는 용어로서 교학대강이란 용어가 사용되었다. 다시 과정표준이란 용어가 등장하기 시작한 것은 1990년대 들어 상하이가 자체적으로 진행한 제1기 교육과정 개혁부터였다. 과정표준은 미국의 국가표준(National Standards)을 모방한 것으로 중국이 미국의 교육을 개혁의 모델로 설정하고 미국의 방식을 취하였다.40) 중국이 외부 세계의 교육동향을 주시하고 있음을 보여주는 대목이다. 다가올 21세기를 앞두고 미국을 비롯한 세계 각국이 국제 경쟁력의 제고를 위하여 교육 개혁을 추진하자 중국의 교육 당국이 학생의 소질을 살리고 창의력을 계발하여 미래형 인재를 육성한다는 소질교육을 내세운 것도 같은 맥락이다.

---

39) 鄭金洲·瞿葆奎,『中國敎育學百年』, 敎育科學出版社, 2002, 106쪽 참조. 카이로프가 1950년대 중국의 교육에 미친 영향에 관해서는 黃書光, 「凱洛夫『敎育學』在中國的 理論輻射與實踐影響」,『復旦敎育論壇』2010-3의 내용 참조.

40) 김유리, 「역사교학대강에서 역사과정표준으로 – 최근 중국의 역사교육과정 개혁」,『歷史敎育』제96집, 2005, 59~60쪽.

〈표 27〉 2001년 이후의 교육과정

	초중1		초중2		초중3	
	1학기	2학기	1학기	2학기	1학기	2학기
2001 역사 과정표준	중국역사(2)		중국역사(2)		세계역사(2)	
2001 역사와 사회 과정표준(1)	사회		중국 전근대사		세계역사+사회	
			중국 근현대사			
2001 역사와 사회 과정표준(2)	사회		전근대사		현대사+사회	
			근대사			
	고중1		고중2		고중3	
2002 고중 역사교학대강	중국근현대사 (3)		세계근현대사 [선택Ⅰ] (2)		중국고대사 [선택Ⅱ] (2.5)	
2003 고중 역사과정표준	필수	역사Ⅰ(2) (정치)	역사Ⅱ(2) (사회·경제)	역사Ⅲ(2) (문화)		
	선택 (3)			역사Ⅰ 역사상 중대 개혁의 회고 역사Ⅱ 근대 사회의 민주 사상과 실천 역사Ⅲ 20세기의 전쟁과 평화 역사Ⅳ 중국과 세계의 역사 인물 평가 역사Ⅴ 역사 탐색의 묘미 역사Ⅵ 세계의 문화유산		

2001년 이후 등장한 교육과정을 정리해 보면 〈표 27〉과 같다. 다양한 형태의 교육과정이 존재하고 있다. 여기서 두 가지 유의할 점이 있다. 첫째, 피상적으로 여러 형태의 교육과정이 시행되고 있다고는 하나 그것이 교육과정의 자율성을 보장한다는 것은 아니다. 교육과정과 교과서에 대한 국가 차원의 통제는 여전하다. 그러나 교육과정이 다양해진 만큼 제한적이기는 하나 다양한 형태의 교과서가 등장하면서 교과서가 질적으로 향상되었다. 둘째, 교육과정의 복잡성은 교학대강에서 과정표준으로 이행하는 과정에서의 충격을 완화하려는 시도로 보인다. 가령 초중의 「역사과정표준」은 기존의 체제를 그대로 유지하는 것인데 반해, 역사와 지리, 일반사회 과목을 통합한 신생과목인 『역사와 사회』를 위한 「역사와 사회 과정

표준」은 두 종류를 마련함으로써 상이한 성격의 교과를 통합하는 과정에
서 생길 수 있는 문제를 고려한 것임을 알 수 있다. 또한 고중에서는 기존
의 교학대강과 새로운 과정표준이 병존하고 있는데, 이는 기존의 교육과
정을 운영하면서 새로운 교육과정으로의 이행을 시도하고 있음을 보여준
다. 두 개의 교육과정을 병존해 운영하되 점차적으로 과정표준을 적용하
는 지역과 학교를 점차적으로 확대시켰다. 그래서 2010년 이후에는 전국
의 거의 대부분 고중에서 새로운 과정표준에 따라 집필된 역사교과서를
사용하였다.

「고중 역사과정표준」은 통사 체제가 아닌 중국사와 세계사를 통합한
주제사 방식이다. 초중 단계에서 자국사와 세계사를 각각 통사로 배운 뒤,
고중 단계에서 좀 더 심화된 형태인 주제사를 지향하였다. 고중에서 통사
학습의 반복을 지양하고 심화학습을 하려는 것이다. 그러나 주제사는 시
간의 흐름에 따른 역사 전개를 학생들이 이해하는데 곤란하다는 단점이
있다.[41] 또한 통사 체제에 익숙해 있던 현장의 역사교사들에게 주제사라
는 생소한 구성 방식은 적응하기 쉽지 않은 것으로 보인다.

새로운 교육과정의 도입과 함께 1980년대 이후 중국에서 세계사 연구
의 대표적인 새로운 관점으로 자리 잡은 전구사관(全球史觀)과 현대화사
관을 세계사 교육에 반영하고 있다. 이들 연구 경향에 대해 살펴보기로
한다.[42]

첫째, 전구사관은 각 민족이나 국가의 역사가 종적 발전과 횡적 발전의

---

41) 趙業夫 等 編著, 『國外歷史敎育透視』, 高等敎育出版社, 2003, 150쪽.
42) 이하의 중국의 세계사 연구 경향에 대해서는 王敦書, 「略論世界史學科建設, 世界
史觀與世界史體系」『歷史敎學』 2005-4와 王泰, 「中國世界史學科體系的三大學術
理路及其探索」『史學理論研究』 2006-2의 내용을 참조하였다. 이들 논문에서는 세
계사 연구의 새로운 동향을 전구사관, 현대화사관, 문명사관(文明史觀)으로 정리하
고 있으나 문명사관에서 다루는 농업 문명에서 공업 문명으로의 발전, 문명 간의
교류는 앞선 두 이론에 중복되는 측면이 많아 논의에서 생략하기로 한다.

기나긴 과정을 거쳐서 하나의 세계사가 형성된 것으로 파악하는 견해다. 여기서 말하는 하나의 세계사는 중국에서 전구사(全球史)로 표현되기도 하는데 글로벌 히스토리(Global Hisotory)와 유사한 개념이다. 종적 발전은 시간의 흐름에 따른 국가나 지역 내 생산 양식의 변화와 그로 인한 사회 형태의 변화를 가리킨다. 횡적 발전은 공간적으로 각 지역들이 상호 폐쇄와 분산의 상태에서 개방과 연관의 상태로 발전해 상호연관성과 상호 의존성이 증대되는 것을 의미한다. 따라서 전구사관은 종적 발전과 횡적 발전이 세계 역사 발전의 두 축을 이루며 상호 연관되어 있음을 강조한다. 또한 생산력의 발전을 종적 발전과 횡적 발전의 원동력으로 본다.

전구사관이 반영된 대표적인 저술이 앞서 언급한 우위친·지시롱 주편의 『세계사』이다. 역사발전 5단계설에서 벗어난 새로운 시대구분을 시도하였다. 기존의 시대 구분법을 적용한 대표적인 저작이 쪼우이량(周一良)·우위친이 1962년 인민출판사에서 펴낸 『세계통사(世界通史)』(전4권)이다. 우위친(1913~1993)은 중국의 세계사 연구에 지대한 영향을 미친 인물로 쪼우이량과 함께 펴낸 『세계통사』는 중국의 독자적인 첫 세계사 통사이다. 우위친은 『세계통사』에서 5세기 서로마 제국의 멸망, 1640년 영국 혁명, 1917년 러시아 혁명을 시대 구분의 분기점으로 하였다. 그러나 1990년대에 펴낸 『세계사』에서는 전구사관을 적용해 시대를 구분함으로써 자신의 기존 이론을 수정하였다. 즉 폐쇄적인 자연 경제가 해체되고 자본주의의 공업 생산과 세계시장이 등장하는 1500~1900년을 근대로 설정하고 있다. 고립적으로 발전하던 지역 세계를 통합하고 자본주의 발전을 자극한 계기로서 '신항로의 개척'을 근대사의 시작으로 보고 있다.

전구사관은 중국의 학계에서 이미 큰 비중을 차지하고 있는 것으로 보인다. 이러한 전구사관은 미국에서 글로벌 히스토리를 주창했던 스타브리아노스(L. S. Stavrianos)의 견해를 수용한 것이다.[43] 인민교육출판사 역사실에 근무하면서 중등학교 세계사 교과서 제작에 참여한 루이신(芮信)

은 우위친의 견해가 주류로 되었음에도 불구하고, 기존 교학대강에 반영하지 못한 문제점을 지적한 바 있다.[44] 이러한 문제 인식이 「2001년 역사 과정표준」에 반영됨으로써 이후의 교과서는 1500년을 근대사의 분기점으로 설정하고 있다.

둘째, 현대화사관의 기본 틀은 루오롱취(羅榮渠)의 주도로 만들어졌다. 그는 1980년대 중반 국가 프로젝트의 일환으로 세계 현대화에 관한 연구를 수행하면서 세계 근현대사를 현대화의 시각에서 바라보고자 하였다. 그는 소련의 역사발전 5단계설이 단순하고 기계화된 일원단선설(一元單線說)로서 실질적인 역사에 맞지 않으며 마르크스-엥겔스주의의 본래 의미와도 부합하지 않는다고 비판하면서 일원다선설(一元多線說)을 제시하였다. 그는 생산력을 사회 발전의 중심축으로 설정하고 인류 역사가 도구의 제작과 불의 사용(제1차 대변혁)→농업 문명(제2차 대변혁)→산업혁명(제3차 대변혁)의 발전 경로를 밟아왔지만 지역 간 정치 형태, 경제 구조, 사회 조직 등의 차이로 아시아와 유럽 사회는 다른 형태로 발전해 왔다고 주장하였다. 또한 제3차 대변혁기를 현대화의 과정으로 파악하고 있는데 1500년 전후의 르네상스와 종교개혁, 신항로 개척이 전통시대로부터 현대로 전환하는 데 촉진제 역할을 했다고 보았다.

또한 현대화의 과정은 18세기 후반 영국의 산업혁명으로 인한 현대화 시작(현대화의 제1물결)→19세기 후반 서유럽, 미국, 일본 등지로 공업화 확산과 러시아의 사회주의 방식의 산업화의 길(현대화의 제2물결)→20세기 후반 새로운 과학기술 혁명의 힘으로 지구적 차원의 현대화와 아시아·

---

43) 스타브리아노스의 글로벌 히스토리에 대해서는 배한극, 「글로벌 히스토리와 글로벌 교육」, 조지형·강선주 외, 『지구화 시대의 새로운 세계사』, 혜안, 2008에 잘 소개되어 있다. 중국에서는 스타브리아노스의 『A Global History: From Prehistory to The 21st Century』, Prentice Hall, 1999가 번역되어 『全球通史:從史前史到21世紀』, 北京大學出版社, 2005로 출간되었다.

44) 芮信, 「史學研究的進步與世界歷史敎科書的現代化」 『歷史敎學』 2000-4, 28~29쪽.

아프리카·라틴아메리카의 신흥 공업화, 현대 산업 사회의 유형과 모델의 다양화(현대화의 제3물결)로 보고 있다.45) 이 이론에는 자본주의 방식의 현대화뿐만 아니라 중국이 추구하는 사회주의 현대화도 '현대화의 제3물결' 속에 넣어 이론적으로 정립하려는 노력이 보인다.

현대화를 강조하는 것은 중국의 정책 방향과 궤를 함께하는 것이다. 농업·공업·국방·과학 분야의 4대 현대화 노선이나 덩샤오핑이 1983년에 발표한 '3개 지향(三個面向)' 즉, 현대화(面向現代化), 세계(面向世界), 미래(面向未來)와도 통하는 것이다.

현대화사관과 전구사관의 입장에서 글을 발표한 베이징사대의 치시롱(1926~2015)과 베이징대학의 치엔청깐(錢乘旦)은 2003년 11월 중국 공산당 중앙정치국 제9차 집체학습(集體學習)에서 「15세기 이후 세계 주요국의 발전사」를 주제로 강의를 하기도 하였다. 이후 학술 서적과 일반인을 대상으로 한 대중 서적의 출판이 활발히 이루어졌다. 치시롱은『15세기 이래 세계 9강대국의 역사』를 펴냈으며46), 강대국의 성장을 주제로 한 연구와 출판의 대중화는 공중파 방송으로 이어졌다. 중국중앙방송(CCTV)과 베이징대학이 공동 제작하고 치엔청깐이 학술 자문역을 맡은 「대국굴기(大國崛起)」가 2006년 11월 13일부터 11월 24일까지 12부작으로 방영되었다. 대국굴기는 역사 다큐멘터리로서 에스파냐, 포르투갈, 네덜란드, 영국, 프랑스, 독일, 일본, 러시아, 미국의 발전 과정을 다루었다. 치시롱이 9개의 강대국과 다큐멘타리에서 다룬 9개국은 동일하다. 다큐멘터리는 3차례에 걸쳐 반복 방영되었고 2007년 여름까지 40만부의 DVD가 판매되었다.47) 한국에서는 교육방송(EBS)이 2007년 1월 29일부터 2월 10일까지

---

45) 주오롱취(羅榮渠)가 현대화를 3단계로 설명한데 비해 치엔청깐(錢乘旦)은 5단계로 설정하였다. 자세한 내용은 錢乘旦, 「以現代化爲主體構建世界近現代史新的學科體系」,『世界歷史』 2003-3 참조.

46) 齊世榮,『15世紀以來世界九强的歷史演變』, 廣東人民出版社, 2005.

47) Nicola Spakowski, National aspirations on a global stage: concepts of

방송하였고, 시청자들의 요청으로 2007년 6월 25일부터 7월 10일까지 재방송하였다. 방송 내용은 『강대국의 조건』(안그라픽스, 2007)이라는 제목으로 번역·출간하였다.

이러한 새로운 경향이 세계사 교과서에 반영된 모습은 시대 구분 방식에서 나타나는데 앞서 언급한 것처럼 1500년경을 근대사의 분기점으로 설정하고 있다. 시대 구분의 변화는 세계사 인식의 틀이 바뀌었음을 시사한다. 5단계설이라는 기본 틀을 벗어난 것으로 커다란 변화이다. 「2001 역사과정표준」에 전구사관과 현대화사관을 반영하여 세계고대사(원시 사회~약 15세기)와 세계근대사(16세기 전후~20세기 초, 자본주의 사회의 탄생과 발전의 역사)를 각각 다음과 같이 서술하고 있다.

(세계고대사는) 인류 문명의 출현으로부터 15세기에 이르기까지 아시아, 아프리카, 유럽 간의 접촉과 교류는 점차 긴밀해져 갔으나 기본적으로는 떨어져 있는 상태였다.

(세계근대사는) 인류가 점차로 상호 연관의 단계로 접어들어 가고 진정한 의미의 세계 역사가 등장하였다.

그런데 근대사의 상한선을 1500년 전후의 신항로 개척으로 설정하고, 하한선을 러시아 혁명과 제1차 세계대전의 종결로 설정하고 있는데, 이는 새로운 견해를 반영하면서도 기존의 입장과 절충을 이루고 있는 것이다. 즉 근대사를 자본주의 생성과 발전의 역사로서 설정하고 신항로의 개척에서 1900년 전후까지로 잡고 있는 전구사관과 현대화사관에서 근대사의 상한선을, 청교도 혁명(1640년)에서 러시아 10월 혁명과 제1차 세계대전까지를 근대사로 설정하는 기존의 견해에서 근대사의 하한선을 취한 것이

world/global history in contemporary China, *Journal of Global History*(2009) 4. p.487.

다. 새로운 견해와 종전의 견해가 타협을 이루고 있는 모습이다.

2) 자국사와 세계사의 통합

1990년대 이래 세계 각국은 이른바 국가 경쟁력 제고를 내걸고 교육개
혁을 추진하면서 국제적 시야의 확보를 중요한 교육 목표로 설정하였
다.[48] 중국 역시 이러한 흐름에 맞춰 학생들로 하여금 중국사와 세계 각
지역의 역사와 문화를 유기적으로 이해하는 것이 필요하다고 인식하였다.
그래서 여러 가지 형태로 자국사인 중국사와 세계사의 통합을 시도하였다.

중국 역사교과서의 출판 현황을 보면, 1990년대 이후 중국은 국가로부
터 위탁받은 인민교육출판사가 40여년간 교과서를 독점하던 방식에서 벗
어나 교육부의 심사를 거친 여러 출판사의 교과서가 발행되는 검정제로
전환하였다. 전국적인 차원에서 사용되는 전국판 교과서의 검인정화와 함
께, 상하이를 필두로 하는 지방판의 교육과정과 교과서가 등장하면서 중
국의 교과서는 더욱 더 다양해졌다.[49] 전국판 역사교과서와 지방판 역사
교과서의 대표적인 사례인 상하이판 역사교과서의 자국사와 세계사의 통
합 형태를 살펴보기로 한다.

(1) 전국판 역사교과서

전국판 역사교과서에서 나타나는 통합의 사례는 그 유형에 따라 크게
네 가지 형태로 나누어 볼 수 있다.

---

48) 趙業夫 等 編著, 앞의 책, 2003, 14~18쪽.
49) 2017년 현재 사용되고 있는 역사교과서는 人民敎育出版社(北京), 北京師範大學出
版社(北京), 人民出版社(北京), 中華書局(北京), 中國地圖出版社(北京), 華東師範
大學出版社(上海), 上海敎育出版社(上海), 河北人民出版社(石家莊), 岳麓書社(湖
南省), 大象出版社(河南省), 浙江敎育出版社(浙江省), 四川敎育出版社(重慶-內地
版), 廣東敎育出版社(廣東省-沿海版) 등 여러 지역의 출판사에서 발행하고 있다.

첫째, 초중 단계에서 자국사의 영역에 세계사의 내용 요소를 끌어들이는 방식으로, 대단원 도입부에 세계사의 내용을 언급함으로써 자국사의 일정 시기에 해당하는 세계사의 내용을 소개하는 형식이다. 가장 단순한 형태의 통합이다. 교육과정 상 자국사를 배우고 나서 세계사를 배우는 만큼 학생들의 세계사 지식이 많지 않은 상태를 감안하여 개략적인 내용만이 언급됨으로써 자국사와 세계사의 결합 정도는 크지 않다. 이러한 방식은 북사대판의 초중『역사』에서 찾아 볼 수 있다. 명·청대 도입부의 전문(全文)을 보자.[50]

> 1368~1840년의 명·청(아편전쟁 이전)시기는 중국의 전통 농경 문명의 궤도 상에서 새로운 높은 수준으로 발전하였다.
> 명·청 두 왕조의 전성기에 사회 경제는 고도로 발전하였다. 청 전기에는 제정 러시아와 서방 세력이 침입하는 상황 속에서 오늘날 강역의 기초를 형성하였고, 각 민족의 경제와 문화 관계는 크게 강화되어 통일적 다민족 국가는 이전의 시기보다 더욱 공고하게 발전하였다. 종합 국력은 당시 세계적 수준에서 선두 자리를 유지하고 있었다.
> 명대 중·후기 강남 등 일부 지역의 상공업과 시진(市鎭)이 발전하면서 상품 유통이 확대되고, 사회·경제·과학기술·사상문화 등의 영역에서 신구(新舊) 갈등의 조짐이 일어났다. 이러한 요소의 발전으로 근대 문화로 발전할 경향성을 갖추게 되었다.
> 명·청 시기의 중앙집권적 군주정치는 극도로 발전하여 폐관쇄국(閉關鎖國)을 실시하였으며, 인민을 통제하고 사상을 억압함으로써 근대화 요소의 성장을 억제하고 사회 변혁을 가로막는 등 심각한 악영향을 끼쳤다.
> 이 시기 세계역사 발전의 구조에는 중대한 변화가 일어났다. 유럽 주요 국가는 자본주의 맹아로부터 시민혁명과 산업혁명으로의 도약을 완성한데 이어 근대 공업 문명의 궤도에 진입하였다. 명·청 농경문명의 번영은 이미 서방 공업문명에 맞설 수 없었고, 근대 전야의 청 중기에는 심각한 위기에 빠졌다. 식민주의 열강의 압력 아래 중국 인민은 장차 힘들고 고통스런 민족 독립의 투쟁에 직면해, 복잡하고 굴곡진 근대화의 길을 더디게 걸어가야 했다.

---

50) 初中『歷史』(7下), 北京師範大學出版社, 2016, 97쪽.

중국사를 학습하는 대단원의 맨 앞부분에 1쪽 분량의 도입부를 배치하고, 중국사의 내용을 개괄하는 가운데 해당 시기의 세계사 내용을 간략히 언급하고 있다. 이러한 방식은 우리의 경우 7차 교육과정의 고등학교『국사』에서 이미 시도한 바 있다. 해당 시기 세계사의 내용을 망라한 압축된 2쪽 분량으로 구성하였다. 일선 교육 현장에서는 계륵과 같은 존재로 보았다. 가볍게 처리하고 넘어가기도, 압축 서술된 많은 내용을 세계사 시간처럼 가르치기도 녹록치 않은 상황이었다. 북사대판은 자국사의 개괄과 함께 세계사를 연관시켜 서술하고 있다. 도입부로서 학생들에게 단원의 안내 역할을 하기에는 적절해 보인다. 그러나 중국의 학교 현장에서 실제로 얼마나 유용하게 사용되었는 지는 미지수다. 단원의 전체적인 얼개와 세계사의 흐름을 이해할 수 있도록 도움을 주는 장치이기도 하지만 쉽게 지나칠 수도 있다. 자국사의 경우는 이후 본격적으로 언급되지만, 세계사 내용의 경우 도입 글에서만 언급되기 때문에 상당히 이질적인 요소로 인식될 수 있기 때문이다.

둘째, 세계사의 영역에서 자국사의 내용을 언급하는 경우로 인교판 초중『세계역사』를 대표적인 사례로 꼽을 수 있다. 북사대판 초중『역사』가 자국사 영역에서 세계사 내용을 언급하였다면, 역으로 인교판 초중『세계역사』는 세계사 영역에서 자국사를 다루고 있다. 북사대판에서는 세계사의 내용이 일종의 배경 지식의 수준에 머물렀지만, 인교판에서는 여러 방식으로 자국사와 세계사를 통합하고 있다는 점에서 보다 결합의 강도가 강하다 할 수 있다. 이전의 학년에서 배운 자국사의 내용지식을 세계사 영역에서 활용할 수 있다는 점을 고려하였을 것이다. 본문 서술, 탐구 학습, 읽기 자료의 형태 등 지면의 다양한 영역에서 통합이 이루어지고 있다. 가령 마르코 폴로의 이야기를 전개할 때는 중국사의 내용이 직접적으로 본문에 서술되어 있다. 중국사와 세계사가 직접적인 접점을 형성하기 때문이다. 그러나 본문 서술을 통하여 중국사와 세계사를 연결시키는 경우는 인류의 발생 단원에서 베이징인이나 산딩둥인, 워싱턴 회의 등 몇 가지의 경우로 한정된다. 대부분의 경우는 탐구 학습이나 읽기 자료의 형태로 제시된다. 탐구 활동의 경우에는 주로 중국과 유럽을 상호 비교하는 경우가 많은데 다음과 같다.

> 학생 A : 우리나라 송대(宋代)의 도시는 같은 시기 서유럽의 도시에 비해 규모가 훨씬 더 크고 훨씬 번성하였으며 시민 계층도 훨씬 더 많았기 때문에 더 선진적이었어.
>
> 학생 B : 네가 보는 것은 표면현상에 지나지 않아. 사실 서유럽 시민 계급의 역량이 훨씬 강했을 뿐만 아니라 그 중에서 후대의 자산계급이 나오고 서유럽 자본주의의 맹아와 자산계급의 문화가 싹텄어.[51]

> 아래의 자료를 읽고 학생이 알고 있는 중국사와 세계사의 지식을 연관시켜 동일한 시기 중국과 영국 두 나라의 정치 제도를 간단히 비교하라.
>
> 강희제는 "천하의 크고 작은 일은 모두 짐이 친히 처리하여야 한다. 중요한 업무를 다른 사람에게 나누어 맡겨 처리하게 하는 것은 절대로 있을 수 없다. 때문에 큰일이든 작은 일이든 반드시 짐이 직접 결단을 내려야한다"고 말하였다.[52]

위의 자료는 각각 송대의 도시와 중세 유럽의 도시를 비교하는 것, 영국혁명으로 등장한 의회민주정치와 청의 황제 통치 체제를 비교하라는 것이다.

내용적인 측면에서 볼 때, 인교판의 초중 『세계역사』에 등장하는 자국사와 세계사의 연결 방식은 대개 교류사와 비교사이다. 교류는 주로 전근대의 매 시기에 중국이 외부 세계(주로 서양을 지칭)를 향해 열려 있었다는 것이 강조된다. 비교는 송대 도시와 중세 유럽의 도시, 자금성과 가톨릭 성당의 비교처럼 비슷한 시기 서양의 인물, 도시, 건축, 제도 등을 학생들이 비교하도록 하였다. 그런데 교과서에 등장하는 교류사나 비교사는

---

51) 初中 『世界歷史』(9上), 人民敎育出版社, 2006, 31쪽.
52) 初中 『世界歷史』(9上), 人民敎育出版社, 2006, 70쪽.

중국이 서양과의 대등한 위치 혹은 우월한 위치로 상정되는 경우가 대부분이다. 이전의 교과서보다 중국사와 세계사를 연관시키는 부분이 많아진 것은 중국이 강대국으로 부상하면서 생겨난 일종의 자신감의 표현으로도 보인다.

셋째, 자국사와 세계사로 양분되던 체제의 골격을 과감히 해체하고 양자를 통합하되, 주제사 별로 자국사와 세계사를 거의 같은 비율로 배치하는 사례이다. 앞의 두 사례는 자국사에 세계사 지식을 혹은 세계사에 자국사 지식을 끌어들이는 방식이었음에 비해, 이러한 경우는 통사 체제를 해체하고 주제사의 형식을 취하면서 자국사와 세계사의 내용을 선별해 구성하고 있다. 「2003년 고중역사과정표준(실험)」에 따라 집필되어 2017년 현재까지 사용 중인 고중 『역사』가 대표적이다.

먼저 내용 분석에 앞서 이 교과서의 등장 배경을 살펴보자.[53] 1949년 이래로 중국 교육당국은 초중·고중의 자국사와 세계사의 배치에 몇 차례 변화를 시도하였다. 초중과 고중 간 동일 내용의 반복 학습을 해결하는 것이 큰 과제였다. 〈표 23〉과 〈표 26〉을 참고해 보면, 우선 1950년대에는 초중에서 자국사와 세계사를 학습하고 다시 고중에서 반복하였다. 물론 고중에서는 초중보다 심화된 내용을 학습하였다. 그런데 반복 학습의 문제가 제기되면서 1963년부터 1980년대까지 초중의 자국사-고중의 세계사라는 체제를 구성하였다. 그러나 당시에는 고중 단계로의 진학률이 낮아 자국사만 학습하고 세계사를 학습하지 못하는 학생들이 많았다.[54] 이러한 문제를 해결하기 위해 1990년대 이후에는 초중에 자국사와 세계사를 모두 개설하고, 고중에서 중국근현대사와 세계근현대사를 배치하였

---

53) 楊向陽, 『高中歷史新課程: 理念與實施』, 海南出版社, 2004, 66~71쪽의 내용을 바탕으로 재구성하였다.

54) 고중 진학률은 1990년만 해도 40.6%이었고 1997년이 되어서야 50%를 넘어섰으며 2016년 현재 93.7%이다. 「各級學校畢業生升學率(1990~2007)」 ; 「2016年全國敎育事業發展統計公報」(2017-07-10), 中華人民共和國敎育部 자료 참조.

다.55) 중국사와 세계사의 근현대를 강조하였지만 다시 반복 학습의 문제
가 제기되었다. 그래서 개발한 또 하나의 교육과정이 「2003년 고중역사
과정표준(실험)」이다. 초중에서 자국사와 세계사를 공부한 뒤, 고중에서
자국사와 세계사가 통합된 심화형 주제사 학습을 함으로써 초중과의 내용
중복을 극복하고자 한 것이다.

　「2003년 고중역사과정표준(실험)」에 의한 고중 『역사』는 〈표 27〉과
같이 필수 과정 I～Ⅲ과 선택 과정 I～Ⅵ으로 구성되었다. 필수 과정의 『역
사』 I 은 '인류의 정치 발전의 주요 내용', 『역사』Ⅱ는 '인류의 경제 발전
의 주요 내용', 『역사』Ⅲ은 '인류 사상 문화와 과학 기술 분야의 발전의
주요 내용'으로 각각 정치사, 경제사, 문화사이다. 정치사와 같은 분량으
로 경제사와 문화사를 각각 배치함으로써 정치사는 전체 분량의 1/3을 차
지한다. 상대적으로 경제사와 문화사의 비중이 커졌다. 각 권은 7~8개의
주제로 구성되는데 4~5개의 주제는 중국사이고 나머지는 서양사이다. 주
제사이면서 중국사와 세계사가 통합된 형태이고 근현대사의 비중이 높은
편이다.

　「2003년 고중역사과정표준(실험)」이라는 동일한 교육과정에 근거하여
〈표 28〉처럼 4개의 판본이 나왔다.56) 그런데 각 판본의 『역사』 I (필수)
의 구성 방식이 서로 다르다.57) 대략 인교판과 악록판은 고대 중국→고대
서양→근대 서양→근대 중국→현대 서양→현대 중국으로 전개된다. 이
에 반해 대상판과 인민판은 중국 정치사를 학습한 후 서양의 정치사를 학
습하도록 설계되어 있다. 그런데 자세히 보면 인교판과 악록판에도 차이

---

55) 「2002 고중 역사교학대강」은 중국근현대사를 필수로 지정하고 중국고대사와 세계
　　근현대사를 선택과정으로 하였다.
56) 高中 『歷史』 I (必修), 人民敎育出版社, 2015 ; 『歷史』 I (必修), 大象出版社, 2015 ;
　　『歷史』 I (必修), 岳麓書社, 2015 ; 『歷史』 I (必修), 人民出版社, 2015.
57) 졸저, 「변화하는 중국, 변화하는 세계사 교육」, 『서양사론』 제131호, 2016, 160쪽
　　참조.

가 있다. 악록판은 나머지 3개의 판본에 있는 '현대 중국의 대외관계'라는
단원이 빠져 있고 5단원은 단원 내에서 서양사와 중국사를 통합하였다.
대상판과 인민판의 경우에는 8개의 단원에 대한 중국사와 세계사의 단원
배분이 서로 다르다. 대상판은 4:4이나 인민판은 중국사 단원이 한 개 더
많다.

<표 28> 출판사별 『역사』 I (필수) 구성

단원	인민교육출판사	대상출판사(大象出版社)
1	중국 고대의 정치 제도	중국 고대의 정치 제도
2	**고대 그리스 로마의 정치 제도**	근대 중국의 반제·반봉건 투쟁과 민주혁명
3	**근대 서양 자본주의 정치제도의 확립과 발전**	현대 중국의 정치 건설 및 조국 통일
4	근대 중국의 반침략·민주주의 추구의 흐름	현대 중국의 대외 관계
5	**과학적 사회주의 이론에서 사회주의 정권의 수립까지**	**고대 그리스 로마의 정치 제도**
6	현대 중국의 정치 건설 및 조국통일	**근대 구미(歐美) 시민계급의 대의제**
7	현대 중국의 대외 관계	**과학적 사회주의, 이론에서 실천까지**
8	**현재 세계 정치 구조의 다극화 추세**	**세계 정치 구조의 다극화 추세**
단원	악록서사(岳麓書社)	인민출판사
1	중국 고대의 중앙 집권 제도	고대 중국의 정치 제도
2	**고대 그리스와 로마의 정치 제도**	근대 중국의 국가주권 옹호 투쟁
3	**근대 서양의 자본주의 정치 체제 건립**	근대 중국의 민주혁명
4	내우외환과 중화민족의 분기(奮起)	현대 중국의 정치 건설과 조국 통일
5	마르크스주의 탄생·발전과 중국 신민주주의 혁명	현대 중국의 대외 관계
6	중국 사회주의의 정치 건설과 조국 통일	고대 그리스·로마의 정치문명
7	복잡 다양한 현대 세계	근대 서양 민주정치의 확립과 발전
8		인류 해방과 영광의 대도(大道)

구체적인 내용을 살펴보면 과학적 사회주의 이론과 소련의 사회주의 혁명을 다룬 단원이 있으나 마르크스주의의 관점이 부각된 일관된 서술은 상당히 약화되었다. 정치사는 정치 제도사의 변천이라 해도 과언이 아닐 만큼 역대 정치제도의 변화에 초점이 맞추어져 있다. 중국사에서는 선양(禪讓), 봉건제와 종법제, 황제지배체제의 3공 9경제(三公九卿制)와 군현제, 원대 행성제도(行省制度), 명대 내각(內閣), 청대 군기처(軍機處) 등을 다루고 세계사에서는 아테네 민주정치, 로마법, 영국 의회제, 미국 3권분립과 양당제, 독일 입헌군주제 등을 담고 있다. 한때 많은 비중을 차지하였던 전근대의 민중 운동과 관련된 서술은 찾아볼 수 없다. 가령 1990년대까지만 해도 로마사에서 스파르타쿠스의 봉기는 중요한 학습 요소로서 빠지지 않고 서술되었다. 그러나 고중『역사』Ⅰ(필수)의 로마사 부분은 12표법과 로마법 대전 그리고 로마법이 후대에 미친 영향을 학습 내용으로 하고 있다. 특히 로마법이 나폴레옹 법전, 영국의 권리장전, 미국의 독립선언, 프랑스의 인권 선언 등 서양의 근대 법률에 중요한 영향을 주었을 뿐만 아니라 아시아 사회에도 영향을 미쳐 19세기말~20세기 초 일본과 청말 민국 시기의 민법도 로마법의 영향을 받았다고 서술하고 있다.[58] 고중『역사』Ⅱ(필수)의 경제사에서도 농업 기술, 수공업, 상업, 산업혁명 등 시기별 경제의 발전, 즉 생산력 발전에 초점이 맞춰져 있다. 생산력과 생산관계의 모순에 의한 계급투쟁의 내용은 담겨 있지 않다. 그러나 마르크스주의적 관점이 크게 부각되지는 않지만 기본적으로 마르크스주의에 입각한 사회구성체론이 반영되어 있다. 예를 들면 다음과 같다.[59]

로마법은 노예주 계급의 의지를 표현한 것으로 노예주 계급의 통치와 이익을 옹호하고 노예제의 수탈 관계를 보호하려는 것이었다. 그것은 국가에서의 노예와 자유민의 지위를 법률적 형식으로 확정한 것으로 노예제 사회의 가장

58) 高中『歷史』Ⅰ(必修), 人民教育出版社, 2015, 29쪽.
59) 高中『歷史』Ⅰ(必修), 大象出版社, 2015, 76~77쪽.

발달한 그리고 가장 잘 완비된 법률 체계였다. [……] 로마법이 옹호한 것은 사유제를 기초로 한 사회경제 관계와 정치 제도였다.

마르크스주의가 전면에 부각되지는 않으나 저류를 형성하는 가운데 중국의 당면한 정치적 요구와 중국 내 세계사 연구의 경향을 반영한 새로운 관점들이 그 위에 흐르고 있음을 보여준다.

넷째, 자국사와 세계사를 통합한 역사와 다른 교과목인 일반사회, 지리를 통합한 초중 『역사와 사회』의 경우이다. 21세기에 들어와 역사 과목에서 초중 1~2학년은 『중국역사』(4권)를, 3학년은 『세계 역사』(2권)를 배우고 지리 과목에서는 초중 1~2학년이 『지리』를 배우던 교육과정에 변화가 일어났다. 기존처럼 역사와 지리를 별도로 배우거나 역사와 지리를 통합한 과목인 『역사와 사회』를 선택할 수 있도록 한 것이다. 그 결과 2001년에 『역사와 사회』를 위해 베이징사대의 「역사와 사회 과정표준(1)」과 인민교육출판사의 「역사와 사회 과정표준(2)」가 마련되고, 이에 근거하여 상하이교육출판사와 인민교육출판사가 각각 『역사와 사회』를 발행하였다.

〈표 29〉 상하이교육출판사와 인민교육출판사의 『역사와 사회(歷史與社會)』 목차

학년	학기	상하이교육출판사	인민교육출판사
7	1	제1단원 나와 사회 제2단원 가정생활 제3단원 학교생활 제4단원 대중 매체와 사회 제5단원 사회생활 제6단원 나는 중국인이다	제1단원 사회 생활 제2단원 인류 공동생활의 세계 제3단원 중화민족 인민의 고향 제4단원 특색 있는 각 지역의 생활 제5단원 사회생활의 변화
	2	제1단원 우리들의 생활 세계 제2단원 생산 활동과 자연자원 제3단원 선진국과 개발도상국 제4단원 발전하는 중국 제5단원 지속가능한 발전	제6단원 사회 속으로 들어가다 제7단원 풍요로운 문명 생활을 향해 가다 제8단원 정신생활의 추구

8	1	제1단원 유구한 역사의 문명국가 제2단원 중국 고대의 정치 상황 제3단원 중국 고대의 사회 계층 제4단원 중국 고대의 대외 교류 제5단원 중국 고대 과학기술의 성취 제6단원 중국 고대의 사상과 예술	제1단원 선사 시대 제2단원 문명의 기원 제3단원 농경문명 시대(상) : 흥망성쇠의 유럽·아시아 국가 제4단원 농경문명 시대(하) : 끊임없이 이어져 온 중화 문명
	2	제1단원 만청(晩淸)의 위기와 변혁 제2단원 중화민국의 흥망성쇠와 중국혁 명의 승리 제3단원 중화인민공화국의 건설과 발전 제4단원 산업화의 역정 제5단원 문화의 전승과 발전 제6단원 사회생활의 변천	제5단원 공업 문명의 도래 제6단원 지구를 뒤덮은 공업 문명 의 물결 제7단원 현대 세계를 향하여
9	1	제1단원 고대 세계 제2단원 근대 세계 제3단원 현대 세계 제4단원 기회와 도전	제1단원 기회와 도전으로 가득 찬 시대 제2단원 지속 발전이 가능한 사회 를 건설하자 제3단원 신세기의 정치 문명을 향 하여
	2	제1단원 우리들의 경제생활 제2단원 우리들의 정치생활 제3단원 우리들의 문화생활 제4단원 우리들의 직면한 기회와 도전	제4단원 경제성장과 과학기술의 동 반 발전 제5단원 국제 사회에서의 생활 제6단원 미래를 향하여 긴 항해의 닻을 올리자

* 음영처리된 부분은 역사 내용

　두 종류의 과정표준을 마련한 이유는 전술한 바와 같이 과목 통합이라
는 급격한 변화를 염두에 두고 구성 방식이 다른 두 종류의 교과서를 운
영해 보려는 의도로 보인다. 〈표 29〉와 같이 상하이판은 사회(지리+일반
사회, 1학년 1학기)→중국사(1학년 2학기~2학년 2학기)→세계사(3학년 1
학기)→사회(3학년 2학기)로 이어지는 흐름이다. 기존의 내용구성과 비교
해 보면 1학년 2학기의 중국 전근대사를 주제사로 구성한 것 외에는 큰
변화를 느낄 수 없다. 그러나 인교판은 변화가 크다. 사회(1학년)→전근
대사(2학년 1학기)→근현대사(2학년 2학기)→사회(3학년)의 구성이다. 2

학년 과정의 역사는 중국사와 세계사가 단원의 구분 없이 통합된 형태이다. 2학년 교과서의 목차를 보면 '선사시대→문명의 발생→농경 문명의 시대(아시아, 유럽, 중국)→근대 공업 문명의 시대→현대세계를 향하여'이다. 소련의의 5단계 발전론과는 거리가 먼 접근으로서 루오룽취 등의 견해가 많이 반영되어 있음을 알 수 있다. 즉 종적으로는 농경과 목축 중심의 자연 경제로부터 상공업 중심의 경제로 인류 역사가 발전하는 동시에 횡적으로는 지역 간의 활발한 교류를 통하여 다원적 지역 세계가 결합함으로써 세계사가 전구화(全球化)와 현대화로 향해가고 있다는 설명방식을 취하고 있다.[60] 정치사는 기본적인 큰 흐름만 제시하고 문화사의 내용을 중심으로 구성되어 있다.

(2) 상하이판 역사 교과서

상하이는 교육개혁을 선도한 지역으로서 지방 단위의 교육과정이 가장 먼저 등장한 지역이고 세계사 교육 분야에서도 선도적으로 변화를 시도한 지역이다. 덩샤오핑이 제창한 '먼저 부유해진 자가 다른 사람을 부유하게 만들 수 있다'는 선부론(先富論)에 의해 교육개혁의 견인차로서 상하이가 자체의 교육과정을 만들고 그것에 기초해 새로운 교과서를 발행하였다. 앞서 언급한 것처럼 교육개혁의 과정에서 역사 교과서 파동이 일어나기도 하였는데 세계사 교과서가 문제의 중심에 있었다. 상하이 1~2기 교육과정 개혁으로 등장한 고중 『역사』를 살펴보기로 한다.

첫째, 상하이 1기의 고중 『역사』이다. 이 교재는 1991~2008년 시기에 사용되었다. 1학년과 3학년에서 『역사』를 배우도록 하였는데, 1학년의 내용은 〈표 30〉과 같고, 3학년(문과용)에서는 중국사를 통사로 학습하도록 하였다.

---

60) 王泰, 앞의 글, 2006, 20~29쪽.

〈표 30〉 션치웨이(沈起煒) 주편 고중 『역사』(상하이교육출판사, 2005)

고중 『역사』(1학년)	
상책	하책
제1장 서구 자본주의의 흥기 제2장 신항로 개척 후의 중국과 일본 제3장 영국 혁명과 식민 세력의 발전 제4장 17세기 전기~18세기 후기 유라시아 　　　 대륙 제5장 17세기 전기~18세기 후기 중국과 서 　　　 양 문화 발전의 다른 경로 제6장 미국독립전쟁 제7장 프랑스혁명과 나폴레옹 제국 제8장 라틴아메리카의 독립혁명 제9장 영국 산업혁명 제10장 아편전쟁 – 중국 근대사의 시작 제11장 과학적 사회주의의 탄생 제12장 1848년 유럽혁명 제13장 1850~60년대의 유럽과 미국 제14장 1850~70년대의 아시아 제15장 제1인터내셔널과 파리코뮨 제16강 자본주의 제국주의 단계로의 진입 제17장 19세기말~20세기 초 아시아 아프리 　　　 카 라틴 아메리카의 민족민주운동 제18장 변법유신에서 신해혁명까지의 중국 제19장 18세기 중기~20세기 초의 유럽과 　　　 미국의 과학과 문학	제20장 제1차 세계대전 제21장 러시아 10월 사회주의 혁명 제22장 제1차 세계대전과 10월 혁명 전후 　　　 의 중국 제23장 제1차 세계대전 후 국제 관계와 　　　 주요 자본주의 국가 제24장 제1차 세계대전 후 혁명 운동과 　　　 민족해방 투쟁 제25장 1920~30년대의 소련 제26장 1929~1937년의 자본주의 세계 제27장 1927~1937년의 중국 제28장 제2차 세계대전 제29장 제2차 세계대전 후의 세계 제30장 현대 문학

　1학년에서 주목할 만한 점은 사회주의 중국이 수립된 이래 처음으로 중국사와 세계사가 통합된 형태의 교과서가 등장했다는 점이다. 엄밀하게 말하면 15세기 이후의 세계사에 중국사의 내용을 삽입한 형태이다. 3학년 과정의 중국사가 문과 학생들만을 대상으로 한 것임을 감안할 때, 1학년의 학생들이 모두 세계사를 배우도록 한 것은 세계사를 상당히 강조한 것으로 볼 수 있다.

　중국사와 세계사의 통합 체제를 구성하게 된 동기를 교과서의 서문에서 밝히고 있다. 15세기의 신항로 개척 이후 독자적으로 발전하던 아시아, 유럽, 아프리카 등의 지역이 상호 긴밀한 관계를 맺게 되고 지구가 좁아지면서 진정한 세계사가 시작되었다는 것이다. 세계사 연구의 새로운 경향으로 앞서 언급했던 전구사관이 교과서에 반영된 것이다.[61] 근대 이후의 역사가 지구적 차원에서 전개되는 만큼 중국사와 세계사를 통합하면 현재 중국과 세계의 상황이 등장하게 된 배경을 학생들이 통일적으로 쉽게 이해할 수 있으며, 비슷한 시기 여러 나라의 모습을 수평적으로 비교 분석할 수 있다는 점도 고려한 것으로 보인다. 가령 제4장의 경우 유라시아 대륙에 존재했던 6개의 국가인 청조, 무굴제국, 오스만제국, 러시아제국, 독일, 프랑스가 근대화에 대해 각각 어떤 입장을 취했으며, 그것이 이후 역사 전개에 어떤 영향을 미쳤는가 알아볼 수 있도록 하였다. 제20장과 제21장의 세계사는 제22장의 중국사와 연결되며, 제26장은 제27장과 짝을 이룸으로써 중국사와 세계사를 함께 이해할 수 있도록 하였다.

둘째, 쑤지량 주편의 고중 『역사』이다. 전술한 상하이 교과서 파동 당시 문제가 되었던 교과서이다. 이 교과서는 상하이 2기 교육과정 개혁에 의해 2006년부터 보급되기 시작하였으나 교과서 파동으로 정식 사용 1년 만에 교육 현장에서 사라졌다. 교과서가 사회적으로 문제가 되자 2007년 4월 교육부가 주최한 토론회에서 교과서를 수정하여 계속 사용하기로 하였다. 그러나 5월에 상하이교육위원회는 문제의 교과서를 사용 정지시키고 9월 신학기부터 다른 새로운 교과서를 편찬하여 보급하라는 지침을 내렸다.[62] 결국 8년간의 준비와 3년간의 시범 운영을 거친 교과서는 최단명

61) 林兵義,「上海高中歷史敎材評介」『歷史敎學』1997-2, 28~29쪽 ; 課程敎材硏究所 編, 『新中國中小學敎材建設史(1949~2000) 硏究叢書-歷史卷』, 人民敎育出版社, 2010, 521~522쪽.

62) 齋藤一晴, 『中國歷史敎科書と東アジア歷史對話』, 花傳社, 2008, 278~279쪽.

의 교과서라는 오명을 남기면서 전면 사용 1년 만에 폐기되고, 이를 대신
하여 약 3개월 만에 급조된 66쪽 분량의 위웨이민(余偉民) 주편의『고중
역사』제1 분책이 2007년 9월부터 사용되기 시작하였다.[63]

〈표 31〉 쑤지량 주편 고중『역사』(상하이교육출판사, 2006)

고중『역사』(1학년)	
상책	하책
주제 1: 인류 조기 문명 1. 문명 사회의 상징 2. 문명과 지리 환경 **주제 2: 인류 생활** 1. 사회 구조 2. 사회 생활 3. 사회 풍속 **주제3: 인류 문화** 1. 문명사회를 유지하는 법률 2. 인문 과학 3. 종교	**주제4: 문명의 교류, 융합 그리고 충돌** 1. 세 차례의 물결과 문명 전승 2. 문명 공간의 개척 3. 문명 역정 중의 칼과 붓 **주제5: 경제의 글로벌 시대를 향해 가는 시 대의 문명** 1. 근현대 국가 제도 2. 근현대 경제 제도 3. 문명 충돌 중의 국제 정치 질서 **주제6: 문명의 현실과 미래** 1. 사회 이상과 현실 2. 문명을 위협하는 공해 3. 역사 시야(視野) 중의 자연과 사회 활동과(1) 인간과 자연 / 활동과(2) 인간과 사회
고중『역사』(3학년)	
주제 1: 고대 3대 문명 지역의 형성과 발전 1. 유가 문명 2. 기독교 문명 3. 이슬람 문명 **주제 2: 주요 발달 국가의 현대화 과정** 1. 영국의 현대화 과정 2. 프랑스의 현대화 과정 3. 미국의 현대화 과정	4. 독일의 현대화 과정 5. 러시아의 현대화 과정 6. 일본의 현대화 과정 **주제3: 18세기 이래의 중국** 1. 강건성세(康乾盛世) 2. 굴욕과 항쟁 3. 중화민족의 평화 발전

---

63)「滬版『歷史』: 短命的與速成的」『南方週末』2007년 9월 13일(http://www.infzm.
com/content/6970).

쑤지량의 교과서는 〈표 31〉처럼 상하이 1기에서 시작된 자국사와 세계사의 통합이 더욱 확대되었다. 1학년과 3학년 모두 중국사와 세계사가 통합된 형태이다. 상하이 1기와 가장 크게 다른 점은 통사의 형태가 해체되었다는 점이다. 기존의 교과서와는 상당히 다른 형태의 교과서이고, 더구나 마르크스주의적 요소가 잘 감지되지 않기 때문에 뉴욕 타임즈에서 크게 보도할 수 있었을 것이다.[64]

전체적으로 보면 전통적 구성 방식인 정치사로부터 탈피하여 문화사 혹은 문명사적 흐름을 강조하고 있다. 그리고 다양한 역사 해석을 반영하였다. 우선 1학년의 '주제 4: 문명의 교류, 융합 그리고 충돌'의 1단원 '세 차례의 물결과 문명 전승'은 '제1과 농업 시대, 제2과 공업 시대, 제3과 정보 시대'로 구성되어 있다. 토플러의 『제3의 물결』의 내용을 가져온 것이다. '주제6: 문명의 현실과 미래'의 '2.문명을 위협하는 공해'에는 흑사병, 인플루엔자 등 인류 역사에 중요한 영향을 미쳤던 전염병에 대해 살펴보고 있다. 선사 시대에서 오늘날에 이르기까지 전염병이 인간의 역사에 미친 영향을 분석한 맥닐의 관점을 수용한 것으로 보인다.[65]

3학년에서는 '주요 발달 국가의 현대화 과정', 즉 영국, 프랑스, 미국, 독일, 러시아, 일본의 현대화 과정이 큰 비중을 차지하고 있다. 정치적·경제적·문화적 배경이 서로 달랐던 각 국가들이 강대국으로 성장할 수 있던 요인과 성장 과정을 조명하고 있다. 이는 9개의 국가들이 서로 다른 경로를 통하여 강대국으로 굴기하는 과정과 성장의 원리를 찾으려 했던 『대국굴기』의 문제의식과 유사하다. 『대국굴기』의 마지막 편인 「강대국의 길」에서는 강대국 성장의 조건으로서 국가의 강한 단결력과 문화를 꼽고 있

---

64) Joseph Kahn, Where is Mao Chinese Revise History Books, *New York Times* 2006년 9월 1일(http://www.nytimes.com/2006/09/01/world/asia/01china.html?pagewanted=all&_r=0).

65) 윌리엄 맥닐 저, 김우영 역, 『전염병의 세계사』, 이산, 2005 참조.

다. 단결력에 관해서는 치엔청깡이 인터뷰에서 포르투갈과 에스파냐가 최초의 민족국가로 성장해 단결된 민족주의를 바탕으로 국가 발전을 이룩할 수 있었다고 주장한다. 국가의 통일과 안정 그리고 강력한 리더십을 강대국 성장의 중요한 조건으로 지목한 것이다. 문화에 관해서는 영국과 프랑스의 예를 들고 있다. 셰익스피어, 뉴턴, 아담 스미스는 영국의 발전에 중요한 역할을 하였으며, 프랑스의 판테온에 묻힌 72명 중 11명의 정치가를 제외한 나머지 61명은 사상가·작가·예술가·과학자들인데 이들 역시 프랑스 발전의 힘이었다는 것이다. 그리고 대국굴기의 길은 나라와 시대가 처한 환경 속에서 자신에 맞는 방식을 찾아나가는 현대화 과정으로 정리한다. 또한 현대의 대국은 군사력과 제국의 건설보다는 종합 국력과 세계 시장을 중시한다며 그 핵심 요소를 과학기술에 의한 생산력 발전으로 보고 있다. 그 예로 미국이 1980년대 철강업과 중공업이 사양길에 접어들면서 국력이 약해지는 듯하였으나 정보 산업(제3차 기술혁명)으로 재기한 사례를 들고 있다.

셋째, 위웨이민 주편의 고중 『역사』(화동사범대학출판사)이다. 상하이 2기 교육과정 개혁에 의한 공식 교과서로서 2007년 이후 현재까지 사용되는 교과서이다. 〈표 32〉처럼 전7권의 책으로 구성되어 있다. 보통의 경우 한 학기에 한권씩이나, 1~2학년에서 전6권으로 구성된 이유는 쑤지량의 교과서를 폐기한 후, 급하게 만들다 보니 시간적 여유가 없어 한 학기에 두 권씩 1학년 과정에서 전4권의 책이 나오게 된 것이다. 중국사와 세계사의 통합이라는 틀은 유지하고 있으나 통합의 강도는 쑤지량의 교과서보다 약해졌다.

15세기 이전의 전근대사는 중국사와 세계사를 각각 배우고 근대 이후는 통합해서 학습하도록 하였다. 대신 심화과정인 3학년은 중국사, 세계사 그리고 상하이 향토사를 결합시켰다. 문화사가 큰 비중을 차지하고 있다.

〈표 32〉 余偉民 주편 고중 『역사』(화동사범대학출판사, 2010)

		1학기		2학기
1 학 년	제 1 분 책	제1단원 고대 동방 제2단원 고대 아메리카와 검은 아 　　　프리카 제3단원 고대 그리스·로마 제4단원 고대 이슬람 세계 제5단원 중세의 서유럽	제 3 분 책	제5단원 송의 번영과 원의 통일 제6단원 명조의 흥망과 청 전기의 　　　강성
	제 2 분 책	제1단원 선사에서 하·상왕조까지 제2단원 주왕조에서 진제국의 　　　굴기 제3단원 한에서 남북조의 분립과 　　　융합 제4단원 수의 창제(創制)와 당의 　　　융성	제 4 분 책	제1단원 15~16세기 서유럽 사회의 　　　변화 제2단원 17~18세기 시민혁명 제3단원 공업 사회의 도래 제4단원 사회주의 운동과 마르크스 　　　주의 제5단원 자본주의 세계 체계의 형성
2 학 년	제 5 분 책	제1단원 천조(天朝)의 위기 제2단원 중화민족의 각성과 항쟁 제3단원 제1차 세계대전 제4단원 1917년 러시아혁명과 소 　　　련 현대화 제5단원 식민지 반식민지 민족해 　　　방 운동 제6단원 중국 민주혁명의 좌절 제7단원 중국의 토지혁명과 항일 　　　구망 운동 제8단원 '대공황' 중의 자본주의 　　　세계 제9단원 제2차 세계대전	제 6 분 책	제1단원 중국 인민의 항일 전쟁 제2단원 중국 인민의 해방전쟁 제3단원 전후 국제정치 구조의 변화 제4단원 전후 과학기술 혁명과 경제 　　　의 세계화 제5단원 신민주주의로부터 사회주의 　　　로의 이행 제6단원 중국 사회주의화의 탐색과 　　　곡절 제7단원 중국 특색 사회주의 사업의 　　　개척 제8단원 세계로 향하는 중국
3 학 년	심 화 과 정	제1단원 유교문화와 고대 중국 제2단원 서학동점(西學東漸)과 근대 중국 제3단원 선진 사상이론과 현대 중국 제4단원 상하이 역사의 변천 제5단원 중국 역사학의 발전 제6단원 고대 세계의 제국 제7단원 세계 3대 종교 제8단원 17~18세기의 계몽사상 제9단원 세계 여러 나라의 현대화 과정		

9개 단원에서 앞의 5개 단원은 중국사이고(향토사 포함), 뒤의 4개 단원은 세계사이다. 전근대 중국과 유교→근대 중국과 서구 사상의 유입→현대 중국과 진보 사상(쑨원, 마오쩌둥, 덩샤오핑, 후진타오의 사상)을 학습한 후 중국의 향토사와 역사학을 공부하고 세계사의 영역으로 넘어간다. 세계사는 전근대의 제국과 종교→근대의 계몽사상→세계 여러 나라의 현대화이다. 이중 세계 여러 나라의 현대화가 비중있게 서술되어 있다. 영국, 프랑스, 독일, 미국, 일본 등만이 아니라 마지막 중단원인 '발전하고 있는 신흥 대국'에서 인도, 남아프리카공화국 그리고 브라질의 높은 성장에 대해서도 언급하고 있다. 본문의 마지막 문장을 보자.

> 19세기 중엽 이후 현대화의 흐름은 유럽과 미국 중심에서 주변 국가와 지역으로 확산되었다. 이러한 과정 중에 인도, 남아프리카 공화국, 브라질을 대표로 하는 광대한 아시아, 아프리카, 라틴 아메리카 지역은 민족 해방과 국가 독립의 목표를 실현했을 뿐만 아니라 각각의 특색이 있는 현대화의 경로를 통해 괄목할 만한 성과를 거두었다. 또한 반추해 볼만한 경험과 교훈을 남겼다.[66]

이른바 BRICs가 성장하고 중국이 이들 나라들과 유대 관계를 맺고 있는 상황을 염두에 두고 서술한 것이다. 과거에는 비동맹 국가들과의 연대를 강조하였으나, 현재는 현대화를 목표로 상호 관계의 중요성을 부각시키고 있음을 알 수 있다.

3) 학생 심리와 활동을 고려한 텍스트 구성

국가 경쟁력의 강화를 목표로 세계 각국이 학생의 창의적 능력의 계발

---

66) 余偉民 主編, 『高中歷史』(3학년), 華東師範大學出版社, 2010, 196쪽.

을 우선시 하는 상황에서 중국도 세계적인 교육개혁의 추세에 맞추어 소
질교육의 강화를 내세우고 있다. 그래서 교과서도 역사적 사고력의 계발
을 중시하면서, 학생의 흥미를 일으킬 수 있는 요소와 탐구 활동의 요소
를 강화해 학습자 중심의 교과서를 개발할 것을 요구하고 있다.[67] 이러한
요구에 맞춰 우선 교과서가 컬러로 인쇄되고 사진과 도표가 많아져 외형
적으로도 많은 변화가 일어났다.

변화의 모습은 교과서 서술에서도 확인할 수 있는데, 학생의 심리와 활
동을 고려한 서술은 두 가지 측면에서 살펴볼 수 있다. 첫째, 계열성을
고려하여 초중과 고중의 서술 방식을 서로 달리하고 있다.[68] 동일한 사안
에 대해 초중에서는 정치사를 중심으로 내러티브 요소가 상대적으로 풍부
한 반면에, 고중의 경우는 내러티브 요소를 일정 살리면서 사회사나 경제
사와 관련된 개념적 지식을 많이 활용하고 있다. 가령 파시즘의 성장과
관련된 서술을 비교해 보자. 초중『세계역사』의 내용 전개 방식을 보면,
우선 다음과 같은 도입부를 두었다.

> 1933년 5월의 어느날 밤, 독일의 베를린에서는 불길이 하늘로 치솟고 사람들
> 이 떠들썩하였다. 마치 화려한 저녁 불꽃놀이가 열리는 것 같았다. 그러나 눈여
> 겨 살펴보면 불길 속에 던져 넣는 것은 장작이나 연료가 아니라 수천 수만 권의
> 책이었다. 오랜 기간 인류가 쌓아온 인류 문명의 우수한 성과들이 순식간에 불길

---

67) 楊向陽, 앞의 책, 2004, 9~10쪽.
68) 중국의 역사교육학계에서 계열성에 관한 대표적인 연구자는 서북사대 교수이자 인
민교육출판사의 역사교과서 작업에 참여한 지빙신(姬秉新)이다. 그는 쩡티엔팅(鄭
天挺)의 견해를 발전시켜 점(소학)-선(초중)-면(고중)-입체(大學)의 계열성을 주장
하였다. 소학 단계에서는 개별적인 역사 이야기(점)를 중심으로 구성하고 초중 단
계에서는 구슬을 줄로 꿰듯이 역사적 사실들을 일정한 발전선에 맞춰 질서를 부여
하면서(선) 더 높은 단계인 고중과 대학으로 차원을 높이는 구성 방식이다. 그의
견해는 「2011년 의무교육 역사과정표준」에 공식적으로 반영되었다. 姬秉新, 「中學
歷史課程編制硏究(上)」『西北師大學報(社會科學版)』 37-1, 2000, 101쪽 ; 「2011
歷史課程標準」, 北京師範大學出版社, 2011, 3쪽 참조.

속으로 사라져 버렸다. 그러나 이러한 책 불사르기 운동을 지휘한 독일인은 "불빛이 새로운 시대를 비춘다"라고 환호하였다. 이때 독일에서는 어떤 큰 일이 있었길래, 이런 야만스런 일이 일어날 수 있었을까?[69]

학생들의 흥미를 자극할 수 있는 이야기를 단원의 앞부분에 배치함으로써 학생들의 관심을 유도하고 있다. 본문의 내용을 살펴보자.

1920~30년대의 세계 대공황은 독일에 심각한 충격을 주었다. 1932년 독일의 공업 생산은 1929년에 비하여 40% 정도 감소하였으며, 실업자는 600만 명을 넘었다. 산업 위기의 영향으로 은행이 잇달아 파산하고 대외 무역액이 급감하였다. 경제 공황은 사회 계급 모순을 심화시켰다. 히틀러를 비롯한 파쇼 조직인 나치당은 독일 정부에 대한 사회 각 계층의 불만을 이용하여 세력을 확장하였다.

히틀러는 본래 오스트리아 출신으로 독일로 이주하여 생활하였다. 제1차 세계대전 이후 그는 나치당의 창건에 참여하였다. 1923년에 그는 맥주관 폭동을 일으켜 정권 탈취를 시도하였으나 실패하고 투옥되었다. 감옥에서 그는 자서전 작업을 하였고 후에 『나의 투쟁』이란 이름으로 출간하였다. 이 책에서 그는 인종주의를 찬양하면서 게르만족은 선천적인 우월한 민족으로서 열등한 민족을 통치할 운명을 타고났다거나, 게르만족은 '생존공간'을 탈취하여 강대한 게르만 제국을 건설해 전 세계를 통치해야 한다고 주장하였다. 그는 또한 복수주의를 부르짖으면서 마르크스주의를 공격하고, 침략적 팽창과 개인 독재에 대한 갈망을 드러냈다. 출옥 후 그는 나치당 조직을 강화하는데 착수하였다.

1929~1933년의 세계 경제 위기는 히틀러와 나치당의 성장에 계기를 마련해 주었다. 독일 전체가 절망에 빠졌을 때 그들은 기회를 놓치

---

69) 初中 『世界歷史』(9下), 人民教育出版社, 2007, 25쪽.

지 않고 기만적인 선전 활동을 전개하였다. 그들은 달콤한 약속으로 중하층 인민들의 신임을 얻었으며 통치 계급과 독점 자본가들로부터 강력한 정치적·경제적 지지를 얻었다.

> [……] 1938년 파리의 한 유태인 청년이 독일 외교관을 암살하였다. 나치당은 이를 구실로 유대인들에 대한 대규모 테러를 감행하였다. 11월 9일 밤 나치당원들은 독일 내의 모든 유태교회를 불살랐으며 유태인들의 주택과 상점을 약탈하고 파괴하였다. 이 '수정(水晶)의 밤'에 많은 유태인들이 죽거나 다치고 체포되었다. [……].70)

큰 글씨로 구성된 글로 기본적인 설명을 한 후, 내러티브 요소가 강한 구체적인 역사적 사실은 작은 글씨로 부연 설명하고 있다. 큰 글씨로 된 부분만으로 전체적인 개요를 파악할 수 있게 하면서도, 내러티브를 적절하게 배합하고 있다. 작은 글씨로 이야기를 풀어 나가는 것은 첫째, 시각적인 차원에서 큰 글씨를 중심으로 대강을 파악하기 쉽게 하기 위함과 둘째, 분량 차원에서 내러티브 부분도 큰 글씨로 할 경우 교과서 분량이 상당히 많아지는 문제점을 해결하기 위함이 고려된 것으로 보인다. 우리의 경우 읽기 코너를 따로 본문과 분리시키는 경우가 많은데 중국의 경우에는 본문 서술과의 유기적 관계성을 고려해 통글의 형태로 서술하고 있다.

다음으로 고중 『세계역사』의 내용을 보자.

> **독일 파쇼 정권의 건립** 독일이 받은 경제 위기의 충격은 상당히 심각하였다. 경제 불황과 사회 혼란을 맞이하여 정부는 나약함과 무능력을 드러냈다. 독일 통치 계급은 차츰 독재 정부 수립의 방향으로 기울어 갔다. 대내적으로는 부단히 고양되는 대중 운동을 진압하면서 통치

---

70) 初中 『世界歷史』(9下), 人民教育出版社, 2007, 25~27쪽.

질서를 안정시켰다. 대외적으로는 독일의 세력 범위와 세계 패권을 확보하기 위하여, 베르사유 조약 체제의 속박을 타파하고 독일의 국제적 지위를 제고시켰다.

> 1932년 독일은 공장의 약 1/3 만이 가동되었고, 전국 노동자의 2/3가 실업과 반실업 상태에 처해 있었다. 바이마르 정부는 정부 공무원을 감소시키고 산업 자금, 실업 구제금, 노인 보조금 등을 삭감하는 한편, 독점 자본가와 융커 지주들에게 거액의 자금을 지원하면서 위기의 국면을 전환하려 하였다. 그러나 의도와는 달리 이러한 방법은 중소 자산계급과 대다수 노동자, 농민에게 피해를 안겨주었고 경제 위기를 더욱 가속화시켰다.

히틀러와 파쇼가 조직한 나치당은 경제 위기를 이용하여 혼란한 정세를 조성하고 적극적으로 세력을 확장하였다. 그들은 당시 유행하던 사회주의와 민족사회주의의 구호를 내걸고 사람의 마음을 혹하게 하는 선전을 진행하여 기만적으로 광범위한 지지를 얻어냈다. 동시에 히틀러는 힘을 다해 군대를 양성하고 빠르게 통치 계급과 결탁하였다.

> 나치당은 사회 각 계층을 향하여 미묘한 약속을 하였다. 노동자들에게는 사회주의를 실현하여 노동자들에게 권리를 나누어 누리도록 하고 집권 후 경제 위기를 제거하여 모든 노동자들에게 빵과 일자리를 제공할 것을 약속하였다. 농민들에게는 [……].71)

비슷한 내용임에도 불구하고 초중의 교과서가 이야기 책의 느낌이라면 고중에 이르러서는 사회과학 서적의 인상을 준다. 학교급별 차이에서 오는 계열성을 고려한 것이다. 초중의 경우는 자국사나 세계사 모두 이야기, 우화, 고사 등을 활용하여 흥미 요소를 가미하고 있다. 고중은 좀 더 분석적이고 개념적인 글로써 보다 고등의 사고력을 요구한다.

---

71) 高中 『世界近代現代史』(下), 人民教育出版社, 2007, 29쪽.

둘째, 본문 중심의 내용 서술에서 벗어나 학생들의 다양한 탐구 활동이 이루어질 수 있도록 배려하고 있다. 교사가 전달하는 역사 지식을 일방적으로 학습하는 것이 아닌 조사나 토론 등의 활동을 통하여 학생 스스로 지식을 구성하는 과정을 통해 사고력을 신장시키려는 것이다. 한 차시의 수업에 적어도 하나의 활동 과제를 제시하고 있다. 가령 다음과 같은 것이다.

(가) 콜럼버스가 유럽으로부터 아메리카 대륙으로 가는 항로를 개척한 것에 대한 상반된 평가를 제시하고 학생의 견해를 이야기하도록 한다.
  □ 인디언 : 콜럼버스는 유럽의 강도들을 아메리카 대륙에 데리고 와서 우리의 문화를 파괴하고 우리의 재부를 약탈한 악마이다.
  □ 유럽인 : 콜럼버스는 신대륙을 발견하고 유럽 문명을 아메리카 대륙에 전파하여 낙후한 아메리카 지역을 문명 시대로 이끈 업적을 남긴 인물이다.[72]

(나) 해당 자료를 조사한 후 다음과 같은 탐구 활동을 전개해 보자. 만약 학생이 640년대에 당으로부터 귀국하는 야마토 정권의 견당사라면, 당시의 야마토 정권과 당의 사회 상황을 비교하면서 천황에게 어떠한 개혁 방안을 상주(上奏)하겠는가?[73]

(다) 활동과 4. 제2차 산업혁명의 성과 박람회 계획. 학급의 인원수에 따라 6~8명을 한 모둠으로 하여 활동 조를 나눈 후, 조장을 선출하고 박람회를 열기 위한 토론을 전개한다. 토론의 예시는 다음과 같다. ① 박람회의 주제를 확정한다. ② 박람회 마크를 설계한다. 마크는 박람회의 주제를 잘 구현할 수 있고 과학기술의 진보와 사회 발전의 밀접한 관계를 보여줄 수 있어야 한다. ③ 박람회 개막 시간을 확정하되 지리 지식과 결부하여 박람회 주최국과 도시를 확정지어야 한다. 해당 지역의 정치, 경제, 과학 기술, 인문, 교통 등의 상황을 고려한다. ④ 박람회의 기획안은 제2차 산업혁명의 최신 성과를 토대로 과학자들의 경력, 발명 과정과 원리 및 경제효과와 사회적 효과에 주목한다. 박람회의 손님으로 초청할 당시의 저명

---

72) 初中 『世界歷史』(9上), 人民教育出版社, 2006, 63쪽.
73) 初中 『世界歷史』(9上), 人民教育出版社, 2006, 26쪽.

한 과학자들의 명단을 확정한다. 이 밖에도 과학기술의 진보와 함께 세계 생태환경에 끼친 영향도 고려한다. ⑤ 가능하면 관람자들이 참여할 수 있는 시간과 공간을 제공함으로써, 과학기술의 진보가 초래한 변화를 직접 체험할 수 있도록 한다. [……] .74)

(가), (나), (다) 모두 학생들이 자료 조사와 토론, 글쓰기, 조별 학습 등을 통하여 과제를 해결할 수 있도록 하였다. (가)에서 (다)로 갈수록 과제의 성격이 어렵고 복잡하다. 초중의 학생들이 이 과제들을 잘 해결할 수 있을 지는 의문이다. 탐구 활동의 요소를 강화하는 흐름에 맞춰 학생의 눈높이에 맞는 탐구 과제를 개발하는 것이 향후 교과서 제작에서 중요하게 고려해야 할 사항으로 보인다.

---

74) 初中 『世界歷史』(9上), 人民敎育出版社, 2006, 129~130쪽.

Ⅷ. 결론

교육에 대한 국가 차원의 통제가 강한 중국의 상황에서 역사 교과서가 정부의 의도를 반영하는 하나의 구성물이라는 전제 하에 본 연구의 논의는 출발하였다. 중국 측의 입장에서 보면 교육적 의미로 표현될 수 있는 그 의도를 중국의 학생들에게 효율적으로 전달하기 위해서는 나름대로의 논리 구조가 교과서 안에서 작동할 것이라 본 것이다.

　그래서 우선 교과서가 어떠한 서사 구조를 취하고 있으며, 그러한 서사 구조를 이끌고 가는 내면의 이데올로기가 무엇인지 분석하기 위하여 헤이든 화이트의 이론을 적용해 보았다. 본래 화이트의 이론은 문학 비평 이론을 원용한 것인데 역사적 사실에 기반하여 호소력있게 쓰여진 역사서 역시 문학적 구성을 갖는다는 문제 인식에서 출발하였다. 화이트는 역사 서술의 문학성을 강조하면서 객관적 역사 서술에 대한 회의론을 불러 일으켜 포스트모던 역사학 논쟁의 한 가운데 위치해 있던 인물이다. '역사= 허구'라는 그의 주장은 크게 지지를 받지 못하였으나, 역사 서술은 언어 구성물로서 이데올로기가 개입되어 있으며 이데올로기를 관철시키기에 적절한 서사 구조를 취하고 있다는 주장은 대체로 공감을 받았다.

　화이트의 이론을 빌어 중국의 자국사와 세계사 교과서의 서사 구조와 그것을 관통하는 이데올로기를 분석해 보았다. 화이트의 이론을 적용한 결과, 중국사가 개혁·개방 이전에는 사적 유물론의 계급투쟁사를 기본 맥락으로 하는 희극 구조를 가지고 있었지만, 이후 사적 유물론의 관점이 퇴조하는 가운데 2000년대에 들어서는 중화민족을 주인공으로 설정한 로망스 구조를 갖추고 있음을 살펴보았다. 즉 유구한 전통과 화려한 역사를 가진 주인공이 근대 시기의 역경을 극복하고 해방과 현대화를 쟁취해 나간다는 서사 구조로 바뀐 것이다. 한편 세계사의 서사 구조는 사회주의 중국 수립 이후 현재에 이르기까지 희극 구조를 취하고 있다. 그런데 희

극 구조의 구성 양상은 개혁·개방을 전후로 하여 다른 모습으로 나타났
다. 개혁·개방 이전에는 역사 발전 5단계설을 기계적으로 적용함으로써
원시 사회, 노예제 사회, 봉건 사회, 자본주의 사회를 거쳐 사회주의 사회
로 이행한다는 전형적인 마르크스주의의 희극 구조를 채택하였다. 그러나
개혁·개방 이후 틀에 박힌 사적 유물론의 틀에서 벗어나 새로운 시각들이
반영되었다. 특히 2000년 이후의 교과서에서는 독립적으로 분산되어 있
던 각 지역의 문명들이 유럽의 신항로 개척 이후 상호 연관성이 심화되어
세계가 지구적 차원의 통일된 하나의 유기체를 구성하고 현대화를 추구하
며 발전해 나간다는 희극 구조를 취하고 있다.

  그리고 현재 사용되고 있는 역사교과서의 서사 구조의 중심부에는 국
가 정체성(민족과 전통) 강화와 현대화 지향이라는 이데올로기적 맥락이
자리하고 있다. 사회주의 중국이 수립된 이후 문혁 시기까지는 혁명사 혹
은 계급투쟁사라는 이데올로기 관점에서 접근하였다. 그러나 개혁·개방
이후 역사 발전의 동력을 생산력과 생산관계의 모순에 의한 계급투쟁보다
는 생산력 발전을 보다 더 근본적인 동력으로 삼아야 한다는 견해가 힘을
얻었다. 그래서 생산력의 발전에 의한 현대화라는 관점이 특히 중국 근현
대사와 세계 근현대사 영역에 강조되었다. 또한 중화민족과 그 전통을 강
조하면서 국가 정체성을 강화하려는 경향이 반영되고 있다. 가령 공자의
경우 봉건 통치를 옹호하던 착취 계급의 반동사상이란 입장을 견지하고
있었으나 개혁·개방 이후에는 공자의 사상이 중국의 전통문화 형성에 중
요한 역할을 담당하였음을 강조하고 있다. 여기서 전통이라는 것을 국가
정체성을 강화하기 위한 영광의 집단 기억이라 한다면, 영광 못지않게 정
체성 강화에 중요한 역할을 담당하는 것이 수난이라는 집단 기억이다. 특
히 근현대사 영역에서 수난은 중요하게 부각된다. 이러한 이데올로기들이
소학 역사교육, 역사 지도, 향토사, 중국 근현대사, 세계사에서 어떠한 방
식으로 표출되고 있는 지 구체적인 양태를 분석해 보았다.

　첫째, 중국의 초등 단계인 소학의 역사교육 내용이 담긴 『품덕과 사회』
에는 중국의 역사교육이 지향하는 바가 압축적으로 표현되어 있다고 볼
수 있다. 『품덕과 사회』는 전반적으로 중화민족의 정체성을 전면에 내세
운 국가주의적 경향이 짙다. '품덕'이라는 명칭 자체가 이미 강한 이념적
지향을 보여준다. '자고이래'의 생활 터전인 영토 위에서(5학년 1학기) 뛰
어난 문화를 일구었으며(5학년 2학기), 외세에 맞서 싸워 승리하고 발전
하는(6학년 1학기) 중화민족이라는 정체성을 심어 주려고 한다. 우수한
중국 문화를 드러내는 방식으로 구성된 전근대사, 고난을 헤치고 비상하
는 중국의 모습을 그리고 있는 근현대사라는 구성이다. 중고등 과정과 차
이가 있다면 소학의 과정은 통사 체계 보다는 이야기 방식으로 구체적인
사례를 중심으로 전개한다는 점이다. 한정된 시기의 고난이 존재하기는
하나 우월적 존재로서의 중화민족이 두드러진다. 그러다 보니 역사교육에
서 견지해야 할 성찰의 측면은 상당히 무디다. 학생들에게 민주시민보다
는 스스로 중화민족의 일원임을 확인하고 애국자로 성장하기를 요구하기
때문에 국가가 범한 '부담스러운 과거사'는 보이지 않는다.

　둘째, 역사 지도는 지리적 관점에서 역사의 현상과 동태를 파악하는 자
료이다. 현재 중국에서는 역사 교과서와 함께 세트로 역사 지도책이 발행
되고 있어 역사교육에서 역사 지도가 차지하는 위상이 높다. 중국에서는
청대 고증학의 연혁지리학 전통과 제국주의 침략이라는 시대적 상황과 맞
물려 20세기 초부터 근대적인 역사지리학 연구가 시작되었다. 이와 더불
어 역사 지도 제작에 대한 관심을 갖기 시작하였다. 중국 역사지리학의
연구 방향을 제시한 구지에강 이후로 그의 영향을 받은 탄치샹, 스녠하이,
호우런쯔는 각각 상하이, 시안, 베이징에 역사지리학 연구의 거점을 만들
고 이들이 양성한 후학들이 현재 중국의 역사지리학계를 이끌고 있다. 폭
넓은 연구 영역을 확보하고 있는 중국의 역사지리학은 다양한 종류의 역
사 지도가 나올 수 있는 기반을 형성하고 있다. 중국 역사지리학의 연구

성과는 탄치샹 주편의 『중국역사지도집』에 반영되었다. 이 지도집은 국가 주도로 1950년대부터 시작되어 1980년대에 이르기까지 30여년에 걸쳐 완성되었다. 이 밖에도 시대별 혹은 주제별로 다양한 역사 지도집이 발행되었고 지역을 단위로 하는 역사 지도집도 만들어지고 있는 추세이다. 역사지리학 연구로부터 생산되는 다양한 역사 지도는 교육 현장의 역사 교과서와 역사 지도집에 반영되고 있다.

개혁·개방 이전 시기에는 계급투쟁사 관점에서 교과서가 집필되면서 민중 운동사와 관련된 역사 지도의 비중이 높았다. 1990년대 이후 국정제에서 검정제로의 전환 등 교과서 개혁이 본격화되면서 역사 지도가 다양해지고, 중화민족사의 부각과 함께 강역도가 비중있게 실리기 시작하였다. 교과서에 수록되는 지도 역시 계급투쟁사에서 중화민족사로 서사 방식이 전환하고 있음을 반영하고 있다. 역대 강역도 중에서 청대의 강역도가 특히 강조된다. 중국 전근대사를 통일적 다민족 국가의 형성사로 볼 때 청대를 그 완성시기로 보고 청대의 강역이 '중국의 역사적 강역'이라는 맥락에서 제시하고 있다. 중국 역사상 최대의 영역을 확보한 청조의 유산을 오늘의 현대 중국이 계승한다는 점을 강조하는 것이다. 그런데 청대 강역을 강조하는 것은 청대 최성기 이후 상실한 영토 혹은 국경 분쟁 중인 영토가 자기 영토임을 확인하려는 측면도 있다. 역사 지도를 국민 의식 형성의 이데올로기 도구로서 활용하는 것은 주변 국가의 입장에서 볼 때 위험성을 안고 있다. 또한 중국이 국가 차원에서 지도를 통제하고 판도의식 교육을 강화함으로써 중국 중심적 사고를 재생산하고 국가주의를 강화하는 측면도 유념해야 할 부분이다.

셋째, 중국에서 향토사 교육의 시작은 20세기 초 근대 학제를 도입하던 시기로 거슬러 올라간다. 1987년 전국향토교재공작회의를 계기로 전국적인 향토열이 일어나 각급 행정단위 별로 많은 향토사 교재가 편찬되고 다양한 수업 사례가 개발되었다. 중국의 향토사 교육은 향토사를 통해 역사에 대한 흥미도를 높이고 학습 동기를 부여할 수 있다는 측면에서 접근되기도 하지만, 국정교육(國情敎育) 즉 국가 정체성을 강조하는 애국주의 교육의 일환으로서 강조된다. 향토사 교재는 대개 해당 지역이 유구하고 찬란한 문화 전통을 가지고 있음을 강조한다. 즉, 자기 지역의 선조들이 중국문명을 만들어 온 사람들의 하나이며 나아가 중국의 유구한 역사와 찬란한 문화유산은 각 지역(민족)의 인민들이 함께 개척하여 창조한 성과라는 것이다. 여기서 유의할 점은 다민족 국가인 중국에서 향토사는 역설적이게도 소수민족의 분리·독립을 억제하고 민족단결을 강조하는 용도로 활용된다는 점이다. '다민족 국가로서 중국의 역사는 각 민족의 인민이 함께 창조한 역사'라는 점을 크게 강조한다. 소수민족의 지역에서는 해당 지역의 역사 인물 중 중국의 역사발전과 국가통일에 공헌한 인물을 중점적으로 소개한다. 또한 조선족 향토사 교재처럼 중국혁명사의 관점에서 각개 민족의 차원을 뛰어넘어 독립과 해방을 위해 함께 노력했던 점이 강조된다. 분리·독립 문제로 분쟁이 일어나고 있는 신장의 향토사 교재는 분리·독립의 움직임을 민족분열주의로 규정하고 있다. 향토사 교육 속에 각 소수민족만의 독자성을 강조하면서도 분리·독립으로 나아갈 수 있는 가능성을 차단하고 중화민족이라는 중심축으로의 구심력을 강화하려는 의도가 반영되어 있다.

한편 경제가 발달한 지역인 상하이, 광저우, 안후이성 등의 향토사 교재는 근현대사의 현대화 과정을 강조하는 경향을 보인다. 이들 지역은 개혁·개방 이후 빠른 속도로 경제가 발전하여 중국 내 후진지역과의 격차가 사회문제가 될 정도로 월등한 경제력을 갖추고 있다. 결국 다른 지역보다 빨리 현대화를 달성한 지역으로서의 지역 특성 혹은 지역적 정체성을 강조한다. 이들 지역의 향토사는 전근대의 전통 요소가 아닌 근현대의 현대화사를 강조함으로써, 현재진행형인 현대화가 지역 정체성임을 보여주려 한다. 나아가 지역의 현대화는 중국의 국가 정책이나 역사교육이 강조하는 현대화와의 논리와 연결되는 부분이기도 하다.

넷째, 중국 근현대사에 대한 인식과 교과서 서술의 변화의 경우 개혁·개방 이전에는 아편전쟁에서 중화인민공화국 수립까지의 역사를 반식민지·반봉건 사회로 규정하고 반제국주의·반봉건 투쟁을 중시하는 입장을 견지하였다. 반제·반봉건사관에 서는 한 태평천국운동이나 의화단운동 같은 민중 운동만이 역사의 강력한 추동력으로 인정받았고, 양무운동은 봉건지주·관료 계급이 태평천국운동을 진압하는 과정에서 영국, 프랑스 미국 등 서양 제국주의에 굴복, 지원을 받는 가운데 추진한 것이므로 양무파는 반식민지·반봉건 사회 형성의 주된 협력자로서 비난받았다. 변법운동 역시 한계가 뚜렷한 실패한 자산 계급의 개혁으로 그 한계성이 강조되었다. 또한 항일전쟁은 중국 공산당에 대한 정통성을 부여하기 위한 방향에서 접근하였기 때문에 국민당은 역사 진보의 걸림돌로 묘사될 수 밖에 없었다. 개혁·개방 이전의 이러한 근현대사 연구 경향은 역사 교과서 서술에 그대로 반영되었다. 민중 운동사로서 태평천국운동은 많은 분량이 배정되었고 '중국 근대사에 가장 위대한 농민전쟁의 최고봉'으로 서술되었다. 의화단운동 역시 후한 대접을 받았다. 한편 양무운동은 그 출발 동기에서부터 반동 집단이 주도한 것이었으며 공장을 설립하였으나 중국의 자본주의 발전을 오히려 가로막았다고 평가 받았다. 항일전쟁에서 중국 공산당은 '적극성', '개혁성', '승리'로 묘사되었고 국민당은 '소극성', '부패', '패배' 등으로 표현되었다.

그러나 개혁·개방 이후 실용주의 노선이 천명되면서 계급투쟁보다는 생산력이 강조되고 역사 해석에도 변화가 일어났다. 아편전쟁 – 태평천국운동 – 의화단운동 – 신해혁명을 중심축으로 설정하던 기존의 역사인식에서 양무운동 – 변법운동 – 신해혁명을 중심으로 하는 역사 인식이 등장하였다. 이번에는 양무운동과 변법운동과 같은 개혁운동이 인기 있는 연구 주제로 부상하였고 태평천국운동과 의화단운동은 저평가되고 이전에 비해 관심도가 낮아졌다. 항일전쟁의 이해에도 변화가 있었다. 국민당의 긍정적 역할이 인정되면서 중국 공산당사의 입장이 아닌 전민항전(全民抗戰)이라는 틀에서 이해하기 시작하였다. 교과서 서술도 학계의 이러한 변화를 반영하였다. 기존의 서술과 비교해 볼 때 민중운동과 개혁운동이 시소를 타듯이 입장이 서로 바뀌었다. 개혁·개방 이후 현대화의 시각이 적용되면서 이들 간에 역전 현상이 일어난 것이다. 개혁 운동인 양무운동과 변법운동이 긍정적인 측면에서 서술되었다. 반면에 태평천국운동과 의화단운동이 각각 제2차 아편전쟁과 8국 연합군의 침략 전쟁 속에 배치됨으로써 제국주의 침략 전쟁 속에서 이해될 수 있도록 서술되었다. 민중운동으로서의 자기 위상은 축소되고 민족 수난사 속의 일부분으로 편입된 것이다. 계급적 측면보다는 민족적 측면이 한층 강조되고 있다. 한편 개혁운동을 현대화의 입장에서 강조하는 것은 강국 혹은 대국으로의 자기 지향성과도 연결된다. 항일전쟁은 중국 공산당사의 입장에서 중화민족사로 이동하여 민족 정체성을 강화하려는 서술 의도를 보여주고 있다. 우선 일본의 침략으로 인한 민족 수난의 사례로서 난징대학살이 강조되고 있다. 국민당의 역할이 긍정적으로 서술되는 것은 항일전쟁을 민족사의 틀에서 보려는 것이고 국가 정체성의 형성과도 밀접한 관련을 맺고 있다. 전체적으로 근현대사 영역에서 현대화와 함께 민족이라는 부분이 상당히 강조되는 경향성을 보이고 있다.

다섯째, 세계사 교육의 경우 중국이 근대적 세계사 교육을 처음 실시한 것은 19세기 말이었다. 외세의 침략이 가속화하는 속에서 세계 각국의 사정을 이해하는 것이 주된 목표였다. 그리고 교육 내용은 주로 서양으로부터 수입한 지식 체계를 기반으로 하였다. 중국에서 본격적으로 세계사 연구가 시작된 것은 1949년 이후이며 연구 내용과 방법에 있어서 마르크스주의 역사학이 강한 영향력을 행사하였다. 사회주의 정권 초기 중국은 당시 사회주의 종주국이었던 소련을 모델로 삼고 많은 부분을 의존하였다.

세계사 교재는 소련의 세계사 교재를 번역하여 그대로 사용할 정도로 거의 여과 없이 받아들여졌다. 그리고 소련의 세계사 서적들에 반영된 이론인 스탈린의 역사발전 5단계설이 중요하게 다루어졌다. 1950년대 중반 이후 정치적으로 중국과 소련 사이에 이념 논쟁과 국경 분쟁이 있었음에도 중국의 세계사 교육은 한동안 소련의 틀을 벗어나지 않았다. 변화가 생기기 시작한 것은 문혁 종료 이후였다. 1980~90년대에 세계사 교과서에 계급투쟁 중심에서 생산력을 중시하는 입장이 반영되기 시작하였다.

2001년 이후로는 1980~90년대 중국의 세계사 학계에 새로운 연구 경향으로 자리 잡은 현대화사관과 전구사관이 세계사 교육에 본격적으로 적용되었다. 이 견해들은 각각 서구의 근대화론과 글로벌 히스토리 이론을 반영하면서도 사적 유물론의 생산력 발전론에 기반을 두고 있다. 현대화사관은 인류 역사가 생산력 발전의 역사로서 세계 여러 지역의 나라들이 다양한 경로를 거쳐 현대화를 지향해가는 것으로 파악하는 견해이며, 전구사관은 생산력 발전이라는 종적 발전(씨줄)을 중심으로 교류와 교역을 통한 횡적 발전(날줄)이 얽혀 1500년 이후 지구적 차원의 역사가 펼쳐지는 가운데 인류가 현대화를 지향해 나가고 있다는 입장이다. 결국 현대화사관과 전구사관은 생산력 발전과 현대화를 핵심요소로 공유하고 있다. 여기서 생산력과 현대화라는 두 요소는 중국 정부가 지향하는 이데올로기이며, 다큐멘터리 『대국굴기』에서 강조하는 내용이기도 하다.

새로운 연구 경향의 반영과 함께 현재 중국의 세계사 교육에서 나타나는 큰 특징의 하나는 다양한 형태로 자국사와 세계사를 통합하려는 시도이다. 초중에서 자국사와 세계사의 분량이 2:1이던 것이 『역사와 사회』에서는 거의 1:1의 비율로 통합되었으며, 고중 『역사』에서도 중국사와 세계사가 거의 대등한 비율로 통합된 것을 보면 결과적으로 세계사가 이전보다 강조되는 형국이다. 그러나 이것은 역으로 세계사에서 중국사의 비중이 커짐으로써 중국사를 강조하는 측면도 있다. 통합을 통하여 전근대의 경우 중국이 타 지역에 결코 뒤지지 않는 문명을 건설한 점과 세계사 기여한 바가 크다는 점이 강조되며, 근현대사에서는 현대화에 매진하고 있다는 점을 부각시키고 있다.

중국의 역사교육에는 역사지리학의 풍부한 성과에 기초한 다양한 역사지도의 개발, 향토사 교육의 오랜 역사 속에서 다양한 교재와 수업 방식의 개발, 초중·고중 간의 계열성과 학생의 흥미를 고려하여 내러티브 요소를 가미한 교과서 서술 등 한국의 역사교육에도 참고할 만한 부분이 있다. 또한 본고에서 구체적으로 다루지는 못하였지만 교육과정을 수립한 후 현장의 의견을 반영해 수정 보완하는 절차, 새로운 교육과정을 반영한 교과서를 수년간 시험적으로 사용하여 현장 적용 과정에서 나타난 문제점을 반영해 교과서를 수정토록 하는 과정 등은 중국교육의 제도적 장점으로서 일부 수용할 만한 부분이 있는 것도 사실이다. 그렇지만 중국의 역사교육을 이해할 때는 우선 이데올로기적 측면에 유의할 필요가 있다.

먼저 국가 정체성 강화와 관련해서 고려할 점이 중국의 민족 문제이다. 중국이 다민족 통일국가라는 인식은 건국 직후의 1954년 헌법에 반영된 이후 지금까지 중국 정부의 민족 정책의 기본 틀이며, 56개의 민족을 중화민족으로 통합해 내는 것은 중국 정부 입장에서 여전히 진행형의 과제이다. 그리고 중국 정부는 민족 통합의 논리로 민족 평등과 민족 대단결의 원칙을 내세운다. 전자는 중국 내 민족들 간에 우열이 없으며 상호 평등한 존재로서 민족 주권을 가지고 있음을 강조하는 것이다. 그런데 후자는 '중화민족은 유구한 역사 이래로 대가정을 이루어왔다'는 논리와 상통하는 것으로 가족 윤리의 개념을 중국의 민족 상황에 결합시킨 것이다. 가족을 통해 접근하는 것은 상당히 친근한 논리이기도 하나 그 안엔 좋든 싫든 한 가족이므로 이탈할 수 없음이 전제되어 있는 일종의 강제 논리이다. 즉 가족을 버리는 것이 반인륜적 행위이듯 소수민족의 분리·독립 역시 중화민족이라는 대가정의 입장에서 보면 도저히 용납할 수 없는 일인 것이다. 대가정의 논리는 역사 지도와 소수민족의 향토사 교육에도 동일하게 적용되고, 교과서 서술에도 드러난다. 가령 당대(唐代)의 남조에 대한 서술을 보자.[1]

> 수당 시기 윈난(雲南) 창산이해(蒼山洱海) 일대에 6조(六詔)가 분포하고 있었다. 6조의 주민은 이족(彝族)과 백족(白族)의 조상이다. 당조의 지지 아래 가장 남쪽의 남조(南詔)가 6조를 통일하였다. 당 현종은 그 우두머리를 운남왕(雲南王)에 책봉하였다.

이 서술은 당과 별개의 국가였던 남조를 당의 지방 정권으로 간주함과 동시에 소수민족인 이족과 백족을 자연스레 중화민족의 틀 안으로 귀속시키는 효과를 가지고 있다. 단원명 자체도 티베트의 송첸캄포가 당의 황제에게 보낸 서신의 일부 구절인 "함께 한 가족이 되었다(和同爲一家)"로 그 의도가 잘 드러난다. 북방의 발해, 회흘, 말갈과 서남의 토번, 남조를 당의 지방 정권으로 서술하고 있으며 '당조 후기 강역과 각족의 분포도'는 교과서 서술을 뒷받침하는 이미지 도구로 활용된다. 중국인을 하나로 결합시키고 나아가 국가에 대한 귀속감을 강화시키기 위한 중화민족 정체성의 발견 혹은 발명 작업에 중국의 역사교육이 기여하고 있는 것이다.

다음으로 현대화에 관한 것이다. 현대화 이론을 정립하는데 기여한 루오룽취는 로스토우(W. W. Rostow)의 경제발전 단계설의 영향을 받았는데 로스토우 이론은 부제가 비(非) 공산당선언(A Non-Communist Manifesto)이다. 루오룽취는 로스토우의 이론을 따르면서도, 역사 발전의 근본 동력을 생산력이라 하면서 자신의 이론이 마르크스주의에 기반한 것이라 표명하였다. 그런데 현대화 이론이 마르크스주의와 생산력이라는 요소를 교집합으로 공유한다고 하지만, 생산력이란 부분은 어떠한 이론에서도 이야기

---

1) 初中『中國歷史』(7下), 人民教育出版社, 2007, 24쪽.

할 수 있는 부분이다. 실제로 현대화 이론은 마르크스주의로부터 이미 많이 멀어진 측면이 있다. 그래서 인민대학의 리시안(李世安) 등은 루오롱취와 치엔청깐 등이 주장하는 현대화가 실은 궁극적으로 지향하는 것이 서화(西化), 즉 서구식 자본주의와 다르지 않다며 근현대사를 현대화의 방향으로 이해하는 것을 반대한다.[2] 원래 현대화 이론은 개혁·개방 정책과 중국식 사회주의 현대화를 이론적으로 뒷받침할 이데올로기로서 국가의 관심 속에서 만들어졌다. 그런데 개혁·개방 이후 중국의 경제가 비약적으로 성장하였으나 빈부 격차, 지역 격차 등이 사회 문제로 되는 상황에서 현대화 이론에 대한 비판의 목소리가 나오고 있다. 현대화 이론은 우리에게 익숙한 근대화론인데 이러한 시각은 근대화에 대한 성찰을 무디게 하는 측면이 있다. 마르크스주의가 가지고 있던 아래로부터의 관점이 사라짐으로써 더더욱 성찰이 자리할 수 있는 공간이 사라졌기 때문이다. 기계적인 마르크스주의도 온당치 않으나 마르크스주의가 가진 아래로부터의 역사라는 건강성이 거세된 생산력 추구의 현대화 논리는 일방적인 성장 담론으로 흐를 수 있다.

그런데 국가 정체성과 현대화의 이데올로기는 한마디로 국가(민족) 성장 담론이다. 즉 강국몽(强國夢) 혹은 대국굴기를 위한 국가(민족) 정체성의 강화 논리이다. 그렇다면 동아시아의 관점에서 볼 때 한국과 일본의 역사교육은 이러한 국가(민족) 정체성 담론으로부터 얼마나 자유로울 수 있을까? 국가(민족) 정체성의 확립은 역사교육의 중요한 목표로 설정되어 있다.

역사 교과서 속의 국가(민족) 정체성 담론을 성찰하기 위해 한국, 일본, 중국의 교과서 대화가 필요하다. 일본에서 자국사에 대한 비판적 관점을 자학사관으로 규정하고 자랑스러운 역사를 가르치자는 우경화의 흐름 역

---

2) 李世安,「現代化能否作爲世界近現代史學科新體系的主線」『歷史硏究』 2008-2.

시 국가(민족) 정체성 담론과 연결된다. 중국 역사교과서의 이데올로기를 거울삼아 역으로 우리의 역사교과서에 투영시켜 보면 어떻게 될까? 예를 들면 지수걸은 제7차 교육과정의 '한국근현대사 준거안'을 개관하면서 신약성서의 수난과 열정(부활=광복)의 서사틀을 꼭 빼닮았다고 지적하였다.3) 신약성서에 등장하는 예수의 고난과 부활은 화이트가 로망스의 전형으로 파악한 것으로, 중국 역사교과서의 서사와 맞닿아 있다. 그리고 그는 한국근현대사를 관통하는 핵심 개념을 민족과 근대화로 파악하고 있는데, 중국 교과서와 동일한 구도이며 국가(민족) 정체성 담론을 내포하고 있음을 알 수 있다.

국가(민족) 정체성 담론의 부정적 측면을 어떻게 극복할 수 있을까? 뤼젠이 제시한 방안이 참고가 될 듯싶다. 뤼젠은 유럽의 정체성을 확립하려는 차원에서 유럽적 역사의식을 만들기 위해 유럽이 이룩한 인권선언, 근대 자연과학의 성장, 종교적 발전 등의 경험을 공유하는 것도 중요하지만, 부정적 경험들을 역사적 자화상 속에 통합시킬 것을 요구한다. 즉, 자신들의 부정적이고 어두운 측면인 노예무역이나 식민주의, 나치 독일의 유태인 대학살, 스탈린주의 등에 대한 기억을 되살려 인종 중심적 사고 혹은 국가주의를 억제하자는 것이다. 그럼으로써 "이제 더 이상 야만은 유럽 바깥으로 전이되어 투사하지 않는다. 그 대신 그 야만은 자기 자신의 역사를 구성하는 한 부분으로 된다. 그럼으로써 유럽적 역사의식은 세계의 갈등을 억제하고 문명화할 수 있도록 하기 위해 타문화를 인정하게끔 의사소통 구조를 확보하게 된다"는 것이다.4) 민족이라는 '영웅'을 중심으로 정체성을 강화하는 것은 여러 가지 문제를 낳을 수 밖에 없다. 가령

---

3) 지수걸, 「'2007 개정 ≪역사≫교육과정'에 의거한 일제시기 민족 운동사 서술 방향과 방법」, 『역사와 역사교육』 제16호, 2008, 7~8쪽.
4) 외른 뤼젠, 「유럽적 역사의식-전제 조건들과 전망, 그리고 중재」, 『초등교육연구』 제18집, 부산교육대학교 초등교육연구소, 2003, 206~209쪽.

청대에 대일통의 제국을 건설하고 최대 강역을 확보했다는 사실만을 일방적으로 강조하는 것에 대해서 재고할 필요가 있다. 그러한 성세를 구축하는 과정에서 일어났던 폭력적인 민족 억압에 대해서는 숨기고 있기 때문이다. 정체성 확립을 위해서 과거의 '그릇된 자아'를 은폐시키지 말고 드러내어 역사교육의 장에서 공유하게 하는 작업이 필요해 보인다. 더구나 한국, 중국 나아가 일본의 역사교육이 이제는 자국의 역사교육 차원으로 끝나지 않음을 여러 사건들이 증명하고 있다. 결국은 동아시아의 지평에서 역사교육을 바라보는 지혜가 필요한 시점이다.

참고문헌

1. 중국 교과서 및 교육과정 자료

新疆維吾爾自治區教育委員會新疆歷史教材編寫組編, 『新疆·地方歷史篇』(試用), 新疆教育出版社, 2017.

新疆維吾爾自治區教育廳, 『新疆·民族團結篇』(試用)(全一册), 新疆教育出版社, 2017.

新疆維吾爾自治區教育廳, 『中國新疆·發展篇』(試用)(全一册), 新疆教育出版社, 2017.

『品德與社會』(5上~6下), 人民教育出版社, 2016.

『語文』(5上), 人民教育出版社, 2016.

初中『中國歷史』(第1~4册), 人民教育出版社, 1956.

初中『世界歷史』(第1·2册), 人民教育出版社, 1956.

初中『中國歷史』(第1~3册), 人民教育出版社, 1986~87.

初中『中國歷史』(第1~4册), 人民教育出版社, 1992~93.

初中『世界歷史』(第1·2册), 人民教育出版社, 1994.

初中『中國歷史』(7上~8下), 人民教育出版社, 2001.

初中『中國歷史』(7上~8下), 人民教育出版社, 2007.

初中『歷史』(7上~8下), 北京師範大學出版社, 2016.

初中『歷史』(第1~4册), 北京出版社·北京師範大學出版社, 2008.

初中『中國歷史』(7上~8下), 華東師範大學出版社, 2008.

初中『中國歷史』(7上~8下), 四川教育出版社, 2011.

初中『歷史與社會』(全 5卷), 人民教育出版社, 2010.

初中『歷史與社會』(全 5卷), 上海教育出版社, 2010.

高中『世界歷史』(第1·2册), 人民教育出版社, 1958.

高中『歷史』Ⅰ~Ⅲ(必修), 大象出版社, 2015.

高中『歷史』Ⅰ~Ⅲ(必修), 岳麓書社, 2015.

高中『歷史』Ⅰ~Ⅲ(必修), 人民教育出版社, 2015.

高中『歷史』Ⅰ~Ⅲ(必修), 人民出版社, 2015.

沈起煒 主編,『高中 歷史』, 上海敎育出版社, 2005.

蘇智良 主編,『高中 歷史』, 上海敎育出版社, 2006.

余偉民 主編,『高中 歷史』, 華東師範大學出版社, 2010.

『인교판 高中 歷史Ⅰ~Ⅳ(必修) 地圖册』, 中國地圖出版社, 2010.

『화동사대판 高中 中國歷史 地圖册』, 中國地圖出版社, 2010.

廣州市敎育局敎學硏究室 編,『廣州歷史－古代部分』, 廣州出版社, 2017.

廣州市敎育局敎學硏究室 編,『廣州歷史－近代·現代 部分』, 廣州出版社, 2017.

박금해,『중국조선족역사』, 延邊敎育出版社, 2006.

上海市中小學敎材編寫組 編,『上海鄕土歷史』, 上海敎育出版社, 2005.

徐貴亮 主編,『安徽歷史』, 中國地圖出版社. 2008.

劉克明 主編,『江蘇歷史』, 中國地圖出版社. 2008.

重慶市敎育科學硏究院 編,『重慶歷史』, 廣西師範大學出版社, 2001.

「2001 義務敎育歷史課程標準(實驗稿)」, 北京師範大學出版社, 2001.

「2001 義務敎育歷史與社會課程標準(一)讀解」, 北京師範大學出版社, 2002.

「2001 義務敎育歷史與社會課程標準(二)」, 北京師範大學出版社, 2001.

「2011 義務敎育歷史課程標準」, 北京師範大學出版社, 2011.

「2011 義務敎育歷史與社會課程標準」, 北京師範大學出版社, 2011.

「2017 普通高級中學歷史與社會課程標準」, 北京師範大學出版社, 2017.

課程敎材硏究所 編,『新中國中小學敎材建設史(1949~2000) 硏究叢書－歷史卷』,
　　　人民敎育出版社, 2010.

課程敎材硏究所 編,『20世紀中國中小學課程標準·敎學大綱匯編－歷史卷』, 人民
　　　敎育出版社, 2001.

「敎育部關于編寫中小學·師範學校鄕土敎材的通知」『中華人民共和國國務院公報』
　　　1958-5.

國家敎育委員會,「關于中小學加强中國近代·現代史及國情敎育的總體綱要」, 1991.

上海敎育委員會 編,『上海市中小學歷史課程標準(試行稿)』, 上海敎育出版社, 2004.

2. 단행본

가. 국내

葛劍雄 저, 淑史硏究會 역, 『中國統一, 中國分裂』, 신서원, 1996.

고병익, 『東亞史의 傳統』, 一潮閣, 1976.

김기봉 외, 『포스트모더니즘과 역사학』, 푸른역사, 2002.

김지훈 외, 『중국 고등학교 역사교과서의 현황과 특징』, 동북아역사재단, 2010.

김형종 외, 『중국의 청사 편찬과 청사 연구』, 동북아역사재단, 2010

노스럽 프라이 저, 임철규 역, 『批評의 解剖』, 한길사, 1982.

동북아역사재단 편, 『중국 역사교과서의 민족, 국가, 영토 문제』, 동북아역사재단, 2006.

_____, 『중국의 역사교육과 교과서』, 동북아역사재단, 2006.

_____, 『중국 역사교과서의 한국 고대사 서술 문제』, 동북아역사재단, 2006.

杜維運 저, 권중달 역, 『歷史學硏究方法論』, 一潮閣, 1990.

레닌 저, 남상일 역, 『제국주의론』, 백산서당, 1988.

류제현, 『중국역사지리』, 문학과지성사, 1999.

리영희·임헌영, 『대화-한 지식인이 삶과 사상』, 한길사, 2005.

린 헌트·조이스 애플비·마거릿 제이컵 저, 김병화 역, 『역사가 사라져 갈 때-왜 우리에게 역사적 진실이 필요한가』, 산책자, 2013.

馬大正·劉逊 저, 조세현 역, 『중국의 국경·영토 인식-20세기 중국의 변강사 연구』, 동북아역사재단, 2004.

민두기 編, 『中國史時代區分論』, 창작과비평사, 1984.

_____, 『中國의 歷史認識』, 창작과비평사, 1985.

박장배 외, 『중국의 변경 연구』, 동북아역사재단, 2014.

樊星 저, 유영하 역, 『포스트 문화대혁명』, 지식산업사, 2008.

서울大學校東洋史學硏究室 編, 『講座 中國史 Ⅰ~Ⅶ』, 지식산업사, 1989.

徐洪興 저(葛劍雄 총편집), 정대웅 역, 『千秋興亡: 청나라-중화의 황혼』 따뜻한 손, 2010.

신성곤·윤혜영, 『한국인을 위한 중국사』, 서해문집, 2004.

신종원 編 주상길 역, 『중국인들의 고구려 연구-동북공정의 논리』, 민속원, 2009.

베네딕트 앤더슨 저, 최석영 역, 『민족의식의 역사인류학』, 서경문화사, 1995.
蘇曉康·王魯湘 저, 洪熹 역, 『河殤』, 東文選, 1989.
안병직 외, 『오늘의 역사학』, 한겨레신문사, 1998.
양호환, 『역사교육의 입론과 구상』, 책과함께, 2012.
연민수 외, 『동아시아 역사교과서의 주변국 인식』, 동북아역사재단, 2009.
와카바야시 미키오 저, 정선태 역, 『지도의 상상력』, 산처럼, 2006.
왕후이·첸리췬 외 지음, 장영석·안치영 옮김, 『고뇌하는 중국 — 현대 중국 지식인
        의 담론과 중국 현실』, 길, 2006.
윌리엄 맥닐 저, 김우영 역, 『전염병의 세계사』, 이산, 2005.
유인선, 『새로 쓴 베트남의 역사』, 이산, 2002.
윤휘탁, 『新중화주의: '중화민족 대가정' 만들기와 한반도』, 푸른역사, 2007.
이재정, 『의식주를 통해 본 중국의 역사』, 가람기획, 2005.
이택후 저, 김형종 역, 『중국현대사상사의 굴절』, 지식산업사, 1992.
이희옥, 『중국의 새로운 사회주의 탐색』, 창비, 2004.
임상선 외, 『중국 역사 교과서의 한국 고대사 서술 문제』, 동북아역사재단, 2006.
_____, 『중국과 타이완·홍콩 역사교과서 비교』, 동북아역사재단, 2008.
장학성 저, 임형석 역, 『문사통의』, 책세상, 2005.
전인갑 외, 『공자, 현대 중국을 가로지르다』, 새물결, 2006.
전종한 외, 『인문지리학의 시선』, 논형, 2008.
정선영 외, 『역사교육의 이해』, 三知院, 2002.
정유선 외, 『중국 역사교과서의 통일적다민족국가론』, 동북아역사재단, 2011.
젠보짠 저, 심규호 역, 『중국사강요 1·2』, 중앙북스, 2015
조선족약사편찬조, 『조선족 약사』, 백산서당, 1989.
조지 이거스 저, 임상우·김기봉 역, 『20세기 사학사』, 푸른역사, 1999.
조지형·강선주 외, 『지구화 시대의 새로운 세계사』, 혜안, 2008.
존 듀이 저, 송도선 역, 『학교와 사회』, 교육과학사, 2016
중국역사연구회 역, 『중국근대사』청년사, 1990.
폴 리쾨르 저, 김한식·이경래 역, 『시간과 이야기 1』, 문학과지성사, 1999.
페르낭 브로델 저, 주경철 외 역, 『지중해: 필리페 2세 시대의 지중해 세계 1·2』
        (전3권), 까치, 2017.
프랑크 디쾨터 저, 최파일 역, 『마오의 대기근』, 열린책들, 2017
피터 퍼듀 저, 공원국 역, 『중국의 西進 — 청의 중앙유라시아 정복사』, 길, 2012.

하세봉, 『동아시아 역사학의 생산과 유통』, 아세아문화사, 2001.

한국철학사상연구회 논전사분과 엮음,『현대중국의 모색 – 문화전통과 현대화 그리고 문화열』, 동녘, 1992.

허승일, 『다시 역사란 무엇인가』, 서울대학교출판문화원, 2009.

헤이든 화이트 저, 천형균 역,『메타 역사: 19세기 유럽의 역사적 상상력』, 지식을 만드는지식, 2010.

_____, 천형균 역,『메타 역사 II : 19세기 유럽의 역사적 상상력 II』, 지식을만드는지식, 2011.

후성 저, 박종일 역,『아편전쟁에서 5·4운동까지 – 중국 근대사』, 인간사랑, 2013

홉스봄·레인저 편, 박지향·장문석 역,『만들어진 전통』, 휴머니스트, 2004.

CCTV 다큐멘터리 대국굴기 제작진,『대국굴기, 강대국의 조건』(총8권), 안그라픽스, 2007.

나. 중국

葛劍雄, 『歷史上的中國 – 中國疆域的變遷』, 上海錦繡文章出版社, 2007.

顧詰剛 編,『禹貢』半月刊, 中華書局, 2010.

龔書鐸·李文海 主編, 梁景和 著,『中國近代史基本線索的論辯』, 百花洲文藝出版社, 2004.

郭沫若 主編,『中國史稿地圖集 上·下』, 中國地圖出版社, 1979·1990.

郭毅生,『太平天國歷史地圖集』, 中國地圖出版社, 1990.

郭振鐸·張笑梅,『越南通史』, 人民大學出版社, 2001.

國家氣象局氣象科學硏究院,『中國近五百年旱澇分布圖集』, 中國地圖出版社, 1981.

國家地震局·復旦大學,『中國歷史地震地圖集(元以前)·(明代)·(淸代)』, 中國地圖出版社, 1990·1986·1990.

金相成,『歷史敎育學』, 浙江敎育出版社, 1994.

羅榮渠·牛大勇 編,『中國現代化歷程的探索』, 北京大學出版社, 1992.

羅榮渠,『現代化新論』, 北京大學出版社, 1993.

譚其驤 主編,『中國歷史地圖集』(全8卷), 中國地圖出版社, 1982~1987.

_____,『長水集 上·下』, 人民出版社, 1987.

_____,『長水集續編』, 人民出版社, 1994.

毛澤東,『毛澤東選集』제4권, 北京人民出版社, 1966.

武月星,『中國抗日戰爭史地圖集』, 中國地圖出版社, 1995.

_____,『中國現代史地圖集』, 中國地圖出版社, 1999.

朴昌昱,『中國朝鮮族歷史研究』, 延邊大學出版社, 1996.

范文蘭,『中國近代史』(上冊), 人民出版社, 1951.

_____,『范文瀾全集第9卷-『中國近代史』(上冊)』, 河北人民出版社, 2002 ; 原『中國近代史』(上冊), 人民出版社, 1955.

北京大學·北京市測繪設計研究院,『北京市歷史地圖集-政區城市編·文化生態卷·人文社會卷』, 文津出版社. 2013.

費孝通,『中華民族的多元一體格局』, 中國民族學院出版社, 1989.

史念海,『河山集』第1集, 三聯書店, 1963.

_____,『河山集』제2集, 三聯書店, 1981.

_____,『河山集』제3集, 人民出版社, 1988.

_____,『河山集』제4集, 陝西師範大學出版社, 1991.

_____,『河山集』제5集, 陝西人民出版社, 1991.

_____,『河山集』제6集, 山西人民出版社, 1997.

_____,『河山集』제7集, 山西人民出版社, 1999.

_____,『中國古都和文化』(『河山集』제8集), 中華書局, 2010.

_____,『西安歷史地圖集』, 西安地圖出版社, 1996

司徒尙紀,『廣東歷史地圖集』, 廣東省地圖出版社, 1995.

石鷗·吳小鷗,『簡明中國敎科書史』, 知識産權出版社, 2015.

蘇壽桐 等編,『初中歷史敎材分析和硏究』人民敎育出版社, 1989.

蘇壽桐,『史編拾遺』人民敎育出版社, 1995.

蘇聯科學院,『世界通史』, 三聯書店, 1959~1965.

辛亥革命武昌起義紀念館,『辛亥革命史地圖集』, 中國地圖出版社, 1991.

沈劍波,『歷史從圖片中走出來』, 福建敎育出版社, 2005.

王雅軒·王鴻彬·蘇德祥,『中國古代歷史地圖集』, 遼寧敎育出版社, 1990.

王興亮『"愛國之道, 始自一鄕"-淸末民初鄕土志書的編纂與鄕土敎育』, 夏旦大學博士學位論文, 2007

楊人楩,『高中外國史(上·下)』, 商務印書館, 1934.

楊向陽,『高中歷史新課程: 理念與實施』, 海南出版社, 2004.

嚴志梁,『世界歷史敎材的改革與探索』, 人民敎育出版社, 2001.

余偉民,『歷史敎育展望』, 華東師範大學出版社, 2001.

葉小兵·姫秉新·李稚勇,『歷史教育學』, 高等敎育出版社, 2004.

에끄모프,『近代世界史(上·下)』, 中國靑年出版社, 1953.

劉文濤·陳海宏 主編,『高校世界歷史配套敎材－近代史卷』, 高等敎育出版社, 2001.

劉智文,『東疆民族關系史硏究－以朝鮮族爲中心』, 東北師范大學博士學位論文, 2008.

劉和平·謝鴻喜,『山西省歷史地圖集』, 山西人民出版社, 2000.

李純武,『歷史文稿選存』, 人民敎育出版社. 1997.

李時岳·胡濱,『從閉關到開放－晩淸"洋務"熱透視』, 人民出版社, 1988.

李新,『百年中國鄕土敎材硏究』, 知識産權出版社, 2015

任乃强·任新建,『四川州縣建置沿革圖說』, 巴蜀書舍·成都地圖出版社, 2002.

林順 編著,『中國歷史地理學硏究』, 福建人民出版社, 2006.

章開沅·羅福惠 主編,『比較中的審視: 中國早期現代化硏究』, 浙江人民出版社 1993.

蔣廷黻 撰,『中國近代史』, 上海世紀出版集團, 2007.

張海鵬 編著,『中國近代史稿地圖集』, 中國地圖出版社, 1984.

「著名歷史家談中學歷史課程改革－龔書鐸」,『歷史敎學』 2002-12.

鄭金洲·瞿葆奎,『中國敎育學百年』, 敎育科學出版社, 2002.

趙矢元 主編,『新編中國通史綱要,』吉林文史出版社, 1987.

趙業夫 等 編著,『國外歷史敎育透視』, 高等敎育出版社, 2003.

周谷城,『世界通史』, 商務印書館, 1949.

朱士光 主編,『中國八大古都』, 人民出版社, 2007.

周一良·吳于廑,『世界通史』(4卷本), 人民出版社, 1962.

周振鶴,『西漢政區地理』, 人民出版社, 1987.

_____,『上海歷史地圖集』, 上海人民出版社, 2000.

_____,『漢書地理志匯釋』, 安徽敎育出版社, 2006.

『中國人文社會科學博士碩士文庫－歷史學卷(上·中·下)』, 浙江敎育出版社, 2005.

『中華人民共和國家歷史地圖集(第一冊)』, 中國社會科學出版社·中國地圖出版社, 2014

陳旭麓,『近代中國社會的新陳代謝』, 上海人民出版社, 1992.

陳衡哲,『西洋史(上·下)』, 商務印書館, 1926.

鄒逸麟,『中國歷史地理槪述』, 上海敎育出版社, 2007.

코바레프(С.И.Ковалев),『世界古代史』, 人民敎育出版社, 1956.

코스민스키(E.A.Косминский), 『中世世界史』, 人民敎育出版社, 1956.

馮林 主編, 『重新認識 百年 中國－近代史熱點問題硏究與爭鳴(上)』, 改革出版社, 1998.

馮友蘭, 『中國哲學史新編』(第6冊), 人民出版社, 1989.

何炳松, 『外國史(上·下)』, 商務印書館, 1934.

韓非子 著, 陳秉才 譯註, 『韓非子』, 中華書局, 2007.

韓俊·金元石 主編, 『中國朝鮮族歷史』, 黑龍江朝鮮民族出版社, 1992.

胡繩, 『賣國賊李鴻章』, 新知識出版社, 1955.

＿＿＿, 『帝國主義與中國政治』, 人民出版社, 1948.

華林甫, 『中國歷史地理學·綜述』, 山東敎育出版社, 2009.

曾業英 主編, 『五十年來的中國近代史硏究』, 上海書店出版社, 2000.

侯仁之, 『北京歷史地圖集1·2』, 北京出版社, 1988·1997.

＿＿＿＿, 『侯仁之文集』, 北京大學出版社, 1998.

＿＿＿＿, 『歷史地理硏究－侯仁之自選集』, 首都師範大學出版社, 2010.

다. 기타

Albert Feuerwerker ed, *History in Communist China*, The M.I.T Press, 1968.

Hayden White, T*he Content of the Form: Narrative Discourse and Historical Representation*, The Johns Hopkins University Press, 1987.

Lucian W. Pye, *The Sprit of Chinese Politics: A Psychocultural Study of the Authority Crisis in Political Development*, The M.I.T Press, 1968.

Vamik D. Volkan, Bli*nd Trust: Large Groups and Their Leaders in Times of Crisis and Terror*, Pitchstone Publishing, 2004.

比較史·比較歷史敎育硏究會 編, 『アジアの「近代」と歷史敎育』, 未來社, 1991.

西村成雄, 『20世紀中國の政治空間－中華民族的國民國家の凝集力』, 靑木書店, 2004.

佐藤公彦, 『『氷點』事件と歷史敎科書論爭－日本人學者が讀み解く中國の歷史論爭』, 日本僑報社, 2007.

齋藤一晴, 『中國歷史敎科書と東アジア歷史對話』, 花傳社, 2008.

袁偉時 著, 武吉次朗 譯, 『新版 中國の歷史敎科書問題－偏狹なナショナリズムの危險性』, 日本僑報社, 2012.

袁偉時 著, 武吉次朗 譯, 『中國の歷史敎科書問題 -『氷點』事件の記錄と反省』, 日本僑報社, 2006.

秋田茂·桃木至朗 編, 『歷史學のフロンティア - 地域から問い直す國民國家史觀』, 大阪大學出版會, 2008.

諏訪哲郎·王智新·齊藤利彦 편저, 『沸騰する中國の敎育改革』, 東方書店, 2008.

3. 논문

가. 국내

구난희, 「중국의 '민족문제' 인식과 고구려·발해사의 취급 변화 - 역사 교육과정 서술변화를 중심으로 -」『사회과교육연구』 제13권 2호, 2006.

권소연, 「중국 역사교육과정의 변화와 추이 - "사상중심 역사학"에서 "실용주의 역사학"으로 -」『中國近現代史研究』 제31집, 2006.

김선자, 「黃帝神話와 國家主義 - 중국 신화 역사화 작업의 배경 탐색」『중국어문학논집』 제31호, 2005

김성찬, 「太平天國과 捻軍」, 서울大學校東洋史學研究室 編, 『講座 中國史 Ⅴ - 中華帝國의 動搖』, 지식산업사, 1989.

_____, 「신세기 초두(2000-2012년) 중국 태평천국사학계의 고뇌와 실험적 도전」『中國近現代史研究』 제55집, 2012.

김유리, 「中國 敎育課程의 變遷과 歷史敎育」『近代中國研究』 제2집, 2001.

_____, 「역사교학대강에서 역사과정표준으로」『歷史敎育』 제96집 2005.

_____, 「개혁·개방 이후 중국의 역사교육과 '통일적 다민족국가'론」『北方史論叢』 제6호, 동북아역사재단, 2005.

김정호, 「중국 초등사회과의 애국주의 교육 내용 분석」『사회과교육』 제46권 3호, 2007

김종건, 「중국 역사교과서 상의 중국 근대사 내용과 변화 검토 - 최근 초급중학교 과서를 중심으로」『中國近現代史研究』 제23집, 2004.

_____, 「중국 역사교과서상의 明淸史 내용과 변화 검토 - 최근 초급중학 교과서를 중심으로 -」『慶北史學』 제27집, 2004.

김지훈·정영순, 「최근 중국 중고등학교 역사교과서 속의 한국과 한국사」『中國近現代史研究』 제23집 2004.

김지훈,「중국의 역사과정표준 고등학교 실험역사교과서의 한국 관련 서술」『한국 근현대사연구』제36집, 2006.

_____,「중화인민공화국 역사교과서에 나타난 고구려·발해사 서술」『고구려발해 연구』제29집, 2007.

김현영,「해석학적 대화를 활용한 인물박물관의 학습방안연구」, 공주대학교교육대 학원 석사학위논문, 2011.

류재택,「중국의 한국사 이해와 역사 해석의 준거」『史學志』제31집, 1998.

민두기,「특집 중공 연구의 신전개: 亞 植民地와 近代化」『세대』4-7, 1966.

_____,「中共에 있어서의 歷史動力論爭-階級鬪爭인가 生産力인가」『東洋史學 研究』제15집, 1980.

_____,「중공에 있어서의 중국 근대사 연구 동향(1977~1981)」『東아시아硏究動 向調査叢刊 』제12집, 서울대학교東亞文化硏究所, 1982.

_____,「중국사 연구의 '제고'와 '보급'」『東洋史學硏究』제50집, 1995.

박금해,「중국 교과서에 나타난 한국사 서술」『歷史敎育』제54집, 1993.

박선영,「中華人民共和國의 版圖 形成과 신장」『역대 중국의 판도 형성과 변강』, 한신대학교출판부, 2008.

박영철,「중국 역사교과서의 한국사 서술」『歷史敎育』제80집, 2001.

박장배,「근현대 중국의 역사교육과 중화민족 정체성1-민국시대의 민족 통합 문 제를 중심으로」『中國近現代史硏究』제19집, 2003.

_____,「근현대 중국의 역사교육과 중화민족 정체성2-중화인민공화국 시대의 민족 통합문제를 중심으로」『中國近現代史硏究』제20집, 2004.

_____,「개혁·개방 이후 중국의 중·고교용 역사교재 편제 분석-『세계역사』·『세 계근현대사』를 중심으로」『중국의 역사교육과 교과서』, 동북아역사재단, 2006.

_____,「중국의 티베트 인식과 1962년 중국과 인도의 국경 분쟁」『중국의 변강인 식과 갈등』, 한신대학교출판부, 2007.

박정현,「청일전쟁에 대한 중국의 역사인식과 역사교육의 방향」『中國近現代史硏 究』제20집, 2004.

_____,「근대중국의 해양인식과 영유권분쟁」,『역대 중국의 판도 형성과 변강』, 한신대학교 출판부, 2008.

박중현,「역사교육을 통한 한·일 간 '역사화해' 방안 연구」, 공주대학교대학원 박 사학위 논문, 2011.

방영춘·백주현, 「중국의 역사교육」『역사와 현실』 제8권, 1992.

백영서, 「'편의적인 오해'의 역사 – 한중 상호인식의 궤적」『동북아 공동체를 향하여』, 동아일보사, 2004.

설혜심, 「국가 정체성 만들기: 튜더 영국의 지도」『歷史學報』 제186집, 2005.

송상헌, 「세계사 교과서 서술에서 동아시아사 담론의 문제 – 중국 세계사 교과서의 경우」『歷史教育』 제84호, 2002.

안병직, 「픽션으로서의 역사: 헤이든 화이트의 역사론」『인문논총』 제51집, 2004.

양보경, 「조선시대 고지도와 북방인식」『지리학 연구』 제29집, 1997

呂芳上 저, 김세호 역, 「'政治史學'의 學術化 – 中國國民黨史 연구의 현상과 전망」『中國近現代史研究』 제33집, 2007.

오병수, 「中國 中等學校 歷史教科書의 敍述樣式과 歷史認識」『歷史教育』 제80집, 2001.

_____, 「中國 中等學校 歷史教育課程의 推移와 最近 動向」『歷史教育』 제84집 2002.

_____, 「中·日 歷史教科書 發行制度와 運用 實態」『歷史教育』 제91집 2004.

오용득, 「가다머의 해석학에 있어서 '이해'의 문제」『哲學論叢』 제10집, 1994.

외른 뤼젠, 「유럽적 역사의식 – 전제 조건들과 전망, 그리고 중재」『초등교육연구』 제18집, 부산교육대학교 초등교육연구소, 2003.

우성민, 「한·중간 '상호이해와 역사화해'의 인식제고를 위한 역사교과서의 과제 – 한·중 중고교 역사교과서의 서술 사례를 중심으로」『中國史研究』 제75집, 2011.

유용태, 「중국 역사교과서의 현대사 인식과 국가주의 – 한국 현대사를 중심으로」『歷史教育』 제84집 2002.

_____, 「중화민족론과 동북지정학」『東洋史學研究』 제93집, 2005.

윤세병, 「중국에서의 양무운동 연구와 교과서 서술」『역사와 역사교육』 제13호, 2007.

_____, 「중국에 있어서 향토사 교육의 현황과 전망」『歷史教育』 제116호, 2010.

_____, 「중국 역사교과서의 역사 지도」『역사와 담론』 제60호, 2011.

_____, 「중국 세계사 교육과정의 변천」『역사와 역사교육』 제23호, 2012.

_____, 「중국역사교과서의 서사구조와 이데올로기」『역사교육연구』 제18호, 2013.

_____, 「변화하는 중국, 변화하는 세계사 교육」, 『서양사론』 제131호, 2016.

윤휘탁, 「중국의 애국주의와 역사교육」『中國史硏究』 제18집, 2002.

_____, 「現代 中國의 邊疆·民族意識과 東北工程」『역사비평』 63호(여름호), 2003.

_____, 「'東아시아 近現代史像 만들기'의 可能性 探索 - 한·중·일 역사교과서의 근현대사 인식 비교」『中國近現代史硏究』 제25집, 2005.

_____, 「중국 중·고교 역사교과서에 반영된 '중화의식'」『中國史硏究』 제45집, 2006.

_____, 「한, 중 역사논쟁과 역사화해」『中國史硏究』 제51집, 2007.

_____, 「민족사의 남용 - 현대 중국에서의 역사해석」『21세기 역사학의 길잡이』, 경인문화사, 2008.

李玠奭, 「현대중국의 역사학(1949-1999): 사회주의 역사학의 모색과 좌절, 그리고 새로운 지평」『동아시아역사연구』 제6집, 1999.

이은자, 「아편전쟁과 중국의 '문호개방'에 대한 역사교육과 역사 인식」『中國近現代史硏究』 제19집, 2003.

_____, 「중국의 '近代'(1840~1919)史觀과 역사교육」『中國學論叢』 제18집, 2004.

전인갑, 「현대 중국의 지식 구조 변동과 '역사공정'」『역사비평』 82호(봄호), 2008,

전인영, 「중국 근대사 교육의 관점과 한국사 인식」『歷史敎育』 제84집, 2002.

정문상, 「근현대 한국인의 중국 인식의 궤적」『한국근대문학연구』 제25호, 2012.

_____, 「'중공'과 '중국' 사이에서 - 1950~1970년대 대중매체 상의 중국 관계 논설을 통해 보는 한국인의 중국 인식」『동북아역사논총』 제33호, 2011.

_____, 「냉전과 타이완 학계의 중국근대사 연구」『中國近現代史硏究』 제54집, 2012.

정인철, 「프랑스 지도학의 발달과 국가형성 - 16세기에서 18세기까지」『대한지리학회지』, 41(5), 2006.

정하현, 「최근 中國 역사교육의 동향」『역사와 역사교육』 제3·4합본호, 1999.

_____, 「中國의 역사교육에 있어서 少數民族 이해」『윤세철교수정년기념역사학논총2 - 역사교육의 방향과 국사교육』, 솔, 2001.

조병한, 「중국에서 양무운동과 변법운동에 대한 재평가」『역사비평』 제28호(봄호), 1995.

조영헌, 「'文明崛起'와 '제3세계' - 2000년 이후 중국 고등교육의 세계사 인식」『歷史敎育』 제112집, 2009.

지수걸, 「'2007 개정 ≪역사≫교육과정'에 의거한 일제시기 민족 운동사 서술 방향과 방법」『역사와 역사교육』, 제16호, 2008.

천성림, 「20세기 중국 민족주의의 형성과 전개」『동양정치사상사』제5권 1호, 2005.

허혜윤, 「'청사공정'의 배경과 현황 – 국가청사편찬위원회 관계자들을 만나다」『역사비평』82호(봄호), 2008.

나. 중국

嘉定鄕土史編寫組, 「鄕土史敎材編寫當議」『歷史敎學問題』1995-8.

簡婷, 「中國近代史範式硏究綜術」『湖南大衆傳媒職業技術學院學報』8-5, 2008.

葛劍雄·華林甫, 「20世紀的中國歷史地理硏究」『歷史硏究』, 2002-2.

甘桂琴, 「鄕土史敎 學應更賦鮮活魅力 –『新疆地方史』敎法初探」『新疆敎育學院學報』17-3, 2001.

盖金衛·阿合買提江·艾海提, 「關于『新疆地方史』敎學 問題的幾点思考」『新疆師範大學學報』2000-7.

龔勝生, 『天人集:歷史地理學論集』, 中國社會科學出版社, 2009.

「공화국창립 60돐 기념 특별기획 60주년에 만나본 60인 – 중국 조선족력사의 '살아 있는 사전' 원 옌볜대학 민족력사연구소 소장 박창욱 교수를 만나본다」, 「인민일보 조문판」 2009년 11월 17일.

歐陽軍喜, 「蔣廷黻與中國近代史硏究二題」『復但學報(社會科學版)』, 2001-2.

金相成, 「關于搞好鄕土歷史敎材編寫和敎學工作的幾個問題」『歷史敎學問題』1990-5.

滕星·羅銀新, 「中國鄕土敎材的開發收藏与硏究」『當代敎育與文化』2018-1.

羅榮渠, 「現代化理論與歷史硏究」『歷史硏究』1986-3.

_____, 「論現代化的世界進程」『歷史硏究』1990-5.

駱永壽, 「應當重視四川鄕土歷史敎學」『四川師範大學學報』1989-1.

勞云展·王作仁, 「歷史敎學的社會功能與國情敎育設想」『寧波師範學報』14-4, 1992.

唐克秀, 「歷史課的鄕土史敎學」『寧夏敎育』1988-Z1.

陶用舒·易永卿, 「論周谷城對史學的貢獻」『湖南城市學院學報』25-5, 2005.

騰久文, 「鄕土『歷史』敎材編寫中的幾個民族問題」『中國民族敎育』1995-4.

鄧艶玲, 「上海新版歷史敎科書淡化毛澤東等內容引發爭議」, 『新華网』, 2006년 9

월 21일.

方偉君,「鄕土史敎學的實踐與思考」『延邊敎育學院學報』2004-6.

白壽彝,「論歷史上祖國國土問題的處理」「光明日報」1951년 5월 5일.

史念海,「唐代河北道北部農牧地區的分布」『唐史論叢』 제3집, 陝西人民出版社, 1988.

_____,「隋唐時期農牧地區的變化及其對王朝盛衰的影響」『中國歷史地理論叢』, 1991-4.

_____,「我與中國歷史地理學的不解之緣(上)」『學林春秋(初編)』, 朝華出版社, 1999.

徐泰來,「也評洋務運動」『歷史硏究』 1980-4.

孫克復·關捷,「太平天國政權性質商權」『社會科學輯刊』 1981-1.

孫延賓,「新疆中學民族團結敎育課程硏究」『新疆敎育學院學報』32-3, 2016

孫祚民,「判斷太平天國正權性質的標準－五論關于"農民正權"問題」『學術硏究』 1981-5.

新聞閱評小組,「極力爲帝國主義列強侵略中國翻案 中青報載文公然此歷史敎科書」 『新聞閱評』第34期, 中宣部 新聞局, 2006년 1월 20일.

「飛文天祥"民族英雄"桂冠被摘 各方展開討論」『北京青年報』 2002년 12월 9일

晏金柱,「國家版圖意識敎育硏究」, 武漢大學碩士學位論文, 2004.

楊艷紅,「初中歷史鄕土史材料的挖掘和敎學硏究」, 東北師範大學 碩士學位論文, 2006.

楊有德,「簡評中考歷史卷中的鄕土史試題」『歷史敎學』 2010-3

吳劍杰,「關于近代史硏究"新範式"的若干思考」近代史硏究』 2001-2.

王敦書,「略論世界史學科建設, 世界史觀與世界史體系」『歷史敎學』 2005-4.

王方憲,「我國世界史學科發展的里程碑」『歷史敎學』 1995-9.

王 泰,「中國世界史學科體系的三大學術理路及其探索」『史學理論硏究』 2006-2.

王惠祖,「洋務運動是進步運動」『遼寧師範學院學報』 1980-6.

王興亮,「淸末江蘇鄕土志的編纂與鄕土史地敎育」『歷史敎學』, 2003-9.

芮 信,「史學硏究的進步與世界歷史敎科書的現代化」『歷史敎學』 2000-4.

姚錦祥,「鄕土史的敎學規範問題」『歷史敎學』 2003-5.

姚治中,「加强我省鄕土歷史敎學的幾点看法」『安徽史學』 1987-4.

于艷華,「歷史地圖在新課標初中歷史敎學中的運用」, 東北師範大學碩士學位論文, 2007.

熊守淸, 「鄕土敎材在歷史敎學中的作用及其運用」 『廣西師範大學學報(哲學社會
　　　科學版)』 1987-1.

林兵義, 「上海高中歷史敎材評介」 『歷史敎學』 1997-2.

劉金虎, 「新課程環境下鄕土史資源開發應用的策略與思考」 『現代中小學敎育』
　　　2006-5.

劉大年, 「方法論 問題」 『近代史硏究』 1997-1.

劉道軍, 「論鄕土歷史敎學的意義」 『文敎資料』 2007-10.

劉文濤, 「關于歷史地圖在高敎歷史學硏究和敎學中的作用的幾点思考」 『歷史敎學』
　　　2009-16.

劉松萍, 「鄕土史敎學與國情敎育」 『歷史敎學問題』 1991-2.

劉亞先, 「淺淡初中學生閱讀歷史地圖的一些基本方法」 『歷史敎學硏究』 2009-5.

劉雅軍, 「晩淸"世界歷史"敎育略述」 『歷史敎學』 2004-7.

劉曉東, 「作爲文化象征的韓愈與潮州」 『韓山師範學院學報』 1999-3.

陸茂榮·曹明, 「關于鄕土歷史敎學的若干認識」 『歷史敎學問題』 1995-1.

閆風霞, 「鄕土史的敎學實踐與硏究」 『上海敎育科硏』 2004-7.

袁偉時, 「現代化與歷史敎科書」 『氷點(中國靑年報 特稿)』, 第574期, 2006년 1월
　　　11일.

李斯琴, 「歷史課程資源的開發與利用－以呼和浩特地區爲例」 『內蒙古師範大學學
　　　報』 2006-12.

李素梅·騰星, 「中國百年鄕土敎材演變述評」 『廣西民族大學學報(哲學社會科學
　　　版)』 2008-1.

李世安, 「現代化能否作爲世界近現代史學科新體系的主線」 『歷史硏究』 2008-2.

李時岳, 「從洋務,維新到資産階級革命」 『歷史硏究』 1980-1.

李時岳·胡濱, 「論洋務運動」 『人民日報』, 1981년 3월 12일.

李儀俊, 「我國人口中心及其移動軌迹(1912~1978)」 『人口硏究』 1983-1.

李　泉, 「試論西漢中高級官吏籍貫分布」 『中國史硏究』 1991-2.

　　　　, 「東漢官吏籍貫分布之硏究」 『秦漢史論叢』 제5집, 1992.

李孝遷, 「淸季漢譯西洋史敎科書初探」 『東南學術』 2003-6.

蔣大椿, 「八十年來的中國馬克思主義史學(一)」 『歷史敎學』 2000-6.

張嘉輝, 「試論鄕土史課程資源在新課程敎學中的作用」 『前沿探索』 2007-1.

章光洁, 「西部少數民族基礎敎育課程改革試析」 『高等師範敎育硏究』 14-2, 2002.

張昭軍·徐娟, 「文化傳播与文化增殖－以≪泰西新史攬要≫在晩淸社會的傳播爲

例」『東方論壇』, 2005-4.

蔣存秀, 「也談鄕土歷史敎學」『靑海敎育』 2005-3.

張海鵬, 「關于中國近代史的分期及其"沈淪"與"上昇"諸問題」『近代史硏究』 1998-2.

_____, 「20世紀中國近代史學科體系問題的探索」『近代史硏究』 2005-1.

_____, 「反帝反封建是近代中國歷史的主題－評袁偉時敎授「現代化與歷史敎科書」」
　　　　『中國靑年報』 2006년 3월 1일.

錢乘旦, 「世界近代史的主線是現代化」『歷史敎學』 2001-2.

_____, 「以現代化爲主體構建世界近現代史新的學科體系」『世界歷史』 2003-3.

_____, 「關于開展"世界史"硏究的幾点思考」『史學理論硏究』 2005-3.

齊世榮, 「我國世界史學科的發展歷史及前景」『歷史硏究』 1994-1.

曹少軍, 「高中歷史科課堂敎學與文科綜合－利用歷史地圖進行文綜敎學的體會」『九
　　　　江師專學報』 2004-3.

趙寅松, 「略談鄕土歷史敎材的編寫和敎學」『課程·敎材·敎法』 1988-4.

朱光文, 「廣東省地方歷史敎材編寫槪貌」『廣東敎育』 2008-2.

周建高, 「晩淸癸卯學制之前學校中的世界史敎育」『靑島大學師範學院學報』 21-4,
　　　　2004.

「走進四合院, 看古城保護」, 『北京市初中生實踐活動案例選編』, 中國地圖出版社,
　　　　2002.

中華人民共和國國務院, 「中華人民共和國地圖編制出版管理條例」, 1995년 7월 10일.

中華人民共和國敎育部, 「中共中央關于敎育體制改革的決定」, 1985년 5월 27일.

中華人民共和國外交部·國家測繪局, 「關于嚴格遵守使用中國地圖有關規定的通知」,
　　　　2001년 2월 4일.

「中學地圖册錯繪國界線被曝光」, 『華夏時報』 2006년 9월 20일.

陳謙平, 「試論抗戰前國民黨政府的國防建設」『南京大學學報』 1987-1.

陳先初, 「關于國民黨初期抗戰幾個問題的再檢討」『求索』 1994-4.

陳禮仟, 「鄕土歷史敎學中素質敎育初探」『南平師專學報』 2001-1.

馮一下·李洁, 「試論鄕土歷史敎材的基本特徵」『課程·敎材·敎法』 1995-1.

陳曉律·于文杰, 「談構建中國世界史學科體系」『史學理論硏究』 2008-2.

夏東元, 「再論洋務派」『文滙報』, 1979년 2월 9일.

何成剛, 「國家主義與世界主義－20世紀20年代學術界圍繞歷史敎育展開的一場爭論」
　　　　『中學歷史敎學參考』 2004-10.

「學者稱新歷史敎科書是進步 吃人史觀扭曲歷史」, 『南都周刊』, 2016년 10월 15일.

項福庫·尹業紅, 「中師鄕土史敎學方法新探」 『敎學與管理』 1999-8.

呼紅庄, 「甘肅省鄕土史敎育現況, 存在問題及原因」 『新課程』 2007-11.

黃萬潤, 「中學歷史敎學中的鄕土史敎學」 『六盤水師範高等專科學校學報』 17-4, 2005.

黃書光, 「凱洛夫『敎育學』在中國的理論輻射与實踐影響」 『復旦敎育論壇』 2010-3.

許慶如, 「近代山東鄕土敎材撰修探析」 『齊魯師範學院學報』 32-6, 2017.

許友根, 「關于編寫中學鄕土史敎材的幾個問題」 『鹽城師專學報』 1999-2.

「荊楚古文化硏究」 『初中硏究性學習實驗課例』, 湖北敎育出版社, 2002.

「滬版『歷史』: 短命的與速成的」 『南方週末』 2007년 9월 13일.

侯仁之, 「我的歷史地理學之路」 『縱橫』 2004-2.

姬秉新, 「中學歷史課程編制硏究(上)」 『西北師大學報(社會科學版)』37-1, 2000.

다. 기타

Alisa Jones, Politics and history curriculum reform in post-Mao China, *International Journal of Educational Research* 37, 2002.

Edward Wang, Encountering the World: China and Its Other(s) in Historical Narratives, 1949-89, J*ournal of World History* Vol 14, No 3, 2003.

_____, 'Rise of the Great Powers'= Rise of China? Challenges of the advancement of global history in the People's Republic of China, *Journal of Contemporary China,* 2010.

Huaiyin Li, From Revolution to Modernization: the Paradigmatic Transition in Chinese Historiography in the Reform Era, *History and Theory* 49, 2010.

Joseph Kahn, Where is Mao Chinese Revise History Books, *New York Times* 2006년 9월 1일.

Luo Xu, Reconstructing World History in the People's Republic of China since the 1980's, *Journal of World History* Vol 18, No 3, 2007.

Nicola Spakowski, National aspirations on a global stage: concepts of world/global history in contemporary China, *Journal of Global History*(2009) 4.

Ralph Croizier, World History in the People's Republic of China, *Journal of*

World History, Vol 1, No 2, 1990.

Vamik D. Volkan, Large-group identity, international relations and psychoanalysis, *International Forum of Psychoanalysis,* 2009 ; 18.

William C. Dowling, "Paul Ricoeur's Poetics of History," *Raritan,* Vol. 29, Issue 4, 2010.

Ying Hongcheng·Patrick Manning, Revolution in Education China and Cuba in Global Context, 1957-76, *Journal of World History,* Vol. 14, No. 3, 2003.

Zheng Wang, National Humilation, History Education, and the Politics of Historical Memory: Patriotic Education Campaign in China, *International Studies Quarterly*(2008) 52.

찾아보기

윤세병

공주대학교 역사교육과를 졸업하고 공주대학교에서 석사와 박사 과정을 마쳤다.
『살아있는 세계사 교과서』, 『역사, 무엇을 어떻게 가르칠까』, 『한국이 보이는 세계사』,
『세계는 역사를 어떻게 교육하는가』를 함께 썼다.
동아시아 역사 대화에 관심을 가지고 한중일 공동 역사교재 작업에 참여하고 있으며,
동아시아 근현대 시기의 국가주의 교육과 민주주의를 위한 역사교육에 관해 연구하고
있다.
공주대, 한국교원대, 대전대 등에서 중국사 및 역사교육을 주제로 강의하였다.

중국 역사교과서의 서사구조와 이데올로기

초판 1쇄 인쇄 ┃ 2018년 04월 20일
초판 1쇄 발행 ┃ 2018년 04월 30일

지 은 이 윤세병

발 행 인 한정희
발 행 처 경인문화사
총 괄 이 사 김환기
편   집 김지선 한명진 박수진 유지혜 장동주
마 케 팅 김선규 하재일 유인순
출 판 번 호 제406-1973-000003호
주   소 경기도 파주시 회동길 445-1 경인빌딩 B동 4층
전   화 031-955-9300 팩   스 031-955-9310
홈 페 이 지 www.kyunginp.co.kr
이 메 일 kyungin@kyunginp.co.kr

ISBN 978-89-499-4745-7 93910
값 23,000원